# 神と革命

ロシア革命の知られざる真実

下斗米伸夫
Shimotomai Nobuo

筑摩選書

# 神と革命　目次

# 神と革命

## ロシア革命の知られざる真実

# はじめに――なぜ今、古儀式派なのか

二〇一七年はロシア革命一〇〇周年にあたるが、こういった「記念日」が意味を持つのは、過去の歴史についてこれまでの研究がどのような水準にあるのか、そして新しい解釈や別の視点を提供できるかどうかということを再考する契機となるからである。つまりは、それまで当然とされたロシア革命とソ連論とがどのような認識の上に立っていたかを示すことにもなる。

もちろん研究の最前線はそれぞれの個別の分析の集積であって、決して容易な一般化を許す世界ではない。それでも特定の主題にかんする論者も、これまでの研究を一瞥する必要はあろう。とりわけロシア革命のように「世界を揺るがした」だけでなく、各種の政治的神話までもが生じてきた研究対象については。

## ロシア・ソ連史研究の新潮流

これまでの日本を含めた二〇世紀のロシア・ソ連史研究は、大別したら近代化論か、あるいは各種のマルクス主義の立場からなされてきた。とくにスターリンのドグマから自由になった研究が、一九五六年のスターリン批判以降始まった。一九六〇―七〇年代からはソ連研究が固有の研究領域として定着しだした。しかし一九九一年末のソ連邦崩壊は、そのような立場の研究者をさらに大きな試練にさらした。別の視点と何より史料が出始めている。もっとも、もはや冷戦的なイデオロギーの磁場がなくなったことで、研究はあらたな知的チャレンジに乗り出せるようになっているが、同時に確固たる見通しなき模索が続く。

そうした中、二一世紀になってロシア・ソ連史を宗教の観点から読み直すという新しい政治史的、いな文明史的視点が提起されている。脱世俗化という新しい潮流が、ロシア＝ソ連史の宗教的側面を再評価させる契機となったからである。なかでもロシアの若手歴史家オレグ・シャフナザーロフの論文「ボリシェビズムと古儀式派」（『歴史の諸問題』二〇〇二年八号）は、二〇世紀の共産党＝ボリシェビズムの問題をロシアでの教会分裂（ラスコル）、とくに正教会に抗した古儀式派との関係で読み解くという視点を提示して、粗削りながら大きな刺激となった。シャフナザーロフはここで、当局の弾圧により教会を持ち得なかった古儀式派（無司祭派）との関連で、ソビエトの起源を探ろうと試みた。

古儀式派とは、一六五〇年代のロシア正教会ニーコン総主教が始めた儀式改革に端を発したロシア正教会の分裂の中、旧来の儀式やテクストを保持しようとした保守派のことである。旧教徒とかラスコリニキとも呼ばれた。帝政ロシア期を通じて、時期によっても弾圧の波はあったが、帝国と正教会の抑圧の対象となった。もっとも一部ではシャフナザーロフの議論を、古儀式派が歴史を動かしているといった一種の陰謀史観であるとか、宗派を歴史のあらたな要因と見なす謬見だと批判する向きもある（Buldakov: 894）。しかし古儀式派自体は歴史的には分裂を重ね、ロシア帝国からは抑圧を受け、ソ連もまた宗教の存在を認めてこなかったため、研究の蓄積もほとんどなく、そもそも史料に乏しかった。このため、その世界を知るのは容易ではない。

このような新たな観点が示そうとしているのは、ロシア帝国からロシア革命、そしてソ連とその崩壊といった問題の根に、一六六六年の教会分裂のインパクトという歴史的問題があるということである。革命とはカオスでもある。旧来の秩序（コスモス）が崩壊することにより、国家と教会とのシンフォニー（交響）を旨とした正教会の理念や制度が実現されることはなくなった。むしろ宗教によりロシア社会が切り裂かれたことが、その後のロシアの歴史を変えた。クリミア戦争や日露戦争といった危機に際し、この問題が浮上する。なかでも一九一七年の革命のようにロシア帝国が危機に瀕し、統治機能がマヒしたとき、教会はそれと対峙しつつ市民社会を救うどころか、むしろその分断を促すことになった。期待された二月革命が一〇月革命へと変転したことを肯定するか否定するかはともかく、この変化は、教会分裂の歴史的な帰結でもあった。

そうでなければ一九一七年当初、わずか五〇〇〇名のボリシェビキ党、そのなかでも圧倒的少数派であったレーニンが一〇月革命を成功させるという逆説が解明不可能になるからだ。他方、第一次世界大戦で動員された一六〇〇万の兵士のうち、一三〇〇万人は農民である（Mletin:48）。もちろん一〇月革命がそもそも革命だったのかという問題もあり得る。カオスの中の一〇月のソビエト権力の確立自体は、ボリシェビキのクーデターということも可能である。しかしここでは英国の歴史家アーチー・ブラウンとともに、二〇世紀最大の政治運動の起源として、ソビエト権力の成立を理解する（ブラウン）。

## 宗教的異端派とソビエト

もちろん、本書が示すように、ソビエトという機構自体がアモルフな存在であった。そもそも一九一七年一〇月革命でソビエト権力が確立した、という言い方にしても、不正確である。そのとき生まれたソビエト人民委員会議という政府は、全社会主義者の政府の実現をめざすもので、左派エス・エルとボリシェビキの提携という、レーニンらとは別の権力観に立っていたからである。その運動の流れの中から生まれた共産党、国家や政府という機構そのものが、形成期にあっては混沌としていた。その動向を理解する鍵となるのが、シャフナザーロフも議論したソビエト論ではないのか。

筆者自身も、ソビエトを正教異端派との関係でみる彼の新解釈に得心するものがあった。というのも一九八二年の『ソビエト政治と労働組合——ネップ期政治史序説』では、日露戦争時にはじめてソビエトという制度を立ち上げたイワノボ・ボズネセンスクに注目していたからである。モスクワ郊外のこの新興工業都市を中心としたソビエト政治史、とくに一九二五年の非公式ストライキをきっかけとする労働組合活発化政策を対象としたが、この時のストライキ参加者のなかに宗教的意識が見え隠れしたからである。こうして革命前の宗教意識との連続面にも触れざるをえなかった（下斗米82）。この書では、史料的制約もあり、宗教からみた視点を展開することは注の形でしか示せなかった。それでも「革命的」と思われた同地の労働者たちが同時に「聖像」を所有し、信仰深き民でもあることの重要性は示唆した。むしろ世俗化を前提とし、宗教を脱色した「無神論」的なロシア像・革命観の方が、ロシア社会についての誤解、もしくは一面的理解だった。こうしてロシア革命の「古層」とでもいうべき研究に関心を寄せはじめた。

ソビエト連邦では最末期からペレストロイカの影響もあり、信仰の自由だけでなく布教を含めての宗教が解禁されだした。ソ連崩壊がこの過程をさらに促した。「民主化」の動きと並行して脱世俗化への動きもますます高まった。

本書が取り上げるのは、ロシア正教会内の異端とされた古儀式派と、ロシア革命・ソビエト連邦との関係、とくに「ソビエト」制度との関係である。これが北東ロシア、モスクワとボルガ河との間に急成長したイワノボ・ボズネセンスクという新興工業地域に一九〇五年に最初に出現したのは偶然ではない。この地は宗教的な地域でもあったからだ。歴史は、初発の現象が生まれ、発達した環境を考察することなくして明らかにならない。宗教的なウラジーミル県の、しかも「ヨハネ（イオアン）昇天」という意味の都市イワノボ・ボズネセンスクでの工業の急速な成長、そこでの労働大衆とはいったい誰だったか。実はこの都市の資本家も労働者も多くが古儀式派教徒であったことが、最近の研究で明らかとなってきている。

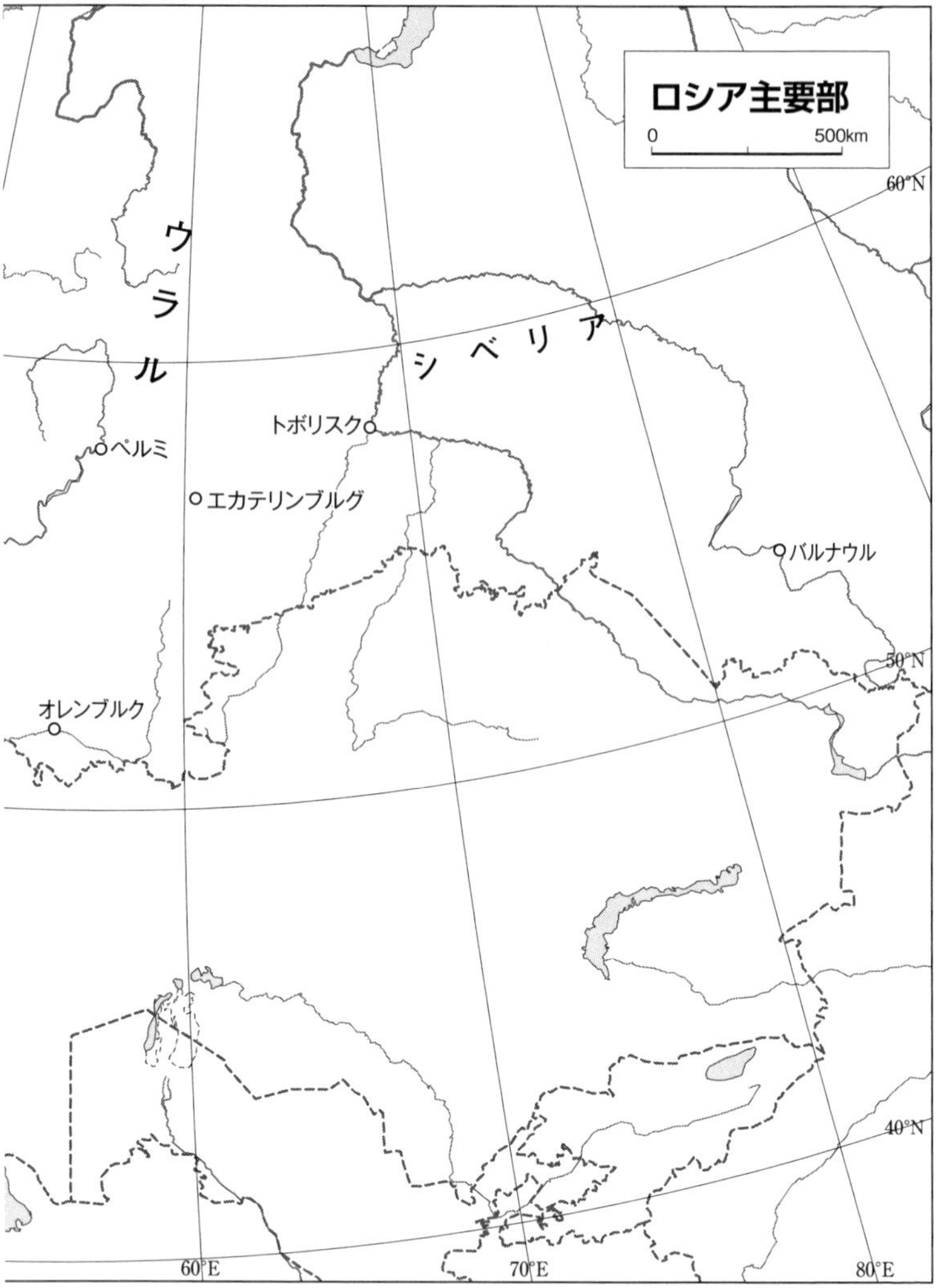
ロシア主要部
0
500km
60°N
50°N
40°N
60°E
70°E
80°E
ウ
ラ
ル
シ
ベ
リ
ア
トボリスク
ペルミ
エカテリンブルグ
バルナウル
オレンブルク

（地図作成：平凡社地図出版）

## 『罪と罰』とピョートル大帝

第1章の主題となる古儀式派は、分離派とか旧教徒ともいわれている。ラスコリニキ（ラスコル、分離というよりは分裂に由来する）というこの派の俗称は、フョードル・ドストエフスキーの小説『罪と罰』の主人公名としても知られている。ロシア帝国の首都サンクトペテルブルクでラスコリニコフという名の主人公が犯罪を犯す小説である。けれどもこの本の出版が一八六六年、つまりは正教会主流派と古儀式派との宗教分裂（ラスコル）が起きた一六六六年から数えて二〇〇周年を記念する年であったことの意味は、これまで一部のドストエフスキー研究者以外には、ほとんど知られていなかった。しかし当時のロシア内務省は、人口の少なくとも一割、正教徒の六名にひとりは古儀式派であるとみていた（Gerasimov: 229）。

日本でその指摘を行った例外的な論者は、「国家と宗教」を専門とした政治思想史家の南原繁であった。一九五五年にソ連を訪問して、その「科学的無神論」に飽き足らなかった南原は、ブレジネフ時代の一九六九年になってドストエフスキーを原作とする映画が公開されたことから、この潮流の変化を鋭く感じ取っていた。もっともこの認識を深める論者は、政治学者にもソビエト研究者にもほとんどいなかった。

ピョートル大帝とロシア帝国は「アンチ・クリスト」であり、首都サンクトペテルブルクを宗教敵とみなすこの宗教的異端派は、ロシア帝国によって弾圧され、教会を統括する宗務院の抑圧と監視の対象となってきた。ドストエフスキーの『罪と罰』は、この存在を暗示してもいたのである。だが、この古儀式派は、今日のロシア史、ソビエト連邦の研究書においてすら注記される程度である。宗教を「民衆のアヘン」といってきたソ連時代の無神論的世界観と、その政治警察である非常委員会（内務人民委員部）第六課による宗教監視と抑圧とについて、とくにソ連研究者は自覚することもなかった。こうして古儀式派は「二つの帝国」、ロシア帝国とソ連邦とによって異端として無視され、最悪の場合は弾圧され、ごく最近までほとんど未知の存在であった。いなロシア人の多くにもあまり知られてはいない。ましてやこのような潮流がロシア革命を含めて二〇世紀ロシアに与えた影響について考えることは最近までタブーに近かった。

二〇世紀末から二一世紀になって、ようやく歴史文献学などでも議論されるようになり、とりわけロシア期に入って、教会も解禁されている。ちなみに初代ロシア大統領のボリス・エリツィンの祖父もウラルの古儀式派である。経済史や哲学の観点からは、二〇世紀初めに古儀式派がロシア工業などに与えた影響に関する研究が出始めたものの、しかし政治史において、古儀式派とソビエトとの関連は、アレクサンドル・ピジコフらの研究を除けば、触れられてこなかった（Pyzhikov）。二一世紀になってようやく本国で、日本では数年前から研究会が組織されるにいたった。

二〇一七年三月一六日にプーチン大統領が古儀式派教会のコーノリー府主教と正式にあい、二〇二〇年にモスクワで行われるアバクーム長司祭の生誕四〇〇年祭を許可したことは象徴的である。教会分裂を権力が促すという三五〇年もの歴史に終止符を打ち、ようやく古儀式派はロシア史に公的にも席が与えられる時代になろう。

最近、『独立新聞‐宗教』紙の編集者でもある歴史家のA・メリニコフは、「古儀式派の歴史はロシアの反乱の歴史でもある」と主張している。メリニコフのいう「古儀式派」と二〇世紀のソ連史との関連を再考する必要があろう。とりわけ一九一七年の革命と、古儀式派の反乱、ソビエト権力との関係である。

## 地方都市イワノボから読み解くソ連史

本書は、旧ソ連の特定の地域（イワノボ・ボズネセンスク）の歴史を通じてソビエト制度の誕生から終焉にいたる連邦の歴史を描いてみようという、やや大胆な試みである。それも、やや特殊なこの地域での政治と経済、そして宗教を議論する、という企画である。筆者は少し前に『ソビエト連邦史』で、スターリン時代の首相・外相だったモロトフという人物を通したソ連政治史を試みたことがある（下斗米 17）。そのような角度からのロシア革命とソビエト権力崩壊の歴史記述を、特定の地域の歴史を通じて行うとしたら、ソビエトという制度が歴史上はじめて誕生したイワノボ・ボズネセンスクこそが鍵ではなかろうか。

通常の歴史書等の理解では、ソビエトとは、日露戦争後と一九一七年革命時にあらわれた労働者や兵士のストライキなどを主導する闘争機関であり、一〇月革命後には「国家権力機関」である。レーニンが四月テーゼで「全権力をソビエトへ」と訴え、一〇月革命の第二回ソビエト大会で、プロレタリアの最高権力機関として権力奪取を正当化した。地方でも「会議、評議会」を意味するソビエトが国家機関として広がった（Cambridge Encyclopedia of Russia1994: 363）。しかしこのソビエトの歴史的起源を、いかなる歴史家も明らかにすることに成功してこなかった。「プロレタリア独裁」機関といったレーニンのテーゼに惑わされた結果である。日露戦争末期の一九〇五年春、モスクワとボルガ河にはさまれたこの地域でソビエト制度がなぜ突然生まれたのか。それは一九一七年の「ソビエト権力」の樹立とどう関係したのか。共産党とソビエトの関係はどうだったのか。それから七四年後に起きたソビエト国家崩壊とは何であったのか。筆者はこのソビエトと、ロシア正教の異端派とされた古儀式派との関係から調べてきたが、その中間報告として革命一〇〇周年にこの書を世に問う次第である。

## 古儀式派の定義

まず、「古儀式派とは何か」について、ここで最低限の定義を与えておかないと混乱しかねない。この潮流はロシア正教会の源流に当たるが、一六六六年の教会分裂によってニーコン総主教など正教会主流派から異端とされた潮流であると、まずは概括的に理解しておこう。一七世紀半ば前後から一六六六年の宗教論争を頂点にニーコン総主教が行った正教の儀式改革の考えに対して、長司蔡アバクームらが異を唱えた。しかしこの対立はエリート信徒のみのそれではなかった。

モスクワを中心に多くの宗教者や民衆がこの対立に関与し、「改革」に抵抗した。この潮流の基本的主張は、モスクワこそ「第三のローマ」であるというメシアニズムにあった。当時の地政学も関係した。コンスタンチノープルの正教会関係者やギリシャ正教関係者は、「第二のローマ」たるコンスタンチノープルを一五世紀半ばにオスマン・トルコに奪われ、この地を奪還するために、モスクワと半カトリック的なウクライナとは協調すべきであると説いた（Zen'kovskii）。

しかしこの論争で異端派となった潮流はしぶとく生き続けた。ピョートル大帝が自分の名前「聖人ペトロ」にちなんで名づけたサンクトペテルブルク（「聖ペトロの街」の意）、そして大帝その人にかかわるシンボリズムや制度は、この派からすれば宗教敵＝「アンチ・クリスト」の表れであった。こういった宗教的理由から、帝国への軍務から旅券にいたるまで、すべて「アンチ・クリスト」であるとみなした。こうした潮流がロシア世界を切り裂いた。一七二一年に成立するロシア帝国は、古儀式派を弾圧した。帝国の宗務院は、ソ連期の内務人民委員部第六課に先行する宗教警察であった。彼らの監視下で古儀式派などは、宗教寛容の勅令がでる一九〇五年まではいわば「地下生活者」だった。

教会分裂の結果として勝利したのは、実は神政政治の実現を図ろうとしたニーコン総主教でも、それに抵抗した古儀式派の創始者・長司祭アバクームでもなく、世俗権力のツァーリ、アレクセイ・ミハイロビッチ帝とピョートル大帝であった。彼らが敷いた軌道に沿って、「帝国」建設への巨大プロジェクトが動き出した。正教会は帝国の〝侍女〟となり、モスクワからの首都移転による宗教近代化、新帝都建設が多くの抑圧の中で行われた。権力者はツァーリ（シーザー）というロシア名からインペラートルというラテン化した名前となった。

この間も、帝国の宗教敵となった古儀式派への弾圧は続いた。集団自死から、古儀式派信徒が通常はやした髭への課税をへて追放にいたるまで、それは多様な形態をとった。彼らは本来の拠点であった北東ロシア、つまりモスクワなどから、ベラルーシ、ウラル、シベリア、ボルガ、はてはトルコ、旧満州から函館にまで逃れた。この間、「正統」な教会組織をもつことを禁じられた古儀式派系はこうして分裂と逃亡とを繰り返すことになった。

しかし、そうした過程を通じてある種の巨大なサブカルチャーというか、ネットワークが芽生えた。厳格な宗派ゆえに勤労といった徳目が信徒間で広がった。帝政末期からソ連初期の代表的歴史家ミハイル・ポクロフスキーは書いている。「なかでもボルガ流域地方と（白海の）沿岸地方、白ロシア、大ロシアに広がった人民教会の広い地下ネットワークこそ「経済連携」にとっても絶好の土壌となった。したがって、つい最近でも分離派こそ商人の信仰と思われた（傍点は引用者）」（Pokrovskii 1: 66）。現代ロシアの歴史家アンドレイ・ズーボフは、このような狭義のロシア主義的宗教潮流を、ロシアの国民国家的発展の端緒とみた（下斗米 99）。しかもロシア帝国のもとでのこのような「影の国民国家」とでもいうべき古儀式派は、教会を形成する自由を奪われたものの、信仰集団をひそかに持続させる。そしてそれは経済的な役割も担う。

それでも、統治のあり方が相対的に緩やかな一七八〇年代のエカテリーナ女帝の治世では、モスクワ郊外に「墓地」の世話人組合を作ることが許された。教会を禁止しても信徒は亡くなるからである。信者の相互援助を行っていたこの組合は、経済や金融支援といった機能も次第に持つようになる。エカテリーナ女帝がプロテスタント的なドイツ系であったことが、このような「寛容」をもたらしたのかもしれない。したたかな古儀式派は一九世紀半ばのクリミア戦争から二〇世紀初頭の日露戦争まで、帝国の軍事的敗北と支配の揺らぎとともに、その活動を復活させる傾向があった。こうして一九世紀を通じて政治的・経済的自由化の担い手となった。

このうち司祭派と呼ばれる潮流は、モスクワのウラジーミル街道の関所をでたロゴジスコエ墓地を拠点とし、オーストリアの正教会に子弟を送って司祭を養成した。また無司祭派は教会を断って、選挙で選んだ長老からなる一種の正教プロテスタント的潮流を構成したが、これもモスクワ東部のプレオブラジェンスキー墓地を基盤としていた。これらの人々はしばしば「ソビエト」と呼ばれた信徒集団を、農村や工場に、危機に際しては兵舎でも作っていた。このことは、のちの「ソビエト」活動の展開から見て見逃せない（下斗米 13）。

なによりもこの潮流の中からは、西欧プロテスタントと似た勤勉、世俗内禁欲と組織性とで独自の産業活動が生み出された。古儀式派はこうしてモスクワ、イワノボやニジニ・ノブゴロド、さらにはサマラ、ビャトカなど、ボルガ河沿岸やウラルなどで次第に独自の産業活動に従事、一九世紀を通じて巨大な企業活動を展開するようになる。一九世紀末にはその比重は全ロシアの三—六割とも言われるようになる。とりわけ一九世紀最後の一〇年間は、古儀式派が主導した経済発展がロシアの工業の驚異的な成長をもたらした。ボルガ河の水運の中心であるニジニ・ノブゴロドでの見本市などがその拠点となった。こうした「資本主義の発展」は当然にも思想潮流の変化にもつながった。農村型経済発展から工業型市場経済への転換は不可避に思えた。後のストルーベなど自由主義者からレーニンなど革命派までを呉越同舟で含み込んだマルクス主義潮流が優勢となった背景にはこのような巨大な変容があった。一八九六年に当局は『ノーボエ・スローボ（新しい言葉）』というマルクス主義雑誌の刊行を許可したが、これは当時「合法マルクス主義」という言葉で言い表された。

そこでの経済成長を支えたのが、古儀式派資本家に他ならなかった。モスクワやボルガ沿岸の経済や市政の実権をも得た彼らは、一九〇五年の日露戦争で宗教寛容の四月勅令を勝ち取り、その後一九一七年のロシア革命までが古儀式派にとっての黄金時代となった。彼らの人口は最盛期にはロシア帝国の総人口の三分の一ともいわれたが、ソ連崩壊後の今は二〇〇万人程度とされる（下斗米 16）。

そのような巨大なサブカルチャー、あるいは現代キエフの研究者セルゲイ・タラネツが「帝政最大の反対派」と特徴づける存在がロシア帝国内に脈々と存在してきたとしたら、二〇世紀ロシアの政治変動、とくに一九一七年の二度の革命がそれらと無縁だと言い切れるだろうか。もしそうだとしたら、当然のこと、ソビエト権力と共産党の誕生にもこのような正教異端派が影響を与えたのではないのか。ソビエトというものの起源も、このようなロシアの歴史的固有性に由来してはいないだろうか。

こうした問題提起は、ロシアも含め各国の歴史学会や政治学会などで、ごく最近までなされることはなかった。無神論ソ連というドグマが、ソ連やロシア学者をふくめ世界中の専門家、社会科学者を拘束してきた。ソ連崩壊でこのような問題の存在がようやく気づかれてきたし、とくに九〇年代の「市場改革」とともに、「企業家」の前身としても研究されだした。この同じ現象が「ソビエト」制度を生み出したのではないだろうか。ボリシェビキ＝共産党にもそのような潮流が流入していなかっただろうか。本書ではそのような角度から、イワノボを中心としてソビエト連邦史を再解釈してみたい。

# 第1章

# 古儀式派と革命運動

ロシア帝国とは、ロシア正教を国教とする宗教国家であった。正教国家の観点からすれば、イスラム教徒やユダヤ教徒、カトリックやプロテスタントは仏教徒と同様、異質な存在であった。もちろん宗教だけでなく、民族、文化など異質な側面を呑み込むのが帝国という存在の特徴であるが、その中での差異と差別は厳存した。

## 「モスクワは第三のローマ」というメシアニズム

この古儀式派とは何かについて簡単に触れてみたい。というのもこの潮流は一部の歴史家、宗教史家にしか知られていなかったからである。ましてやソ連論との関係での議論は、ごく最近になって筆者らが始めたばかりだ。同派はもともと帝政以前のモスクワを中心とする古い正教徒である。ロシアの古名であるルーシが九八八年にキリスト教を国教として受け入れ、その後、中心都市であったキエフがチンギス汗の軍の介入で滅びた後、正教としてカトリックと分かれたキリスト教徒が、ロシア北部に活路を求めた。その中で北東ルーシ、とくにモスクワを中心とする勢力が台頭、聖都コンスタンチノープルの陥落（一四五三年）後に皇女と婚姻関係を持ったことから、モスクワを聖都とみる潮流がそのころ生じる。彼らは総じて「モスクワは第三のローマ」であると、公式教義ではないものの信じていた。

一六六六年の宗教論争以降のニーコン派の「正統」な潮流が、四端の十字架を掲げ、三本指で十字を切り、そして十字行を時計回りにしたのに対し、古儀式派は、十字架は八端、二本指で十字を切り、十字行は太陽回り、であったという特徴がある（下斗米13）。何よりニーコン派正教会がイエスのことをIisusと記述するのに対し、古儀式派は短くIsusと書いた。

なかでも長司祭アバクームが、ニーコン総主教による儀式統一の考えに異を唱えた。モスクワの古儀式派の美術館ともいうべきトレチャコフ美術館には、一九世紀末の有名な画家スリコフが描いた「刑場に送られるモロゾワ夫人」（一八八七）がある。この絵画が描くのは、ロシアの儀式対立＝とくに一七世紀半ばの改革派で親カトリック的なニーコン総主教とアバクーム長司祭の一六六六年の対立に伴う宗教弾圧の絵画である。しかしこの時の対立は貴族の信徒のみではなかった。モスクワを中心に多数の宗教者や民衆がこの対立に関与し、「改革」に抵抗した（下斗米13）。

先に述べたように、その特異な主張は、モスクワは「第三のローマ」＝聖都であるという、ある種のメシアニズムだった。コンスタンチノープル＝「第二のローマ」が滅んで一四五六年に皇女ソフィアがモスクワに嫁いで以降、モスクワは特別な「第三のローマ」となった。したがって、「第二のローマ」である東ローマ帝国の都（現イスタンブール）をキリスト教徒の手に取り戻すことは不要である、という考えである。しかしこの考えは、やがて異端とされ、聖地管理権やイスタンブールをキリスト教徒に取り戻すという宗教的解放の潮流が「帝国ロシア」でも主流となる。

こうして古いモスクワの潮流はむしろ異端派ということになったものの、実はしぶとく生き続けた。彼らの宗教思想ではロシア帝国こそ「アンチ・クリスト」的存在であり、ピョートル大帝もサンクトペテルブルクも宗教敵＝「アンチ・クリスト」の表れであるという考え方であった。こういった宗教的理由から、軍務から旅券まですべて「アンチ・クリスト」であるとみなした。つまり古儀式派とはロシア帝国にとってのいわばアンチポド（対極点）となった。

このため、一七二一年に成立するロシア帝国により弾圧を受けた古儀式派は、政教寛容令が出される一九〇五年まで教会をはじめとする組織を持てなかった。このような抑圧を受けた古儀式派のことを、現代ウクライナの歴史家セルゲイ・タラネツは帝政最大の「宗教的反対派」と呼んでいる。

## ウクライナとロシアの対立

一六五〇年代のニーコン総主教による改革の背景には、当時の正教世界で別格のギリシャ正教の潮流があった。というのも新約聖書はギリシャ語で記述されたからである。台頭するイスラム、とくにオスマン・トルコによる脅威が高まる中で、正教指導部とローマ教皇との間に、対立よりも協調を図る動きが強まる。

二〇一四年のウクライナ紛争が明るみに出したロシアとの対立は、ロシア正教の諸潮流の差異をいっそう顕示的に示した。モスクワなど北東ロシアを基盤とした「古儀式派」と、ウクライナとくに西部での「ユニエイト」（東方典礼カトリック教会）という、ロシア正教のなかでの対極的な異端の存在がより明確になった。

イワノボの古い教会

このウクライナとロシアとの関係も、基本は民族というよりも、正教会内の潮流の差異に由来する。九八八年当時、ギリシャ植民地であったクリミア半島のヘルソネスでキエフ＝ルーシのウラジーミル大公が受洗したのが、キエフをはじめとするルーシ受洗の契機となったとされる。ところがその後、一三世紀のチンギス汗国の支配によりキエフは荒廃、それまでに正教信仰の拠点は北方の修道院（白海のビグ、ソロフキ等）に移ることになる。その間、東西ローマ教会は、一神教のイスラム勢力が台頭したこともあって一一世紀に分裂し、これに協同して当たるべく一四三九年に開かれたフィレンツェの公会議で東西ローマの統一を目指した。しかし当時、世俗権力として台頭しつつあった新興モスクワは、帰国後にこの統一を拒否、東西ユニエイトの和解から距離をおいた。

しかし一四五三年には、皇帝の居住するツァーリグラド、コンスタンチノープルがイスラム教徒の手に落ち、最後の皇女ソフィアはモスクワの支配者イワン三世と婚姻するにいたる。これら一連の出来事が、「モスクワは第三のローマ」という理念が生まれる契機になった。

この間、一五九六年にはブレスト教会合同でユニエイト（東方典礼カトリック教会）が認められる。そのころロシアにも、ポーランドのカトリック（普遍）教会の影響が強まっていた。こうした政治的・宗教的混乱のなかで、一六一二年にはモスクワ市民たちがカトリック勢力を放逐、ここに貴族出身のロマノフをツァーリとする王朝の支配が確立した。そのロマノフ王朝では二代目のアレクセイ・ミハイロビッチ皇帝が、再度カトリックとの和解・統合による権力強化をめざした。

こうして一六五四年にロマノフ王朝が「偉大なルーシ、小ルーシ、白ルーシのツァーリ、ゴスダーリ、そして偉大な君主」と名乗るようになる。つまりは、それまでキエフ＝ルーシの流れをくむ大小白のルーシ国家が統一国家を名乗りだした。ちなみにこの年にペレヤスラフ協定で、ドニエプル川左岸がモスクワと協定を結び（小ロシア）、大小のルーシが地政学的にも統一されて帝国への道を歩んだ。

なかでも一六七二年に、キエフの聖職者イノケンチー・ギゼリが「シノプシス」という文書を執筆、そこでキエフ＝ルーシの後を継ぐベリコ（大）・ルーシとマロ（小）・ルーシの宗教的統一による国家像が歴史的に位置づけられた。モスクワこそがキエフ、つまり最初のルーシの後継国家であり、やがて正教を統一する国家になるというこのシノプシス文書でギゼリが展開した宗教的歴史観は、国家学派のカラムジンからクリュチェフスキーにいたるその後のロシア史家の基本枠組みとなった。

それは正教系のモスクワと、カトリックの影響を強く受けたウクライナとの関係が深まる過程でもあった。ウクライナとはスラブ系の地名で、当時はポーランドからみた「辺境」を意味していた。こうしてマロ・ルーシとも呼ばれたコサック国家がロシアと合邦(一六五四年)し、一七二一年にロシア帝国を形成する際の中核となる。このころキエフの宗教的権威がこの正教帝国の構想を提起したのは偶然ではなかった。最終的には一七二一年に、三つのルーシを統一した帝国ロシアとなる。

この過程で正教帝国ロシアは、「聖なるルーシ=モスクワ」という異端を許さなかった。カトリックとの和解を進めた主流派に対し、モスクワ伝来の正教の儀式やテクストを墨守する潮流は、ニーコン派やこれと協調したツァーリ当局によってラスコリニキ(分離派)であるとして抑圧された。一七世紀後半から末にかけて、古儀式派を支持する信徒による集団自殺や武装反乱(プガチョフの乱、ソロフキの乱、ホバンシチーナ、銃兵隊の乱)といった強い抗議活動が起こる。正統派はこれをはねのけて一六六六年の決定で自らの立場を確立する。しかしロシア帝国とピョートル大帝につらなる潮流に対抗する正教の異端派は、抑圧を生き延びる。

## 革命運動に参画した古儀式派

その後、当局はこの弾圧を緩め、「古儀式派」という呼び名に改めることで懐柔しようとするが、この宗派に属する人々は、ロシア北部を中心に当時の人口の三分の一程度に広がっていた。実は一八―一九世紀を通じて連綿と生き続けた。彼らは弾圧を恐れ、また当局もその存在を隠そうとした。それでも正教「帝国」の揺らぎや危機（クリミア戦争や日露戦争）に際してそれは姿を現し、「影の国民国家」というべき反帝国的潮流を構成した。もちろん一義的にはこれは宗教領域でのことであって、政治潮流というわけではない。それでも現代ウクライナの古儀式派研究者セルゲイ・タラネツもいうように、一九世紀ロシアにおいて古儀式派は《最強の反対派勢力》であった、とはいえよう。

古儀式派は、一六五〇年代のニーコンの宗教儀式改革後には、体制にとって「獅子身中の虫」と言い得る存在であった。宗教帝国ロシアにとっての宗教敵となったからである。一八世紀に成立するロシア帝国の宗教監督機関であった宗務院が「分離派（古儀式派）事件探索を専門に扱う役所に改組」されたのも、理由のないことではない（ニコリスキー :259）。

したがって、これら宗教的な正教反対派、その信徒層を、政治的な運動や革命に動員しようとする動きは、一九世紀半ばまでには始まっていた。とくにナロードニキの祖、ゲルツェン、バクーニンなどがそのような帝政への宗教的反対派である古儀式派を革命に動員するという考えを持っていた。そうでなくとも古儀式派は、北東ルーシと呼ばれたボルガ沿岸をはじめ、ウラル、シベリア、それに何よりも聖都モスクワを中心として全人口の三分の一近い支援者をもつネットワークを作り上げていた。ロシア正教内の「プロテスタント」といえばわかりやすい。

そこでは教会と聖職者を認める司祭派という集団と、それを認めず、長老の自治を図る無司祭派とにわかれていた。前者は一九世紀末から二〇世紀初めに繊維工業などモスクワの経済界の実権を握り、全国の政治経済にも深く関与、日露戦争後には信仰の自由を要求してドゥーマという議会開設に動く。とくにモスクワのロゴジスコエ墓地を基盤に発達した司祭派の影響下で商業資本が台頭、やがて繊維工業を組織する。その巨頭サッバ・モロゾフのように、モロゾフ一族からは、ウラジーミル・レーニンらの社会民主労働党に献金する人物まで現れた。レーニン、マルトフ、そしてメンシェビキのポトレソフらが二〇世紀初めに創刊した『イスクラ』紙もまた古儀式派が資金を提供していた（下斗米13）。

とりわけこの存在が表面化したのは、日露戦争をはじめとする帝政の危機の中でであった。二〇世紀初めのこの戦争において、帝政ロシアの軍内部での「差別」問題として現れ、そこで戦死した古儀式派兵士は宗教行事抜きで埋葬された。このことがきっかけとなって、同派の抗議活動が生まれた。その結果として一九〇五年のニコライ二世の勅令によって帝国は宗教寛容令を出すにいたった。つまり古儀式派は長い「地下生活」から解放され、その存在も公然化した。その変化はロシア社会の民主化、ソ連史学でいわれた「第一次ロシア革命」という事態をもたらした。

パーベル・リャブシンスキー（一八七一―一九二四）やアレクサンドル・I・コノバロフ（一八七五―一九四八）といった、モスクワやイワノボなどの大資本家も、配下の労働者たちが次第に政治化した。とくに日露戦争の敗北によって帝国の危機が深刻化したとき、労働者たちはソビエトという組織を自発的に組織した。帝国が、古儀式派が多かったコサック（カザーク）兵などをシベリア極東や満州へ追いやり、聖職者も派遣せず野垂れ死にさせたことに怒ったからでもあった。

他方、無司祭派の巨頭企業家アレクサンドル・グチコフは、現実政治はともかく宗教上はより急進的であった。モスクワのプレオブラジェンスキー墓地の世話人組合を拠点とした彼は、赤十字の関係で日露戦争を参観し、コサックなど同派の兵士が犬死するのを目の当たりにする。日露戦争末期の民主化に関与、宗教寛容を促す勅令を勝ちとった。開設されたドゥーマでは「十月党」を作った。一九〇五年の民主化運動をしばしば革命と呼ぶのは、実際このような無党派の信徒集団の労働者が、一二月のモスクワ蜂起の主体だったからでもある。

だが古儀式派資本は、レーニンの批判とは異なって実は労資協調でもあった。実際、進歩的な企業主は企業メセナなどにより、作家M・ゴーリキーや信徒でもあるスタニスラフスキーが関係した演劇や、サッカーなどのスポーツ、医療を企業に持ち込んだ。マックス・ウェーバーが言う経済倫理を適用できる環境が、古儀式派企業では確かに生まれた。他方で、帝国との緊張は日露戦争を頂点に高まり、外部の政治活動には積極的であった。一種のソーシャル・キャピタル（社会関係資本）ということもできる（Raskov: 117）。

ボルガ河に近接する繊維の街イワノボ・ボズネセンスクで初めてソビエトができた際に、彼らは福音書を掲げて立ち上がった。スターリン時代以降の「学説」とは異なり、ボリシェビキ党はとくにモスクワなどでは影が薄かった。一九〇五年革命の担い手はこの古儀式派信徒、なかでも企業の労働者たちであった。ソビエトの起源は、それまで教会を禁じられていた、ないしはニーコン派国教会との関係を断った彼らのアモルフなネットワークにあったと考えれば説明がつく。

この潮流はその後、第一次大戦における帝政の動揺とも関係した。古儀式派のなかにもいくつかの異なる潮流があった。古儀式派といえるかはともかく、霊的キリスト教派と呼ばれる潮流には鞭身派のようなものもあって、第一次大戦末期には宮廷に関与し、親独派の役割を演じた怪僧ラスプーチンも実はこの宗派と関係していたという（Etkind: 229）。ちなみに元マルクス主義者でリベラル派の哲学者ベルジャーエフは、ラスプーチンらを「黒い鞭身派」、そしてレーニンは「赤い鞭身派」であると特徴づけた。ともに親独派として、連合国の戦線離脱を進めた点では一致する（Berdyaev 07: 519）。

一九一七年二月にニコライ二世が退位する背景には、大戦期に「軍事工業委員会」でますます影響力を増した古儀式派系の資本家グループがあった。十月党のグチコフなどは、最初はフリーメーソン系の臨時政府大臣（大蔵大臣M・テレシェンコ、交通大臣N・ネクラソフ、貿易産業大臣で古儀式派のA・コノバロフら）らとともに宮廷内クーデターを試みようとしていた。したがって、彼らは当初から革命を目指したわけではない（Istoria: 396）。結果的に彼の退位と帝国の終焉、そしてリビウ公を中心とした二月革命を押し上げたのは、外務大臣で歴史家のP・ミリュコフらであった。もっとも古儀式派としては急進的だが政治判断では穏健なグチコフ陸海軍大臣は、兵士を中心とするソビエトの台頭に敗北を予感し、四月には辞職した。レーニン帰国前から、権力はソビエトに次第に移り始めていた（400）。

その意味では戦争と革命の世紀だった二〇世紀に、無神論者レーニンの宣伝とは異なって、ロシア革命には強力な宗教的要素があり、そこでは古儀式派の役割が大きかったという、ロシアをめぐる新しい見方が必要になっていることを確認すれば足りる。それだけでなく、その後の革命をめぐる混沌たる情勢の中でも、この潮流はレーニンら共産党だけでなく、スターリンを支えたモロトフのような革命派にも流れ込み、存在し続けたのである。一九二〇年前後の労働組合論争にもこの問題が見え隠れする。

とくにここでは、古儀式派と関係する共産党活動家らの立場を解明するという新たな視点が示されたことに注目すべきであろう。こうした政治家や組合、党、政府の構成員が、古儀式派的立場から社会民主労働党、そしてロシア革命後は共産党に関与してきたことが、とりわけソ連崩壊後に次第に明らかになってきたからである。それは当然でもあった。というのも二〇世紀初めまでにロシア、とくに中央工業地帯で繊維工業を中心とした産業を牽引していた資本家も古儀式派で、そこで働いていたのも同朋たちであったからである。こうして、ロシア革命時に重要な役割を果たした繊維工労働組合、また金属工組合、水運工組合などの活動には、この宗派の刻印が、直接的にではないとしても深く刻み込まれていたこと、そしてこの古儀式派の労働モラルや労働者管理と、ロシア革命後の論争との内的連関がようやく検討され始めたのである。

当時ロシアで生じたソビエトという大衆的制度にも、実は古儀式派の組織観が反映されていた。また彼らの労働観、経営観は、繊維工業を中心とする「商人」とも呼ばれた資本家と労働者の新たな組織を生んでいた。そのことを指摘した歴史家ニコライ・ニコリスキーに見て取れる古儀式派への視点は、実は日露戦争前後、ロシアでのこの宗教的覚醒が政治・経済的な変動と関係していたことを言い当てていた。というのもロシアでは、日露戦争を契機に宗教的覚醒や政教分離が始まったが、このことはロシアの改革派・革命派だけでなく、マックス・ウェーバーからカール・カウツキーにいたる、当時のドイツなどの研究者や政治家の関心をすら招いていたからである(下斗米 13)。

実は、無神論者が多かったマルクス主義者、とくに外国のその後の研究者と異なって、レーニンを含む革命家や歴史家は、ボリシェビキ革命と古儀式派との関係に最大限かつ細心の関心を払ってきた。宗教的異端派であった古儀式派を革命にいかに取り込むかは、一九世紀半ばのナロードニキの祖、ゲルツェン以来の大問題でもあった。初期のマルクス主義史家のニコリスキーの『ロシア教会史』は、むしろ異端派の古儀式派と資本蓄積の関係を歴史的にたどったものであった(ニコリスキー)。またレーニンの秘書で、最初のソビエト政権の官房長官ともなるウラジーミル・ボンチ＝ブルエビッチ（一八七三―一九五五）らは、実は古儀式派の最初の本格的研究者でもあった。一九〇三年の社会民主労働党第二回党大会は、ボリシェビキ派とメンシェビキ派との分裂で知られている。と同時にこの大会が、「宗教・宗派」問題に関心を払った最初の党大会でもあったことは意外に知られていない（下斗米 13）。二〇世紀のロシア・ソ連論に決定的に欠けていた部分であったというほかはない。

## 革命家ブルエビッチと古儀式派

ソ連共産党で古儀式派と関わった最大の人物は、レーニンの秘書で、一〇月革命後のソビエト人民委員会議の事務局長、つまりは官房長官ともなるウラジーミル・ドミトリー・ボンチ＝ブルエビッチである。彼はモスクワの下級貴族の出で、測量士の家に生まれた。早くから出版活動に携わる過程で一八九五年にレーニンと出会い、革命家の道を歩む。彼の関連文書はモスクワのロシア国立（レーニン）図書館の手稿部（fond. 369）に残されているが、そのなかに「何故自分は宗派と古儀式派の研究を行うようになったか」という半分自伝的な草稿が残されている（f369/37/3）。これは一九三六年というスターリン時代のさなかに書かれたが、五度も改稿されたものの、公刊されることはなかったようだ。その紹介をかねてこの人物の事跡をまず紹介しよう。

この自伝草稿によると、レーニンとの最初の邂逅後、一八九六年に海外に出たボンチ＝ブルエビッチは、ロシアの工場や労働者の研究を始めた。この時点で労働問題が深く農民問題と関連していることに気づくようになる。モスクワとその郊外の労働者を調べると、彼らが農村と切れるどころか、それと深く関わっていた（f369/37/87）。繊維工の多くは、モスクワやウラジーミル県（一九一八年以降のイワノボ・ボズネセンスク県）の農民であって、復活祭などには農村に戻るなど基盤は農村にあって、都市・工場には出稼ぎにやってくるに等しかった。これらの労働者の多くは保守的であって、主人をおそれ、ツァーリとその家族を崇拝していた。ただ一部の労働者だけがプロレタリアート化している。それでもモスクワ、イワノボ・ボズネセンスク、そしてオレホボ・ズーエボといった地域で繊維工のストライキが一九世紀末までに生じる（111）。この結果、農村内部の各層をどうみるかという問題が浮上した。そこでブルエビッチは、ロシアの農村における革命運動、抵抗運動、とくにステンカ・ラージン以来の民衆運動、なかでもプガチョフやネクラソフなどの運動の系譜を追ううちに、こういった農村の秘密の組織や宗教運動に注目するようになる（91）。

一九世紀末からこうしてレーニンの指示で、農民の中で中心的役割を果たしていると考えられた、いわゆる古儀式派研究を進めることになった（Bonch-Bruevich 59: 214–15）。古儀式派は、ラスコリニキとか旧教徒ともいわれているが、一六六六年前後、当時のニーコン総主教やアレクセイ・ミハイロビッチ皇帝（ツァーリ）が進めたギリシャ＝ラテン流での聖書のテクスト改革や三本指での崇拝といった儀式改革などに抵抗した異端派の宗教集団である。一九世紀末には二〇〇〇万人以上と、人口のかなりの部分がこの系列だった。人口に膾炙していた古スラブ語による聖書などのテクストに親しみを感じる古儀式派は一般民衆、とくに商人にとっての信仰であり、帝国と正教会からの弾圧にもかかわらずひそかに保持されていた。ロシア帝国とピョートル大帝の近代化に抗したこの宗派は、帝国がクリミア戦争で敗北すると、次第に影響力を回復した。一九世紀後半からは政治・経済的な力を蓄えるようになり、信徒集団は二〇世紀初めまでに農村にも広がり、また繊維工業を中心に巨大な資本へと成長、モスクワやニジニ・ノブゴロドなど地方でも巨大な政治勢力に成長し始めていた。ブルエビッチがモスクワにいた時に関係をもった繊維工労働者の多くは、古儀式派では穏健派に属していたが、外見とはちがって、それなりの秘密主義の精神を持ち、また陰謀をたくらむなど、穏健派らしからぬ特徴があったという。

すでに述べたように、国家教会から弾圧された古儀式派のなかで、一七世紀末には聖職者を認めるか否かをめぐって内部対立が生じた。この時、聖職者の存在を認めた集団を司祭派と呼び、信徒集団の自立性を認め、その長老に宗教儀式を任せることにより僧職の役割を認めなかった集団を無司祭派と呼ぶようになった。無司祭派は総じて民主的である分、内部の対立が激しく、有力指導者を核とした各種宗派が次第に広がる。一九世紀当時は、正教内のこのような分岐と対立とは別に、西欧出自のプロテスタント系の各宗派も、ロシア帝国内での影響力を増してくるようになり、古儀式派系無司祭派の運動とも接点を持つようになる。

ブルエビッチはこうした宗派や古儀式派と接触するうち、一九世紀末にはザカフカーズの古儀式派の中の急進派、(霊的キリスト教と分類する人もいるが)、ドゥホボール教徒に出会う

(f369/37/123)。この宗派は、不屈の精神、社会的抵抗の力を有していた。ペテルブルクの「ロシア帝国」を「アンチ・クリスト」であるとして認めず、一切の兵役を拒否し、このため彼らは帝国から抑圧を受けたこともあり、カナダに移住しようとしていた。ブルエビッチは、彼らの社会的抵抗運動に関心を寄せるようになった(124)。一八九七年に作家トルストイの支持者を介してブルエビッチは、カナダへのドゥホボール教徒の移住に同行するなど、古儀式派にかんする最高の専門家となる。当時、ドゥホボール派やモロカン派らは古儀式系の中の急進派であって、平和主義的アナキストとでもいうべき性格を持っていた。

ドゥホボール教徒のこうした運動について、日本では古くは木村毅(一九七九)、最近では中村喜和(二〇〇二)らが、平和主義、反戦主義、非武装主義者として描いている。一九世紀末、この問題に関心を持ったトルストイ派はスイスとロンドンに出版センターを持ち、ロシア語の月刊誌『自由思想』を発行していた。ブルエビッチはこうした海外のトルストイ主義者との接点ができ、彼らの出版活動に興味を抱く。階級闘争を主張する当時の社会民主主義者として、思想的には対立しながらもこの雑誌に関与したのである。もっとも、トルストイ派の編集部は、マルクス主義者ブルエビッチの急進派的主張には賛成できないと注釈を付した(**Bonch-Bruevich 59: 214-15**)。ブルエビッチは『命の書』と呼ばれる彼らの聖典を記録に残し、またドゥホボール教徒指導者の獄中書簡をはじめとする資料集も公刊した(**Materialy 08: 161**)。しかしトルストイ派との共闘は限界に達した。

このためブルエビッチらは、新たに古儀式派との共闘を目指す社会民主労働党系の『ジズニ』紙を一九〇二年に創刊する。ちなみにこの頃の社会民主労働党では、ストルーベのような、後の自由主義者となる合法マルクス主義の存在感も強かった。こうして一九〇二—〇三年にかけてブルエビッチらは古儀式派、とくに無司祭派との連携をきっかけに、ロシア社会と農民、権力と宗教との関係を、マルクス主義との関係から整理するよう迫られた。

プレハノフら当時の社会民主労働党の最高幹部も、農民問題の複雑さを理解していた。この運動に早くから関心を示したナロードニキ系の著述家であるゲルツェン、ケリシエフらの研究にブルエビッチの関心は向けられた（f369/37/132）。出版と配布活動を通じて、ルーマニアとブルガリアのバプチストといった宗派との接点ができ、社会民主労働党は、海外との出版ネットワークの構築、非合法文献の国内への搬入に成功した。つまり党の海外出版物の搬送などには、この古儀式派のルートを使うようになったのである。

こうしてブルエビッチは、一九〇三年の第二回社会民主労働党大会で、初めて宗教集団との関係について触れ、宗派間での社会民主労働党の活動を党の決議で確認した（135）。この大会はレーニンが『何をなすべきか』で展開したプロレタリアートの「前衛」としてのボリシェビキ派ができた党大会として知られているが、同時にブルエビッチの影響下で党の宗教集団との関係をはじめて認めたのである。

草稿での回想自体はこの大会で終わっているが、実際この頃の彼は、活発化し始めた古儀式派の活動にいっそう注目するようになった。一九世紀末までに蓄積した巨大な資本力を背景に、一九〇〇年頃から古儀式派は全国レベルでの大会を半ば公然と開催するようになった。

### 「宗派には敵対すべきでない」

この頃から古儀式派の影響下にある宗教界、産業界や労働界においては、明示的な組織論の展開を迫られていた。こうして「大会s'ezd」とは、しばしば年毎に開かれる会議体として位置づけられ、また「ソビエト」は、そうした大会の間に「規約」にしたがって業務を遂行する恒常的機関と位置づけられていた。このことに気づいていたブルエビッチは、一九〇二年の古儀式派「大会s'ezd」の秘密の議事録を評して、「これまで、その不活発さでもって際だち、完全に社会問題には無関心であった古儀式派は、突如社会的プロテストの精神と連帯的・積極的活動への志向を示した」と、ロンドンで刊行されていた社会民主主義組織の機関誌『ジズニ』に書いた（Bonch–Bruevich 59: 90）。レーニンも、一九〇二年に革命党の必要を訴えた有名な論文『何をなすべきか』の中で、「宗派には敵対すべきでない」と述べ、彼らの立場を利用すべきことを訴えた（Lenin: 93）。

「宗教は阿片なり」とする無神論のマルクス主義者たちがなぜキリスト教に関心を寄せたのか。この点についてのロシア・マルクス主義者たちの回答は、社会主義を新しい信仰と見るべきだという建神派であって、革命ロシア初代の教育人民委員となったアナトリー・ルナチャルスキーが一九二五年に次のように説明している。「キリスト教は初めは貧しきもの、つまりプロレタリアートの宗教だった」と（Lunacharskii 72: 68）。

「キリスト教は民主的宗教であった」。キリストは、貧者、弱者の立場に立ち、富者にはその富を分け与えることを教えた。こうして社会主義的色彩すら帯びた、とルナチャルスキーは指摘した。当初信徒たちは、キリストのもとで、すべては神のものと私的所有も否定し、「社会主義的共同体」を創造する。やがてそれはローマ帝国の貧民たちの宗教となり、そこから次第に富者の子女などにも広がり、ついには帝国の国教となる。もっともその社会倫理、民主性、社会主義、革命性とは受動的なものであって、信徒に待つことを要求したと彼は指摘し、彼はそれを、階級的能動性を強調する「現代社会主義理論」と区別していた。しかし、キリスト教の世界にも階層分化が次第に進行し、とりわけ教会は、いわば抑圧する側の立場に、しばしば立つようになった。

このように社会民主労働党内部でも、宗教に関して、無神論以外の立場が存在していた。事実、一九〇五年革命で古儀式派的な潮流とも共闘関係にあったボリシェビキ党員の間では、ゴーリキーやルナチャルスキーのように、一九〇八—〇九年までにプロレタリアートの神を作るべきだという潮流が台頭した。彼らの間には、それまでにマルクス主義を放棄したベルジャーエフやブルガーコフらの「求神派」とも微妙に共振しつつ、「社会主義と宗教」を議論する素地が広がった。とくにルナチャルスキーとボグダノフらの知識人はこの頃、建神派マルクス主義者の論文集『マルクス主義哲学の概要』（一九一〇）でレーニンと論争し、また一九〇九年六—七月、パリでのプロレタリー紙拡大編集委員会では、レーニンら無神論派とルナチャルスキーら建神派との激突に発展した。

建神派は新聞『前進』により、さらには作家ゴーリキーの支持を得て、イタリアのカプリに党学校を開設、古儀式派系の若者もこれに参加した(Pyzhikov: 204)。一六―二〇名の、主として中央工業地帯、つまりモスクワ、ニジニ・ノブゴロドやシューヤなどの古儀式系の労働者教育を目指したカプリ学校を立ち上げたのは、タンボフの古儀式派の家に生まれ、ウラルの工場地帯で育ち、一九〇五年のサマラ・ソビエトを組織して議長を務めたミハイル(本名ニキフォル)・ビロノフ(党名ミハイル、一八八三―一九一〇)であった(Protokoly: 273)。彼は当時モスクワを中心にこの学校を推進したゴーリキーや、その時は立場の違ったレーニンも絶賛した人物だった。

なぜ建神派は古儀式派とも共闘したのか。ルナチャルスキーによれば、それは何も一七世紀半ばのニーコン改革での二本指か三本指かの儀式論争が問題であったのではない。ロシアでも庶民から「改革」に対し嵐のような批判が広がった。とりわけ古儀式派の祖と言われた長司祭アバクームから見れば、体制側のニーコン派とは、「酒飲み、大食漢、そして弱者いじめ」であった(Lunacharskii 72: 202)。世界は汚らわしいものであり、肉体は忌むべきもので、それらは火によって焼くことで、神の座に魂を昇天させることができる――このような教義をアバクームは提起した。つまり死と復活といったテーマが、終末論に憑かれた古儀式派には重要な考え方となってきた。こうして彼を中核とする宗派の人々は、正教正統派のニーコンやピョートル大帝の抑圧をものともせず、辺境に追放されたり、あるいは集団で焼身自殺までしながら信仰を守ろうとした。国教である正教と対立した潮流に、社会民主労働党、つまりマルクス主義の立場から関与したのがブルエビッチやルナチャルスキーらであった。なかでも「福音主義的」潮流に位置するバプチストや福音派などは、帝国へのリベラル反対派的潮流としての主張を強めていく。ブルエビッチが期待した本来の古儀式派系無司祭派、霊的キリスト教の鞭身派、去勢派、ドゥホボール派、モロカン派といった潮流を、マルクス主義者らしく、社会的プロテストの宗教的な形態であるとみていた。これは彼の著作を編集した『宗教——宗派と教会』に再録されている（Bonch-Bruevich 59）。

## 反体制運動のパトロン的存在

こうした中で、彼が属する社会民主労働党もまた、「宗派」こそが「ロシアでの民主主義運動の中心のひとつ」（レーニン）であるとして、触手を伸ばし始めた。彼らは、絶対主義的帝国への反対派であったためである。

一八九八年に創設された社会民主労働党では当時、プレハノフをはじめレーニン、マルトフ、ポトレソフら幹部たちの間で、いかなる党を作るべきかという論争が生じていた。レーニンは古儀式派が多いボルガ沿岸出身の革命派の弁護士・ジャーナリストで、マルトフはユダヤ系労働運動家であった。特筆すべきはポトレソフで、「スタロベール（古信仰＝古儀式）」という党内での名前をもつ貴族出の活動家である。

もっともブルエビッチ本人は、ジュネーブでこの問題に忙殺されており、ブリュッセルとロンドンで開かれた第二回大会には欠席していた。このこともあって、レーニンとプレハノフとが相談し、ボンチ゠ブルエビッチが執筆した報告「ロシアにおける古儀式派と宗派」を、党大会でプレハノフが代読することになる。その中心テーマは、古儀式派や「宗派」こそが民主化運動の重要な回路となったという点であった。宗派とは、モロカン派やドゥホボール教徒などの古儀式派とは厳密には区別される集団である。大会決議では、「宗派の活動は現行の体制に反対する民主的潮流」のひとつであると規定し、これらと共闘すべく彼らを社会民主主義活動へと引き入れることを目指した（KPSS: 72）。上記の事情からして、情報や金融面、組織力でも、社会民主主義のような、当時まだひ弱な反体制運動にとって、古儀式派は格好なパートナーとなった。むしろパトロン的存在であった。

ここで彼は古儀式派＝ラスコルと霊的キリスト教の宗派とを混同してはいけないと指摘している。そのうえで、「ギリシャ・ロシア教会」が一七世紀に二つの潮流、つまり支配的なニーコン派と古儀式派とに分裂したことを重視する。彼らは教義上では完全に一致していたが、その儀式の細部をめぐって分裂した。しかしその社会的分裂の根は深い、とマルクス主義的な分析を行う。古儀式派は一七世紀当時も現代も、都市と農村での小ブルジョワジーの代表であるとして、下層宗教者によるプロテストの形態であるとみた（Bonch-Bruevich 59: 152）。同じ古儀式派でも司祭派と無司祭派とでは階級的差異があると、いかにもマルクス主義者らしい指摘をしている。

実際、司祭派はその経済的利益からして支配階級を代表しており、支配的な正教会には妥協しがちであった。これに対し無司祭派は「人民民主主義的」要素であり、「意識的というよりは自然発生的ではあるものの、たゆまず、そして抑えがたい抵抗の代弁者」となってきた、とみた。その他、「神の法」しか信じない宗派（この場合バプチストのほかトルストイ主義者、ドゥホボール派も含んでいた）も、この範疇に含まれていた。この報告に基づいてレーニンは、古儀式派は現存秩序への反対派であり、民主化潮流の現れ、また宗教的宗派は社会的抵抗の現れであるとして、異端派宗派での活動を拡大することを決議として採択した。

## 地下出版ネットワーク

こうしたボリシェビキ系の活動を通じて彼らの信頼を得、ヨーロッパ、アメリカ、そしてロシア、またスイスでもネットワークを築きあげた。なかでも注目すべきは、当時の社会民主労働党が極秘の半地下的な印刷や出版、情報発信といったネットワークを、この古儀式派系列との協調で作ったことである。ブルエビッチ自身は、一九二四年にレーニンが亡くなった直後に、このことを何度も回想していたが、スターリン時代以降は一九五一年と五二年七月に回想した中で触れている程度であるのは、強まる無神論の圧力もあったためだろう。社会民主主義やマルクス主義の宣伝文書もが、宗教的異端派との協調で国内に配布されたことは、一転して宗教の抑圧者にまわったスターリン時代には、権力にとってあまり都合が良くなかったのかもしれない。

それはともかく、この第二回社会民主労働党大会でのブルエビッチの報告に基づいて、レーニンを中心とする委員会ができ、古儀式派や宗派においても活動することが決まる。このネットワークの中で「独自の出版社、印刷所、輸送手段を作り上げた」と自らみとめた（V・ソローキンへの手紙）（Bonch-Bruevich 59: 383）。一九〇三年前後に彼はレーニンとともに、「ボンチ＝ブルエビッチ－レーニン社」を作り、出版と国内での配布に専念することになった。宗教者と宗派向けの同派の機関誌『ラスベスト（夜明け）』は、トルストイ派との協調から独自路線になったときに作られた。ジュネーブで発行されたこの機関誌は、ブルエビッチ自身が編集し、九号まで続いた。この関連史料はレーニン図書館の手稿部にある（f369/35/4）。これによると、社会民主労働党第二回大会へのブルエビッチの提案により、一九〇三年八月の大会決議でこの機関誌は「宗派向けの社会民主党の出版」として正式に作られた。社会民主労働党の決定により、プレハノフも認めたように雑誌は「試行的に」党の出版となった。レーニンは宗派向けよりも農民向けなのだと援護した（5）。

これに対して、とくにユダヤ系のメンシェビキ指導者マルトフらが、このような宗派向けの出版は自前でやるべきだと疑義を呈した。ブルエビッチも決議ではわざと「宗派」といって古儀式派とは明示しなかったと述べたが、そのような「雰囲気」があったのだろう（13）。出版は一九〇四年からであったが、その後も党の正式出版をめぐって対立は続き、プレハノフら古典的マルクス主義者たちは効果に疑問を持った。幹部の間ではレーニンだけが宗派セクトの「民主的」性格に関心を示し、ブルエビッチの宗派向け社民党機関誌の発行に好意的であったが、一年後にはレーニンまでもが棄権に回ったため、この雑誌の廃刊が決まった（f369/35/4/3）。

このような出版物が短期間とはいえ発行された背景には、古儀式派の地下出版のノウハウや資金を利用したいという事情もあった。革命的であることと宗教的であることは当時矛盾しなかった。実際、ブルエビッチは四〇年後に、スイスでの信用供与やヨーロッパ、アメリカ、ロシアでの政治資金の調達によってボリシェビキ党に財政的に貢献したと回想している。実は「イスクラ」派自体が古儀式派の繊維王サッバ・モロゾフからの財政支援で成り立っていた。その本体の党機関紙の海外での出版、国内への搬送、そして国内での配布といったことは困難であったが、ここでも、古儀式派やその影響下にあるナロードニキなどの運動を利用していた。

ボンチ＝ブルエビッチ自身が一九二四年に書いたパンフレット『我が党の禁止出版物はいかに秘密裏に印刷されロシアに運び込まれたか』の中で示しているように、配布活動は古儀式派ネットワークに依拠した（Bonch–Bruevich 24）。彼によるとそのモデルとなったのは、トビリシ（旧名チフリス）のモロカン派が二〇世紀初めにトルコとペルシャから運び込んだ秘密の印刷物倉庫の経験であった（Bonch–Bruevich 59: 311）。ちなみにモロカン派という呼称は、儀式にワインのかわりに牛乳（モロコ）を用いたことから生まれた。イワン・セルゲーエフという、元モロカン派の社民労働党活動家が、このルートで出版物を国内に持ち込んだ。

ロンドンで出版された社会民主労働党系の古儀式派向け機関誌『夜明け』は、当時クリミアなどに住んでいたトルストイ家の倉庫に、菓子の包みとともに運び込まれた。これを行ったのは社会民主党系のラトビア人で、古儀式派系でもある輸送担当者であって、ルーマニアとの間をドナウ河で結ぶルートを極秘裏に作る。なかでもドナウ河の輸送は、漁師でもある古儀式派系ネクラソフ派が行ったという。もっともセルゲーエフらはルーマニアで捕まり、しばらく獄中にあった。回想では、このベスマンという働き手はルーマニアに行って新しい方途を「宗派組織」を通じて作った、と書かれている（Bonch-Bruevich 68: 26）。彼は社会民主労働党員だったが、福音洗礼派、モロカン派、去勢派、古儀式派系ネクラソフ派といった各宗派とうまく付き合っていたという。その結果、彼らを通じて社会民主党系の出版物が国内に搬送されるようになった。ツァーリ政府による抑圧がこのような意外な連携をもたらしたのだとブルエビッチは回想している。

いずれにしてもロシアにおける反体制出版物はルーマニアなど海外で印刷し、国内にひそかに運び込むという方式は、古儀式派の経験に始まり、一九—二〇世紀には民主化運動・革命運動に、さらには二〇世後半の異論派にまで受け継がれたのであろう。

ちなみに『イスクラ』等の出版活動の拠点はロシア北部のプスコフに置かれたが、その後はメンシェビキの祖国防衛派としてレーニンと対立するようになるA・N・ポトレソフ（一八六九—一九三四）を派遣して拠点を築いていた。当時、市内には社会民主系の支持者もいなければ、労働運動の拠点もなかった。だがここは北方の無司祭派ポモーリエ派の拠点であって、したがって古儀式派の信仰集団が「イスクラ」派の出版事業に協力したことになる。

## 「商業資本」としての革命性

マルクス主義史家で、初代ロシア教育人民委員代理M・ポクロフスキーや彼の同僚でもあったニコリスキーのような進歩派の歴史家は、モスクワやボルガで「商人」とも言われた各派の異端的な古儀式派の中に「商業資本」としての革命性を見て取り、その産業資本への転化も含めて記述していた。二〇世紀初めのロシアの工業化を支えたのはこのような古儀式派「商人」資本であった。実際、ボリシェビキ党の知識人たち、とくに建神派のルナチャルスキーや作家ゴーリキーはこの方針を党内で固めていた。このような革命派と古儀式派資本の連携は日露戦争前後に一挙に進捗するものの、ロシア革命後、とくにスターリン体制のもとで次第に異端視され始める。

ボリシェビキ系歴史家で、この「商業資本」の先駆性をボルガのプガチョフ反乱と結びつけたポクロフスキーらは、その意味で古儀式派資本の先進性、そして「資本主義の発達」を論証していたと言えよう。ポクロフスキーは、スターリン体制の確立に向かう一九三一年に、この商人資本が産業資本に転化したとして、一九〇五年革命の「相対的に発展した資本主義」の根拠とみた。この議論は形を変えた古儀式派資本擁護論に聞こえる。商人資本があればこそ、「我が国で外国のプロレタリアートの支援なしに」社会主義を作ることができた。彼はトロツキーがロシア資本主義の遅れを主張することで、西欧の社会主義革命による支援なきロシア社会主義は「指令、命令、行政的圧力」により推進すべきだとする「左派」の議論になっていると批判した。つまりポクロフスキーは、古儀式派資本を前提にロシアの内在的資本主義発展があった、そして社会主義も自力でできるという議論を行った（Istoricheskii Arkhikh, 1993, No. 4: 205）。彼が二〇年代のルナチャルスキーの教育人民委員代理であったのもそういう背景があろう。

だがしかし、スターリンがポクロフスキー学派を敵視し始める三〇年代初めまでに、宗教的異端への寛容と共産党内での「右派的偏向」に端を発する異端狩りとが同時進行し始めていた。その一環としてスターリン流「文化革命」における反宗教キャンペーンが展開され、また歴史学界ではポクロフスキー批判が進行する中、「商業資本」と並んでその実体である「古儀式」派を捉える視点も失われていった。

このこともあって、古儀式派と一部ボリシェビキ、とくにその影響が強かった「労働者反対派」とのつながりを含めた問題群は、のちの政治や社会の研究者、歴史家たちにも、ほとんど気づかれることはなかった。レーニンやスターリンのソ連において宗教は共産主義と相いれないとして、宗教に対してイデオロギー的な制約を課してきたことにもその理由の一端があった。

それでもペレストロイカ以降、ロシアで宗教、とくに古儀式派のような異端派への関心が広まっている。二〇世紀初めを中心に彼らの経済機構や制度、価値観などが研究されだしている。

## 古儀式派問題とは何か

古儀式派問題とは実は優れてロシアとウクライナの関係の問題でもある。とくに二〇一四年二月以降、ウクライナ紛争が浮上してから、ロシアとウクライナの関係が問題となると、その宗教的背景が当然にも議論されだした。ロシア正教世界の中で、一六六六年の宗教論争に勝利したロシア正教会ニーコン派と敗北した古儀式派、そしてその原因ともなったポーランド、西ウクライナのユニエイト系（ギリシャ・カトリック教会）との三つ巴の関係がいかに帝政ロシアからロシア革命を経てロシア、そしてウクライナの関係に影響を及ぼしてきたかが、ようやく理解されるようになってきたからである。この派の帰趨がロシア革命にも多大な影響を与えてきたことに、強い関心が寄せられている。

メンシェビキの指導者マルトフの『ロシア社会民主党史』も指摘するように、帝政ロシアの労働運動は、ポーランド・ウクライナの南部と北東ロシアにそれぞれの中核拠点があった。宗教的な分布で言えば、カトリックとユダヤ教徒が多く居住する帝政ロシアの南西部と、北東ルーシとかつて呼ばれた地域の古儀式派地域とに区別できる。二〇世紀初頭の社会民主労働党、つまりマルクス主義党においても、前者ではメンシェビキと呼ばれたヨーロッパ的で分散的な大衆政党への志向が強く、後者ではレーニン流の中央集権的な革命党への志向が見て取れた（Martov: 77）。

そのような関係が、ロシア革命後の共産党内にも実は及んでいたことを、本書では議論してみたい。というのも一九二一年の労働組合論争における労働者反対派が、この古儀式派、なかでも無司祭派の労働・組織観を代表していると考えられるからである。筆者は二〇一三年にあらわした旧著で、この有名な「労働者反対派」という党内反対派の指導者G・シリャプニコフについて、両親が古儀式派であったことをはじめて指摘した（下斗米 13: 175）。また同著では労働組合論争の中で、むしろソビエト政権による企業管理の観点から関与し、繊維工業を担当した革命家、ビクトル・ノギンについても、古儀式との関連を強調している。というのも、ロシア革命以前から古儀式派資本が長期間にわたってロシアの繊維工業を担ってきたからである。

そのこととノギンの革命後の経済・政治活動とは深い関係がある。またこの二人とも革命ロシアでレーニンが最初に組織したソビエト政府の高官であり、当初「労働人民委員部」に関係していたことはとりわけ興味深い。革命後の労働問題が優れて古儀式派労働者との問題でもあったことを示しているからである。

シリャプニコフは初代労働人民委員であったが、一九二一年以降は党内での分派活動が禁止されるなか、レーニン、スターリン主流派への反対派となった。革命前はサッバ・モロゾフ工場での活動から党活動に入った穏健派ボリシェビキのノギンは労働人民委員を辞したあと、繊維シンジケートを管轄した。そのノギンの一九二四年の突然死にスターリンの関与を疑う議論を、英国の歴史家などが展開している（Shimotomai）。

以上、見てきたように、ロシア革命後の政治経済史への新しい接近法の一つとして、古儀式派という角度から二〇世紀ロシアを見るというアプローチが登場している。ロシア革命とはそもそも何であったのか。これまでの議論のどこに限界があったのかを解く上で、この宗教的異端派の存在が注目を集めている。

# 第2章

# ソビエト国家と古儀式派

## 宗教政策の転換

「ポスト世俗化」というグローバルな趨勢の中、二一世紀ロシアでは宗教、とくにロシア正教の活動が盛んになっている。ドイツの政治学者ハーバーマスも指摘するように、むしろ無神論を標榜したソ連の崩壊と、それに先立つペレストロイカでの宗教の解禁こそが、このような脱世俗化という潮流をもたらした最大の原因であろう。冷戦期の無神論的ソ連対西側での信仰の自由といった対立図式が逆転し、今やロシアにおいてこそ、無神論や「積極的世俗主義」よりも宗教的価値を重視する動きが生じている。

この転換期となったのはペレストロイカであった。しかし無神論から、布教を含めた「信仰の自由」へというソ連末期の宗教政策の根本的転換はゴルバチョフ共産党書記長によってなされたのではない。実はレーガン政権の「悪の帝国」という反ソ政策に対抗する中、八〇年代前半に宗教政策の転換が計画されていた。

一九八二年、当時の総主教ピーメンがソ連共産党政治局に願い出、翌年五月アンドロポフ書記長らがこの目的のためダニロフ修道院の改装を始めた。これを行ったのは直接にはソ連閣僚会議の宗教会議議長であったK・ハルチェフであるが、彼はもともと宗教関係者でも党のイデオローグでもなく、職業外交官出身である（廣岡：240）。宗教を政治に利用する目的があったと、三〇年後の今日になって率直に回想している（Nezavisimaya gazeta, 7 Aug., 2013）。

もっとも、このような八〇年代初めの転換が外交官出の官僚によってなされることはあり得ず、政策転換を進めたのは当時の政治局の有力者である外相A・グロムイコらであったであろう。事実、ソ連末期の公式回想録でグロムイコは、ソ連エリートの中でおそらく初めて自己の一族の宗教的出自を明らかにした（A. Gromyko）。そこでは一族が一六八四年にポーランド国境のベトカに逃れた古儀式派であったことに触れている（下斗米 13）。

もちろん古儀式派研究自体は何も新しくはない。従来からロシア研究の一角を占めてきた。ただしそれは主として文学や宗教での問題、抑圧されて海外を含めて逃れたディアスポラの問題か、現代の海外の宗教集団の問題として議論されたにすぎなかった。政治史や経済史の観点からの研究は、本国でも二一世紀になってようやく始まったばかりである。それに加えて、一九世紀の宗教的覚醒や、二〇世紀初頭のロシアにおける繊維工業を中心とした古儀式派系資本家の存在が、二一世紀の歴史学でも注目され始めている。だが、これらの問題に限られるものであろうか。

## ロシア・ソ連史と宗教問題

ロシアにおいて宗教の問題は、国家や政治といった問題に絡まないことはなかった。現代の評論家A・メリニコフもいうように、「古儀式派の歴史はロシアの反乱の歴史である」（Urushev 16: 9）。宗教的反対派は、政教分離のない世界ではしばしば政治的反対派にも転化した。古儀式派系との関わりには濃淡があるものの、広範な民衆反乱、ソロフキの乱、ステンカ・ラージンの乱、プガチョフの反乱、各種コサック反乱がこれ以降伴った。なかでもソロフキ修道院は、今では世界遺産になっているが、一七世紀後半には分離主義者（ラスコリニキ）による反乱の拠点となった。ちなみに一九三〇年代にはこの修道院はスターリンの収容所となった。

「永久の反乱者としての古儀式派」というメリニコフのテーゼが正しいとすれば、古儀式派の問題は何も一九世紀までの歴史に限ったものではない。それどころか日露戦争後の一九〇五年の民主化（革命）や一九一七年の帝政崩壊に始まるソビエト革命のような問題には宗教的要素が必然的に伴ったはずである。しかしソ連邦という、無神論を国是とする国家が新たにできたことで、このような問題意識すらこれまでの歴史からは抹殺されてきた。したがって脱世俗化の潮流の中では無神論で脱色されてきた二〇世紀ソビエト政治史なども含め、包括的に再考されるべき新しいテーマとなっている。

もちろん一九〇五年から一七年にいたるロシア革命までの古儀式派「黄金期」を中心とする二〇世紀当初の古儀式派についての研究は、企業活動を中心に始まっている。だが羹《あつもの》に懲りて膾《なます》を吹くかのように、今度はその二〇世紀の「革命」との関係が認識から抜け落ちているかに見える。古儀式派とは帝政ロシアに拒否権を行使する集団であったと述べたのは、現代の古儀式派研究者グリンチコワである（Glinchikova）。彼らが、どのような形で一九〇五年に宗教的寛容令をかちとり、またその過程で革命運動を含む政治とどのように関わったのか。この問題に最初に注目したゲルツェン以来、一九世紀の革命運動と同派との関係は取りざたされてきた。二〇世紀になってもこのような問題が存在することは、ベルジャーエフが『道標』のなかで「マルクス主義というヨーロッパ的な衣装を身につけた旧教徒（古儀式派）」の問題として触れたことがある（『道標』11）。ベルジャーエフはここでナロードニキからマルクス主義への転換が本質的にロシア知識人に転換をもたらさなかったと注記している。

もちろんロシア革命と古儀式派との関係という問題は、古儀式派自体が帝政ロシアとソ連邦による抑圧の中で存在してきたために、その存在自体が論争的で、かつ不明確である。このため、しばしば議論の前提をなす認識が異なると問題が空回りする危険が存在する。ましてや「革命」とか「共産党」とか「ソビエト」といった、今ではその認識対象自体が問われている課題においては。

しかしよく見ると古儀式派の問題はソ連史にも見え隠れしていた。古儀式派研究の古典となった一九世紀のメリニコフ＝ペチェルスキーの著作は、一九七〇年代にプラウダ出版社から刊行された。しかしこのことの不思議さとユニークさは指摘されたことがない。二一世紀になってようやく『歴史の諸問題』（二〇〇二年四号）で評論家シャフナザーロフがボリシェビズムとの関係を論じたのが、その嚆矢である。彼の問題提起に刺激をうけた筆者は、二〇世紀のソ連と古儀式派との関係をいっそう広い文脈の中で議論すべきであるという問題意識から『ロシアとソ連――歴史に消された者たち』を書いた（下斗米 13）。本章はその際、ソ連史の文脈に即して十分展開できなかったこの古儀式派と共産党、そしてソビエト政治との関係について、重複をいとわず触れてみたい。

## 二つの論点

本章の第一の論点は、一九〇三年の第二回社会民主労働党大会、特に「イスクラ」派と古儀式派との関係の問題についてである。レーニンの秘書であり、かつ古儀式派問題の専門家であったウラジーミル・ボンチ゠ブルエビッチの、レーニン図書館手稿部に保管されている文書や、彼の著作・回想等を手がかりに、「イスクラ」派と古儀式派との関係を見てみたい。古儀式派そのものが二〇世紀はじめまで、分裂した存在であった。そこでの指導的存在である司祭派のサッバ・モロゾフをめぐる問題を、モスクワの古儀式派主導の繊維産業資本など、経済や政治と関わる問題と関連づけて考える。とりわけ一九〇五年革命にいたる過程での古儀式派企業家サッバ・モロゾフと「イスクラ」派、またレーニン、ゴーリキー、L・クラーシンらとの関係・協力の問題がある。

第二の論点は、ソビエトという組織を、とくに起源論という観点から古儀式派との関係を議論する。スターリンは一九一七年七月末の第六回社会民主労働党大会報告で、ソビエトとは「純ロシア（Russkaya）的現象」だと述べたことがある。レーニンが四月テーゼで「全権力をソビエトへ」と提起した後、反動が起きた七月事件後の発言であるが、ソビエトはなぜ帝国全体ではなく、「純ロシア」的現象だったのか。

一九〇五年だけでなく一九一七年も、少なくとも四月テーゼ以前は、レーニンなどボリシェビキ党の主流がソビエトという組織に対して冷淡であったことは学会の定説であろう。レーニンは一九〇五年のソビエトが自発的で非党派的な性格を持ったことに当惑し、一九〇五年一一月の論文「社会主義とアナキズム」の中では、ソビエトとは特定の目的のための闘争機関としかみなさなかった。彼は一九〇六年になって「萌芽的な権力機関」と多少見解を変えるが、このような事情は学会での扱いにも反映した。

他に先駆けて一九六〇年代にソビエト研究に着手した渓内謙《たにうちゆずる》の『ソビエト政治史——権力と農民』（勁草書房、一九六二年）、あるいは広瀬健夫の論文「一九〇五年のソビエト論」はそのような当時のソビエト論、とくにその起源に関する研究水準を示していた（『ロシア革命の研究』1968: 147）。渓内の場合、とくに行政学者として研究生活を始めた経緯から、行政機能を持つ前のソビエトという存在の起源を革命以前にさかのぼるという視点はなかったのではないか。その後も多くの歴史家が、その起源にさかのぼって研究することはなかった。

第六回大会でスターリンは、ボリシェビキ党員の多くが「ソビエトをやっつけろ」とか「反革命ソビエト」と主張していることに注意を払っている。レーニンのご都合主義とも関連したこのボリシェビキのソビエトへの態度は、一九二〇年代半ばの「ソビエト活発化」期を例外として持続し、スターリン時代にはついに共産党権力の隠れ蓑となって事実上独自の機構であることをやめることになる。

しかしそれでは一九〇五年にこの組織を最初に作ったイワノボ・ボズネセンスクの繊維工や、一七年のロシア兵士や農民の間でそれは無から突然生じたものなのか。地域間の比較を試みた渓内や広瀬の研究でも、肝心のイワノボ・ボズネセンスクでなぜソビエトが登場したのかは、ボリシェビキ党がこれを政治利用し、ソ連期の各国の研究者がそれに無自覚であったこともあり、何も語られなかった。

スターリン自身は先の一九一七年の党大会報告で、大フランス革命では「自治体」がその役割を果たしたが、ソビエトは「純ロシア」現象であると指摘した。スターリンのこの指摘を再考すると、実はソビエトという存在は本来はモスクワやボルガ河流域、ウラルなどを中心とした組織であり、ニーコン改革や帝政ロシアへの宗教的抵抗運動であった古儀式派と接点を持つ存在であることが、そこから浮かび上がる。細かい論証は省くが、ユニエイトなどカトリックの影響があった一七世紀半ばのニーコン改革やウクライナとの合邦による帝政形成以前のロシア、つまり、かつて北東ルーシといわれた地域を中心に組織されたといえよう。スターリンの先の指摘は、グルジアの神学校を中退し、「民族問題の専門家」であったスターリンの、労働運動での経験と政治的感覚に基づくものであろう。

「モスクワは第三のローマ」と強く信じ、逆にペトログラードを首都とするロシア帝国を「アンチ・クリスト」的存在とみてその宗教敵（必ずしも政治的にではなかったが）であった古儀式派のことは、スターリンも多少はわかっていた。このような環境からソビエトが発生したと考えれば、この「純ロシア」的ソビエトの登場の謎は氷解することになる。それだけでなく、古儀式派的な「モスクワ第三のローマ」的認識と、当初のソビエト権力の「純ロシア的」性格、首都をモスクワに移した事情、そして初期のソビエト権力が一九一八年春のブレスト・リトフスク条約でウクライナとの合邦を拒否したという軌跡の背後に、古儀式派的なロシア、ベリコ・ルーシの復活を見るのは間違いではないだろう。

このことは、一〇月革命当時の感覚で革命兵士をうたったブロークの詩「一二」が、当時の農民兵士と労働者の心情を最もよく表していたことにも見て取れる。彼は、革命兵士がキリストのもとへ、と歌ったのである。しかもブロークが歌った「イエス」とはニーコン改革以降の正統派による**IISUS**の表記ではなく、古儀式派本来の表記である**ISUS**であった。このことは一九一七年の政治過程における古儀式派的な世界のあまりにも雄弁な表現であった。また一九一八年一月に農民ソビエトと合体したソビエト権力をベルジャーエフが評して偉大なルーシ、つまり「ベリコ・ルーシ」の台頭と議論したこともその傍証といえる(下斗米13)。古儀式派に全く触れることのない歴史家ビャチェスラフ・ラフニコノフも、一〇月革命でボリシェビキが「ベリコ=ロシア」の都市は掌握し得たものの、古儀式派が浸透していない南部は無理だったとみている(Nikonov: 66)。つまりソビエト権力の登場は、あえて言えば古儀式派的な古きロシアの復活という側面があった。

言うまでもなくソビエトは、一九〇五年のイワノボ・ボズネセンスクでの民主化の流れの中で最初に組織された組合活動にその起源があることは、どのような革命史や政治史でも常識である。しかしイワノボの繊維工業が基本的に古儀式派資本のもとにあり、そこで働いていた労働者もまた古儀式派であったことが注目されたのはごく最近のことなのである。

## 社会民主主義政党と古儀式派

古儀式派とソビエト国家の関係を考えるに際して、やはり二〇世紀の革命運動、とくに社会民主主義政党と古儀式派との関係にさかのぼって考える必要があろう。かつてこのような問題提起がなされたことは管見の限り一度もない。だが一九〇三年の第二回社会民主労働党大会でこの問題が示されていたことは議事録からも明らかである。問題は最初から存在していたが、歴史家や政治学者たちが見逃してきたにすぎない。

この党大会では、幅広い層からなる大衆党を作ることを主張したメンシェビキ系に対し、レーニンらボリシェビキは「何をなすべきか」といった文書でもって、少数の革命家からなる革命党建設の主張を行い、この大会以降、共産党の源流になるボリシェビキ派が誕生したことはあまりにも有名である。しかしこの大会で、宗教政策にかんして重要な決定がなされたことはほとんど知られていない。このとき、のちのボリシェビキ党の領袖となるレーニン、メンシェビキ祖国防衛派のポトレソフら「イスクラ」派を中心に、主として古儀式派や宗派との戦略的同盟が模索されたのである。マルクス主義的な社会民主主義労働党の機関紙である『イスクラ』であったが、その基盤は古儀式派と深い関係にあった。

この新聞は一九〇〇年四月にプスコフのレーニン、ストルーベらが参加した会議で発行が決まり、ドイツのミュンヘンを基盤にプレハノフら在外の「労働解放団」が編集に関与、レーニン、プレハノフ、マルトフ、ポトレソフを中心に一二月から発行されたことが知られている。国内での非合法な配布の拠点はプスコフにあった。ロシア北部のプスコフ市は当時、社会民主党の支持者もいなければ、労働運動の拠点も存在していなかった。だが北方の無司祭派ポモーリエ派の拠点であって、古儀式派の信仰篤い人々が理解と協力を惜しまなかったといわれる。なかでも配布と編集にタッチしたポトレソフが、古儀式派と深い関係を持っていたからである。

## 革命家ポトレソフの文明的社会主義観

レーニンがボリシェビキ派を作って同紙を去った後も『イスクラ』を一九〇五年まで編集したのが、メンシェビキのアレクサンドル・N・ポトレソフであった。貴族出身の彼の出自や宗教はまだ不明であるが、党名をスタロベール（古信仰）としたのは意味深長である。彼こそ初期のロシア・マルクス主義と古儀式派を仲介したと考えられる。革命家ポトレソフは、一八六九年にモスクワの貴族の家に生まれ、一八九〇年代にマルクス主義サークルに入り、古儀式派の拠点ビャトカへの流刑後、一九〇〇年にプスコフでの『イスクラ』の発刊会議に参加している。ボリシェビキ派との分裂後はメンシェビキ派として『イスクラ』を支えた。一九〇五年革命後はユーリー・マルトフ、マスロフらとともにメンシェビキ派の総括的な四巻本『二〇世紀初頭のロシアの社会運動』の編纂に携わった。

このポトレソフは、なかなか理解しがたい人物でもある。一方ではメンシェビキに固有な歴史発展を信じ、ロシアの社会主義とはヨーロッパの先進資本主義との関係の中でのみ展開されるということを疑わなかった。他方、古儀式派のようなロシア正教固有の富裕層とつながっていた。レーニンと違ってプレハノフやポトレソフは、第一次世界大戦の戦争責任はドイツ軍国主義にあるとみた。彼が祖国防衛派であった一つの理由は、戦時工業委員会の「資本家」たちの多くが、グチコフ、リャブシンスキー、イワノボ出のコノバロフなどの古儀式派オーナーであって、彼らも戦争継続による「西側」との連携こそ進歩と考えていたからである。その労働者部もメンシェビキ防衛派が握った。この点は、より左派のトロツキーなどメンシェビキや何よりもレーニン流の平和主義、いな「革命的敗北主義」と区別される点であった。

そのこともあってか、一九一七年危機の中のポトレソフの論文集『ルビコン』が出版されたのはようやく二〇一六年であった（Potresov）。メンシェビキの中にあってポトレソフは、第一次世界大戦中はヨーロッパ文明国との同盟こそ、社会主義への道であると信じていた。したがって「祖国防衛」こそ、社会民主主義者のとるべき道と信じていた。古儀式派資本家の多くもそれを支持していた。大戦中の戦時工業委員会は彼らの拠点であり、皇后やラスプーチンらが画策したドイツとの単独講和や、この別動隊的な役割を主張するレーニンらの「革命的敗北主義」には反対だった。と同時に、帰国後のレーニンが四月テーゼで提起したように、いきなりロシアのソビエトによって社会主義権力を打ち立てることはありえないと考えていた。代わりに対置したのが社会民主労働党の統一であり、「プロレタリアートの国家的課題」となった（53）。

当時の文脈に照らして、このポトレソフの立場が重要であったのは、一九一七年二月以降、社会民主労働党の統一派が、彼の主導もあって、ボリシェビキ系の穏健派であるノギン、ルイコフ、カーメネフなどだけでなく、中央派で首都の党を掌握したスターリンもこの流れに傾斜しかかったからでもある（Sledstvennoe delo, kn. 1, 2012: 847）。四月にレーニンがロシアに帰国するまではボリシェビキ派とメンシェビキ派との和解論には一定の影響があった。その後もそれは残った。一〇月革命後直後にポトレソフは「ジノビエフ、カーメネフ、リャザノフ、ノギンその他」は「ボリシェビズムという沈みゆく船を捨てるネズミ」であるとして、「レーニン、トロツキー」路線から離脱する動きを歓迎していた（251）。

実際、ボリシェビキ党中央委員会ではルイコフとミリューチンが武装蜂起に反対し、単一社会主義政府に賛成していた。有力な左翼反対派のシリャプニコフも、労働人民委員を放棄はしなかったが、「テロによる純粋ボリシェビキ政権」には反対であり、この考えにはルナチャルスキー教育人民委員、ラーリン、リャザノフらも賛成であった。つまりは最初のソビエト政権でも、古儀式派的な背景をもつルイコフ、ノギンといった中核部分を含め人民委員の相当数が、このポトレソフの文明的社会主義観に影響され、レーニンと「一〇月革命」批判に賛成していた（509）。

## 古儀式派資本家と革命党

社会民主労働党と古儀式派・宗派との組織的関係の中核を担ったのが、先に触れたレーニン直系の秘書役V・ボンチ＝ブルエビッチであった。作家ゴーリキーなども、古儀式派資本と同党との関係に関与した。

先述したように、社会民主労働党の『イスクラ』紙自体にも古儀式派との深い関係が存在した。一九一七年の一〇月革命をめぐって、レーニンの権力掌握には強く反対していた作家マクシム・ゴーリキーは一九一八年六月、この新聞が古儀式派の大ブルジョワジーであったサッバ・モロゾフの寄付によるものであったと暴露した（Gorkii: 90）。サッバ・モロゾフは、日本の人名辞典にも取り上げられるほどの資本家で、「モスクワ芸術座」のパトロンとしても知られていよう。そのモロゾフが二〇世紀初頭、レーニンの創始したソ連共産党の前身である社会民主労働党、とくに「イスクラ」派に多額の献金をしていた。ゴーリキーによる『サッバ・モロゾフ』という評伝では、「レーニンの潮流が大きな貢献をする」と、この「資本家」が予言したと書いている。その上で、「リベラルな資本家の重鎮」が、一九〇五年以前にレーニンらの『イスクラ』紙に寄付していたと明らかにしたのである。このこと自体はブレジネフ時代の歴史家パクによっても紹介されている（Istoriya SSSR, 1980: No. 6）。もっともモロゾフが古儀式派であるという宗教的な背景をパクは一切説明しなかった。このこともあって読者にはモロゾフの宗教的な背景と革命党との複雑にして特異な関係は分からなかった。

ソ連崩壊後は一転して、サッバ・モロゾフに代表される二〇世紀初頭の古儀式派の資本家（グチコフやリャブシンスキー、ソルダテンコフなどの各一族）は、ロシアでの市場経済の偉大な先達、土着的企業家として脚光を浴びるようになっている。ロシアの資本の六割以上を握ったといわれる彼らについて、ソ連崩壊後のロシアで自立的な市場経済を打ち立てた先駆者という視点から、経済史家（ラスコフやケーロフ）による研究が出始めている。だがその革命運動への支援と、「資本家のモデル」とのモロゾフ像とははたしてどう両立するのか？　古儀式派の指導者でもあるモロゾフは本当に革命を支持していたのか。していたとすればどのような意味においてか。

## サッバ・モロゾフの肖像

ソ連崩壊後の一九九八年にモロゾフに関する本格的評伝がT・モロゾワとN・ポトキナによって執筆された。これによるとモロゾフ一族は、モスクワ郊外南東部のグスリッツ、つまり最も典型的な古儀式派の村の出身である。彼らは伝統的なロシア主義者で、「モスクワは第三のローマ」と考える人々である。祖父のサッバ・ワシーリーエビッチ・モロゾフ（一七七〇―一八六〇）は農奴の生まれで、持ち前の指導力でギルドを作る。宗教的には古儀式派のなかの司祭派であって、亡くなったとき、聖地ロゴジスコエ墓地に夫人とともに葬られた。彼はオレホボ・ズーエボの地に繊維工場を建て、近代的な工場へと発展させる。息子が五人いたが、そのうち四人が繊維工業をつぎ、モロゾフの巨大繊維帝国、「サッバ・モロゾフ兄弟工場」を一八八七年に立ち上げる。息子には宗教教育を授けた。息子の一人ティモフェイは一二歳から工場で働き始めた。

教会を持つことが許されなかった古儀式派だが、エカテリーナ二世のリベラルな時代にモスクワの関所の外に墓地を作ることが始まっていた。墓地の世話人組合においてもモロゾフは有力者であった。古儀式派ジェンダー問題の研究者パエルトによると、同派内での女性の地位は低くなかった。いな、サッバの母はモスクワの知識人にも知られたソルダテンコフ一族の出であって、同派では女性としても尊敬され、大資本家として君臨した。銀行、保険から通商貿易、さらには鉄道にも手を広げた一族の邸宅には、歴史家クリュチェフスキーやソロビョフなど知識人が集まり、父はモスクワの取引所を指導した。彼らが病院などを始め、慈善事業を行ったのは宗教上の要請もあった。

孫のサッバは古儀式派資本家の典型例でもあった。ロシア経済史では、「モロゾフ」工場のストライキをもって本格的労働紛争とみなし、彼らの「劣悪」な労働環境をレーニンに従って記述してきた。このようなイデオロギー的解釈は今では否定されている。経済史家のD・ラスコフの研究『古儀式派の経済制度』によれば、古儀式派の経済スタイルでは、①「世俗的禁欲」、②「勤勉」、③「倹約」、④「相互信頼と共同体精神」といった徳目が顕著であった。マックス・ウェーバーの言った「プロテスタント」のロシア版といったところである。当時、利子をとることの是非などをめぐり、他のプロテスタント企業と同様、宗教的な規範との葛藤も見られた。

問題はサッバの思想であり、彼の政治行動である。この点、ポトキナ執筆のサッバ評伝では、「資本家」モロゾフの革命伝説は否定されている。一九〇三年の秋、レーニンがメンシェビキと闘っている最中に、モロゾフが『イスクラ』紙に作家ゴーリキーを通じて献金したというのは本当だとする。官憲だけでなくモロゾフ一族もまたサッバの「革命的結びつき」を疑っていた。

歴史家パクによればレーニンは、『イスクラ』紙でモロゾフを批判するという高等戦術までつかって、彼から資金を得ようとし、実際レーニンの党はモロゾフから「物質的援助」を得ていた。なかでも一九〇四年にモロゾフ工場に派遣された党員で技師のレオニード・クラーシンを通じて二万四〇〇〇ルーブリをレーニンは求めた。クラーシンは繊維工業に必要なウラルの化学工場を成功させ、モロゾフの信頼を得ていた。レーニンはクラーシンが「党の財相であり」、「リベラル資本家」との関係から「非合法の文通」、「爆弾作りのための実験室」が可能になったと書いた(128)。もっともパクの記述やゴーリキーの説は作家としての作り話か、レーニンの解釈に合わせた話でしかなく、むしろゴーリキーの話と史料調査結果は史実と異なっていると、ポトキナらの伝記は指摘している。

古儀式派の工場はむしろ労資協調が主流で、同朋への優遇策をとってきた。一八八七年にサッバの夫人となるジナイダ・グリゴリエブナもまた古儀式派であったが、英仏語をマスターしたという(64)。一九〇二年に彼ら夫妻は、モスクワにスピリドン賓館を建てた。ちなみにこの館はソ連時代に外務省賓館となって、一九五六年には日本の鳩山一郎総理なども滞在したように、ロシア外交の重要な舞台となってきた。また地下鉄アレクサンドロフスキー庭園駅にある戦前の日本大使館は、戦後は民族友好の施設となっていたが、最近はロシア政府の賓館となっている。晩年のレーニンがテロから身を隠したゴルキ・レーニンスキエの別荘も、古儀式派モロゾフ夫妻の館であった。

その頃から同時代の歴史家たちは、古儀式派が先頭となって推進した工場制度の新しい革新に注目していた。合法マルクス主義者でもあったトゥガン＝バラノフスキーの『ロシアの工場』は、このような角度から書かれた傑作であることは次章で説明する。またマルクス史学から『ロシア教会史』を書いたニコリスキーの仕事も、古儀式派産業資本の分析に当てられている。当時マルクス主義者から見ても古儀式派工場は新奇で、革新的存在であった。後にソ連に戻った作家ゴーリキーが三〇年代に『工場史』の編纂を任されたのも、彼自身評伝を書いたサッバ・モロゾフやニジニ・ノブゴロドのニコライ・ブグロフといった古儀式派資本家との人脈があればこそ、である。

サッバは繊維工業の工場主としてだけでなく、一九世紀末からのニジニ・ノブゴロドの博覧会、定期市や産業・工業者同盟などでも活動し、影響力を強めた。つきあいを持った財務大臣ウィッテを通じて政治工作も行われた。一八九七年にニコライ二世をニジニ・ノブゴロドの定期市に招いたのもモロゾフであった。古儀式派からみれば宗教敵とおもえる皇帝との関係も良好だった。この点、ポトキナはサッバが宗教的人間ではないものの、古儀式派を信仰していたと特徴づける。

またサッバの名を残すことになるモスクワ芸術座も、当初は古儀式派工場の繊維工向け劇場がその始まりであった（一八九七年）。オレホボ・ズーエボの彼の工場には夏の劇場もあった。実はその起源は古儀式派の企業メセナにあった。この夏、演出家で信徒でもあるスタニスラフスキーらの要請でモスクワ芸術座のために寄付をする（153）。ちなみにサッバはロシアに初めてサッカーを紹介したことでも知られる（下斗米 13）。

パクによれば、一九〇三年にモロゾフは都合三度、ゴーリキーとアンドレーエバを通じてレーニン派に献金している。サッバの突然の死は、ロンドンで第三回の社会民主労働党大会が開催され、クラーシンが党の中央委員となり、サッバの工場で「責任技師、財務係、輸送係」となった後だった。そのサッバが一九〇五年五月一三日、フランスのカンヌのホテルで謎の死を遂げた。死後一〇万ルーブリの保険証書がゴーリキーの愛人を通じて党に渡った。この点をめぐって、当時から多くの醜聞が聞かれた。ある者はこれを自殺と断じ、別の論者、とくにモロゾフ一族は、ボリシェビキ党に貢いだ末に犠牲になって亡くなったと断じた。党による殺害説もあった。ソ連期の歴史家パクは、ゴーリキーの説によりながら自殺説をとった。つまりモロゾフは「革命の大義」に役立つには十分とは言い難かったが、亡くなることで「革命運動に貢献」した、と断じた。これに対し当時の当局による公式見解は、「革命派の恐喝で自殺に追い込まれた」というものであった。

だがポトキナは、サッバの発言や言説を一九〇五年の動きを詳細に追いながら、この革命伝説や殺害説を覆している。もっとも微妙なのは、一九〇五年一月九日の「血の日曜日」事件で政治が分極化する前後のモロゾフの思想と行動である。この点、ゴーリキーの一九二二年の回想では、モロゾフはゴーリキーとともに現地にいて当局の発砲に怒り、警察が組織した組合のガポンに同情的で、彼を助けたとまで書いた。ところが当日モロゾフはリガにいて、首都にはいなかったことが実証されている。ポトキナはその研究で、ゴーリキーの革命伝説は二重の点でありえない、と指摘した。

一九〇五年一月九日の血の日曜日が、ロシアの解放運動の様相を変えた。その一カ月後、サッバは労働問題で「綱領的メモ」を執筆したが、そこには財相ウィッテの回想や、作家ゴーリキーらが描いてきた革命派としてのサッバ像とは異なって、革命派ではなく「プラグマチックな現実主義者」改革派としての像が示されている。労働者の行動は「自己の状態を改善するという要求」に基づくが、それは国民経済の状況にもよるという表現は、革命的綱領とは無縁なものである（178）。モロゾフは一度も革命という言葉を使っておらず、一九〇五年に彼が要求したのは国家機関の改革、市民的立法の実施であった。そのような観点から工場立法の改善を求めたのがモロゾフの立場であった、とポトキナは主張する。つまり一種の労資協調であって、決してレーニン型の革命ではないということになる。

モロゾフの主張は当時としては先端的で、出版の自由、集会の自由といった自由民主主義的価値を主張する議会主義型の改革案であった。彼の意匠に基づいて作った建物も含め、英国型改革への志向を持っていたというのが、この新解釈である。

自身の工場でも革命派がストライキを起こし、モスクワの社会民主労働党などが煽動した。ゴーリキーや女優アンドレーエバの救済にサッバは資金を出しているが、革命派クラーシンとの関係は悪化していた。他方で死の直前の一九〇五年四月にモロゾフは、立憲改革への立場を明らかにしていたと、ポトキナは指摘する。ちょうどこの頃、演出家スタニスラフスキーまでもがモロゾフ発狂説を流していたので、これは重要な指摘である。いずれにしても一九〇五年五月にサッバは、夫人が不在の折、カンヌのホテルで亡くなっているのが発見された。「私の死に際し、誰も咎めてはいけない」という書き付けがあった。当局もこれを真筆と断定した（192）。

五月二九日、ロゴジスコエの墓地でサッバ・モロゾフの葬儀が古儀式派流で行われた。革命のために彼の資産を提供するよう求めたゴーリキーとは親密な関係にあり、一〇〇万ルーブリを革命派に渡したと、モロゾフと関係の深いウィッテ蔵相も信じたという（194）。関係当局者もサッバの自殺説を信じていた。もっとも家族の間での話は異なるとポトキナはいう。モロゾフは亡くなる前の一九〇四年、アンドレーエバのために一〇万ルーブリの保険をかけたが、実はそれは革命のためではなかったという。以上、サッバ・モロゾフについての新解釈を紹介したが、ここでは革命と改革の間で揺れるモロゾフ像を確認すれば足りる。

## ソビエトの起源

共産主義運動が生み出した制度として誤解されているものの、実は古儀式派に淵源すると思われる制度にソビエトがある。一九〇五年の日露戦争末に、イワノボ・ボズネセンスクという繊維工業地帯でソビエトが生まれ、やがてソビエト国家、つまりソ連邦の国名ともなったことは周知の事実である。この言葉は「会議」とか「評議会」という一般名詞であって、一九〇五年革命で現れた労働者代表機関であると一般的には語られてきた。

それまでソビエトを軽視してきたレーニンもまた一九一七年四月の帰国までに意見を変え、四月テーゼで「全権力をソビエトへ」と主張し、一〇月直前には『国家と革命』という本まで書いて、ソビエトこそ一八七一年にマルクスがたたえたパリ・コンミューンの再来であると評価した。だがマルクスのこともパリも知らないロシアの普通の農民兵士たちが、「党の指導的役割」も受けずに、いなそれに反して、いかにしてこの組織を一斉に作ったのかは謎であった。

筆者は、古儀式派、とくに無司祭派の伝統をそこに見る。教会は言うまでもなく「キリストの肉体」と考えられるが、その教会から断罪され追放された古儀式派は、先述のように司祭派と無司祭派という二大潮流から数十の宗派へと分裂していく。それが、教会というヒエラルヒー機構を作ることを禁じられたこの潮流の特徴であった。しかし組織なしに信仰は保持できない。そこには正教会や宗務院の弾圧に堪え、当局の監視の目を盗んで作られたネットワークが存在した。

なかでも一九世紀ニコライ一世による抑圧の中で、より非妥協的な無司祭派を中心とする信徒のネットワークは全国に及んだ。無司祭派には、位階的な任命制ではなく、選挙によって内部から指導者を選ぶという伝統があった。各県の宗教指導者は、富裕な商人や企業主たちであったという。ボンチ＝ブルエビッチは、なかでも無司祭派、とくにフェドセーエフ派が全国に支部を作り、各県の地方指導者を核としてそれぞれの信徒集団を束ねる、富裕者からなる「ソビエト」があると指摘した。古儀式派、とくに信徒集会を重視する無司祭派は、「集会」を意味するソビエトを作っていた。そのソビエトの統制のもと、信徒集団はしばしば工場単位で組織されていた。つまり、県単位の「ソビエト」のもとに、「工場」を通じて大衆そのものを捕捉するという組織構造が作られていたという。ほぼ同時期にできた二〇世紀の労働者ソビエトの原型のようにみえるが、彼がこの注目すべき指摘を行ったのは、一九四七年に書かれた目立たぬ論文である（Bruevich 73）。

このように古儀式派、とくに無司祭派には、さまざまな問題を集団で「民主的に」解決する伝統があった。一七世紀以来、古儀式派のソーボル（集会）やソビエトは、日常生活にかかわる問題で新しいこと、たとえば、新大陸からのジャガイモや工場で作った菓子を食べてよいかとか、工場内の衣服だとか、汽車などの公共交通の利用にいたるまで議論して決めてきた。しばしばその解釈をめぐり、分派から対立まで生じたのである。客人が使った食器などさまざまな禁止事項を、それぞれのソビエト、信徒集団で決めてきたのである。厳格な古儀式派の潮流は、近年でも電気エネルギーの利用やテレビの視聴を禁止したり、国家とかかわる年金の受給や旅券の受領を禁じてきたという。

このフェドセーエフ派から枝分かれしたベグン（逃亡司祭）派でも、ソビエトは重要な組織形態であった。主としてウラルやシベリアに広がったこの宗派であったが、「主要最高ソビエト」という機関をヤロスラベリに有していたという。この最高ソビエトは、下部のソビエトに指令を送っていた。そしてこの最高ソビエトは、指令に違反したら殺害にいたる最も厳しい追及を行うことができた。地方最高ソビエトもこれに似た権限を有していた、とボンチ＝ブルエビッチは指摘している（f38/1/73）。この派の司祭に当たる機能は信徒の指導員（ナスタブニク）が担っていたが、その場合、出身の信徒集団から離脱することになっていた。この宗派の幹部信徒は自分の家を所有していなかったので、この宗派の信徒のための「避難所」なる施設に泊まっていた。このような施設を用意する「隠匿者」なる人々が、可能な限り大きな家の地下に宿泊施設を用意した。この系列の遍歴派の信者は、加入に際してこの指導員に宣誓を行うこととされた、という。

このソビエト組織は一九一七年二月の帝国崩壊の時、主としてロシアに再度現れた。もっとも旧帝国地域全体に現れたと勘違いしている学者も多い。しかしこれは「純ロシア」現象であった。このことを証言していたのは一九一七年七月、第六回社会民主労働党大会で政治報告を行ったスターリンである。

彼は、フランス革命の時には自治体がコンミューンになったが、「ソビエト」は純粋にロシアにのみ現れていると発言した。つまりはグルジア、ウクライナにはソビエトは出現しなかったことになる。ちなみにウクライナでは「議会」はラーダと呼ばれた。スターリンがグルジアの神学校中退であることが、純ロシア的現象という、こうした理解に関係したように思われる。スターリンも一九一七年夏に、しばしばボリシェビキは「ソビエト」を無視し、「革命委員会」のようなものを作ろうとしていたと指摘したのである。

もしこの説が正しいとなれば、当時モスクワ、ボルガ、ウラル、シベリアなどソビエト活動が活発だった地域において、逆に古儀式派の痕跡を見出せないだろうか？　このような問題意識から筆者はこの間、ソビエトの拠点とされた幾つかの地域をめぐった。一九〇五年に最初にこれが作られたイワノボ・ボズネセンスクでのことは次章で紹介するとして、モスクワ、そして、ソビエトから最初の共産党活動家を輩出したビャトカ（現キーロフ）、ニジニ・ノブゴロド、そしてウラルをここでは対象としよう。

## モスクワの古儀式派

ロシアの首都モスクワ市の東南部、いわゆるプロレタリア地区といわれた地帯には、ロシア正教の異端派であった古儀式派の関連施設が散見される。なかでもロゴジスコエ墓地は、一八世紀末に当局に許されて作られた、古儀式派のなかでも主として司祭派と呼ばれる潮流の中心地である。この潮流は聖職者の存在を認める穏健な派である。ちなみにこの墓地横の道路は二〇〇〇年代に「古儀式派通り」と改称された。

一九〇五年革命時にはストライキ運動の中心だったロゴジスコエやレフォルトヴォが、プロレタリア地区にはあった（Izvestya: 42）。そのロゴジスコエ墓地に代表される古儀式派の潮流は、聖職者の役割を否定しておらず、司祭派と呼ばれているが、もう一つの大きな潮流である無司祭派の拠点であるプレオブラジェンスキー墓地が、この墓地のさらに北方約一〇キロのところに存在している。フェドセーエフ派など聖職者の役割を否定するこの潮流は、前者よりも現状に否定的で反体制的であった。一九〇五年革命の大立て者である資本家A・グチコフがその中心人物だった。二月革命を起こし、陸海軍大臣となるものの、今度は急進化するソビエトと衝突し、一〇月革命で海外に亡命した。

こうした経緯もあって、いまでもこの古儀式派の墓地が存在するモスクワ東部地域には、彼らが経営した繊維工業関連の工場や地名が多い。プレオブラジェンスキー墓地の近くの通りには「機織り通り」がある。古儀式派と繊維工の世界はつながっている。これら古儀式派の伝統的な呼称は「革命的」シンボリズムと共存している。この地区には、「マルクス通り」、「イリイッチ（レーニン）広場」、プロレタルスカヤ、「熱中者通り」といった「革命的」な地名が多い。ちなみにここにも地下鉄「リム（ローマ）駅」があって、モスクワ＝「第三のローマ」という伝承が今でも強く生きていることを暗示する。

この地域からクレムリンを隔てて反対側、つまりベラルーシ駅周辺にも革命にちなむ名前がある。赤いプロレタリア通りはノボスロボドスカヤ駅に近い。なかでもモスクワ北西部、かつてのモスクワの伝統的エリート層が眠るワガニコエ墓地あたりを中心に、「一九〇五年革命広場」とか「バリケード」といった一九〇五年革命の名残をとどめる地名、駅名が残っている。ベラルーシの次の駅はその名も「バリカードナヤ（バリケード駅）」、その次は「クラスナヤ・プレスニヤ駅」だが、クラスナヤとは「赤い」とか「血の」といった意味もある。これは「一九〇五年通り駅」の別名だ。一九〇五年に（古儀式派の）工場にいた労働者信徒が躍動する大きな彫刻が今でも存在する。社会民主労働党員であったシュミットの工場もここにあった。

まさにロシア市内の北西部こそ古儀式派の拠点であり、一九〇五年の革命と一二月武装蜂起の中心地であったことを示すものである。一九〇五年革命は、モスクワのこれらの地域で生じたことが、地名からも判然とする。実際には、モスクワでのソビエト活動の歴史はごく短期間であった（一一月二二日から一二月一二日まで）。ウィッテの政府は反転攻勢に出ており、大衆運動というよりは短期の蜂起を含むストライキ活動が中心であった。プレスニヤ地区周辺にはプロホロフなどの繊維工場が多かった。クラスナヤ・プレスニヤにあるサッパ・マモントフ工場、シュミット家具工場の所有者も、古儀式派であった。モロゾフ一族でもある社会民主労働党員のシュミットに近づいて献金させたのは、両親が古儀式派であり、革命後にレーニンに次いでソ連首相となるアレクセイ・ルイコフであった。ルイコフは一九二〇年代に首相として親農民政策を行ったことでも知られるが、スターリンによって党内右派であるとして、ブハーリンやトムスキー、モスクワ共産党のウグラノフ等とともに一九三〇年代後半には粛清される。ちなみにシュミットには、当時のボリシェビキで、のちに歴史家となるN・ドルジーニンの回想もある（Druzhinin: 147）。彼は当時古儀式派のモスクワ、ロゴジスコエ墓地のある党ロゴジスコエ委員会のメンバーであった。資本家シュミットがボリシェビキ党に献金したと、ドルジーニンは指摘している。

古儀式派オーナーの工場では、古儀式系労働者は工場内では労資協調的であったといわれる。同派の繊維労働者は一九〇五年革命当時、街頭にでてツァーリ権力と衝突した。このことを「バリケード」という駅名が示している。もっとも、多くのロシア・マルクス主義者たちは繊維工を半農民的であるとして無視しがちであった。一九〇五年当時のレーニンなどは、「党かソビエトか」といって、ソビエトよりも自己の党形成を優先したからである。ということはモスクワの革命や蜂起を組織したのは、「革命党」やマルクス主義者ではなかったということになる。モスクワのボリシェビキ党には二〇〇名程度の党員しかいなかったし、彼らが一九〇五年の武装蜂起に参加しなかったことはよく知られている。それでは一九〇五年一〇月の蜂起で決起した八〇〇〇名の労働者は一体だれだったのか。こう考えると古儀式派の信者である労働者たちが最初に「ソビエト」を作り、これを主導したのではないかという当然の結論に導かれる。

ちなみにその地域には古儀式系信徒を含む墓地にワガニコボ墓地がある。ここもまたロゴジスコエと同様、一七七一年のペスト感染時に市の関所の外に作られた墓地であるが、かつてのモスクワを代表し、反体制的な雰囲気のする墓地で、古儀式派の墓も一角にある。実際ここにはデカブリストや、一九〇五年革命の犠牲者が眠る墓碑がある。さらには古儀式派のトレチャコフが作ったトレチャコフ美術館でもひときわ目を引く、刑場に引かれる古儀式派モロゾワ夫人の絵画で有名な画家のスリコフや、レーニンの副官でもあり、モスクワ遷都を進言した古儀式派の研究者ウラジーミル・ブルエビッチの兄、ミハイル・ボンチ＝ブルエビッチ、つまり実質的な赤軍創始者の墓もある。この地域の当時の政治的、とくに宗教的傾向が知られよう。ちなみにミハイルは、二月革命以降ソビエトと協力し「ソビエト将軍」というあだ名があったが、一〇月革命後一八年半ばまで赤軍参謀総司令部を指揮した。旧帝国の軍事組織が赤軍に転換する過程で大量の将官が赤軍へ移行したが、これについても新たな研究が必要だろう。

ちなみにこの近くの地下鉄ベラルーシ駅の上には、いまも古儀式派逃亡司祭派の教会が、一説によればエリツィン大統領の援助もあって再建されている。エリツィンの祖父はウラルの古儀式派だと指摘したのは、ハーバード大学のロシア政治の権威、T・コルトン（Colton）教授である。また周辺のフルンゼ地区は、イワノボの赤軍の部隊を率いた同地の革命の指導者で、トロツキーに次いで国防人民委員となった人物の名をとっているが、旧名はハモブニキ（織匠）地区であった。当然、古儀式派の織維工がいた。こういう角度から、モスクワとそこにおける一九〇五年革命の痕跡をみていくと古儀式派の流れにたどり着く。

その代表だったのが、当時台頭してきたサッバ・モロゾフやグチコフといった同派の大企業家であった。彼らは帝国と宗教との分離、議会改革と民主化を訴えるようになる。なかでも無司祭派のグチコフは十月党を作り、一九一七年二月の革命時には国防相となった。モスクワのリャブシンスキー、トレチャコフなどは古儀式派の資本家として台頭した。いな、日露戦争後の改革の主力、一九一七年の二月革命の主体は実は彼らであった。

モスクワは、こうして一九〇五年にはソビエトというよりもストライキの拠点であった。昔からの信徒が多い兵士や労働者の間では、「党の指導」がなくとも、なじみあるソビエトは容易に組織できた。一〇月革命後にできたモスクワ・ソビエトの議長となったカーメネフは、ユダヤ系であるが穏健派であり、彼は一九〇九年前後の(プロレタリアートの)「神」をめぐる党内での建神論論争でもレーニンよりは妥協的であった。

しかしモスクワで最も有力な、古儀式派に近いとみられる政治家にして革命家であったのは、ビクトル・ノギン(一八七八―一九二四)である。モスクワの領地管理人の家に生まれ、古儀式派のモロゾフ一族とも関係があったノギンはトゥベーリで育つが、一八九三年から一五年間モロゾフ家の次男ザハル・モロゾフが経営するボゴロドスクの繊維企業で働く。最初のソビエト政府の貿易産業人民委員となり、ソ連期には繊維シンジケートを担当した。もとは「イスクラ派」であったが、このこともあって一九〇九年の建神論争でもルイコフ、トムスキーらとともにレーニンの潔癖な無神論には反対であった。

このノギンは一九一七年を通じて社会民主労働党の統一を主張、ソビエトによる権力奪取というレーニンの一九一七年四月テーゼでの考えには、カーメネフ、ルイコフとともに反対した。第六回大会ではモスクワのソビエト議長として、ソビエト制度の正当性を誰よりも強く主張していることに注目したい。ソビエト革命直後の新政権の下で最初の重要な産業貿易人民委員に任じられたが、レーニンの方針に反対して辞任している。その後、最高国民経済会議で繊維工業を担当した時、自己のかつての主人、アルセニヤ・モロゾフの息子セルゲイを雇っている。米国出張後の一九二四年五月に急死した。英国の研究者R・サクワは、彼がフルンゼと同様、暗殺された疑いがあるという。

革命政権が首都をクレムリンのあるモスクワに遷都した理由もまたここにあろう。レーニンは、古儀式派信者がアンチ・クリストの町とみなしたペトログラード（ピョートル大帝の町）から、信者には「第三のローマ」であったモスクワに遷都した。またレーニンの死後、モスクワではなくペトログラードが「レニングラード」と改称された背景には、ピョートル大帝を「アンチ・クリスト」と毛嫌いし、モスクワを聖都とみていたこの派の世論があっただろう。

## 古儀式派の拠点、ビャトカ

一七世紀から一八世紀にかけて、ボルガ奥地のビャトカ川のビャトカ（現キーロフ）には古儀式派が多く暮らしていた。モスクワ、ノブゴロド、そしてカザン汗国の競合地域であり、ウラルへ通じる交通の要衝でもあった。ビャトカという地名になったのは一八七〇年のことで、この地に生まれた政治家でソ連初期に人気のあったセルゲイ・キーロフが暗殺された一九三四年一二月にキーロフ州と改名された。
一八九七年にロシア帝国で初めて行われた人口調査では、古儀式派信徒数は全国で二一七万三七〇〇名とされたが、もちろんこれは過小な評価であった。実数は少なくともその一〇倍、つまり二〇〇〇万人はいたと考えられる（下斗米 13: 98）。その中で古儀式派信徒の人口が最も多かったのはウラルであり、以下ペルミ、ウファ、オレンブルグ、トボリスク、ビャトカの各県であった。その他、ニジニ・ノブゴロドも五パーセント前後がその信徒であった。ちなみに一九〇四年の史料ではビャトカ県の古儀式派信徒数は九万七二〇八名、これに対し正教会信徒数はわずか四五〇名と報告された（Aktual'nye: 104）。ちなみに大改革期の一八六一年の数字も、古儀式派四万七一二五名に対して正教会三二一名である。

そのような土地柄のため、多くの反逆の政治家がこの地から輩出された。ソ連の初代首相レーニンの後継者となったルイコフ（在任一九二四―三〇）とモロトフ（同一九三〇―四一）がこの地の出身で、しかも同じ村でほぼ隣同士であることが知れたのは、ソ連崩壊直前であった（下斗米 17）。

アレクセイ・ルイコフ（一八八一―一九三八）は、ボルガのビャトカ県クカルカ村でモロトフの隣家に生まれ、直後にサラトフに移る。古参ボリシェビキ。両親は古儀式派。「イスクラ」派を経てボリシェビキだが、二月革命時は社会民主労働党の再統一を主張、一〇月革命時は内務人民委員になるものの、全社会主義政権を主張し辞任。一九一八年から最高国民経済会議議長、二二年から政治局員、二四年からレーニン後継の人民委員会議議長（―三〇年）、三八年に処刑される。

ビャチェスラフ・モロトフ（一八九〇―一九八六年）は、同郷の革命家で人民委員会議議長（首相）である先輩のアレクセイ・ルイコフより九歳若い。一九〇六年から革命活動に入り、『プラウダ紙』を経て、一七年革命に参加、二一年に共産党書記、二六年に政治局員、三〇年に人民委員会議議長（首相）、三九年に外相兼務。一九五七年には幹部会（政治局）から解かれ、六二年に共産党を除名、一九八四年に復党後、死去。

モロトフの母方の祖父、ヤコフ・エフセービッチ・ネボガチコフは、同地のクカルカ村で生まれた古儀式派工場主であった。クカルカ村は一九一八年にはやくもソビエト市と改称するほど、古儀式派的土地柄であった（Nikonov: 11）。またこの地に流された革命家で、モロトフの祖父の工場で働いた流刑人に、非常委員会NKVDの初代議長フェリックス・ゼルジンスキー（一八七七―一九二六）がいる。彼はモロトフの祖父が経営する煙草工場で働くうち、古儀式派出の党員にして作家レールモントフの研究者であるマルガリータ・ニコラエバとこの地で知り合い、結婚している。ゼルジンスキーはポーランド系貴族の出であるが、ソビエト政権初期の非常委員会のトップとなり、レーニン死後はその廟をつくることにも肯定的で、ルイコフら右派と組んでレーニン死後のネップの「右派的」路線を進めた。クレムリンの警護隊長P・マリコフも、この村の生まれである。「第三のローマ」の象徴クレムリンを擁護することは革命を防衛することでもあった。

この村から近いウルジェムで生まれ育ったのがセルゲイ・キーロフである。もっとも、キーロフの両親が古儀式派であった証拠は未だ見つかっていない（キーロフ博物館での古儀式派フェドセーエフ派長老との会話、二〇一二年九月一四日）。古儀式派にとっては「アンチ・クリスト」の町、ペトログラードをレニングラードに改称した時の党第一書記がキーロフだった。キーロフがロシア人に人気があったのは偶然ではないだろう。彼は一九〇五年には革命派であったが、一七年一〇月の革命には実は批判的だった。

このようにビャトカは古儀式派の拠点であり、そこからソビエト権力への支持勢力が育ったのは偶然ではない。帝政期から多くの研究者がこの地の古儀式派を研究した。彼らからすればモスクワ、クレムリンこそ「正しい」権力の中心であった。

首相を務めたモロトフは回想で、ソ連共産党の人事政策の秘密を語っている。それはソビエト人民委員会議議長、つまり首相はレーニン以来ロシア人がなるということである。こうしてレーニン以来、このビャトカ＝ボルガ出の政治家ルイコフ、一九三〇年からの首相モロトフ以降は古儀式派関連の革命家が首相の座に就いているのである。

## もう一つの拠点、ニジニ・ノブゴロド

ビャトカと並ぶボルガ河の拠点ニジニ・ノブゴロドも、古儀式派の拠点であった。リムスキ

ー・コルサコフのオペラで有名な古儀式派の伝説の都キーテジも、ボルガ河の周辺にあると信じられた。一七世紀初めにポーランドのカトリック勢力がモスクワに侵攻した際に、モスクワとニジニ・ノブゴロドの伝説的市民であるクジマ・ミーニンが商人たちの支援の下、国民義勇軍を組織したことでも、この地の政治文化は理解できよう（Grinchikova: 107）。ミーニンの故地は古儀式派の伝統的地域でもあった。一九世紀末までには、古儀式派などの「商人」資本が市政の実権を握っていた。そこで開かれた定期市についてはは何度か触れたが、二〇世紀初めまでに古儀式派資本家の台頭が顕著であった。同時に古儀式派ではないもののそれとの関係が深かった左派の作家マクシム・ゴーリキーなどが革命前からこの地で活躍し、古儀式派資本との関係を保持していた。ベロクリニツキー派で同派の大会をいち早く開催し、一九一三―一六年には同市の市長ともなるドミトリー・シロトキン（一八六四？―一九四六？）も古儀式派系で、社会民主労働党に献金する間柄であった。ボルガの船主で水運業のボスでもあった。またこの地では一九〇五年革命後、若手ボリシェビキのモロトフやチホミロフなど、のちの『プラウダ』関係者が、革命運動を始めている（Nikovov: 20）。『プラウダ』紙の資金には、古儀式派のチホミロフの親の遺産が充てられた。ちなみに「プラウダ」とは「真実」を意味し、どちらかといえば宗教的なニュアンスのある言葉である。

ボリシェビキの権力掌握後は、この地は交通の要所でもあり、内戦時には決定的な役割を演じた。なかでもモロトフは一九一九年に党中央の指示によって、内戦の中心地、チェコ軍団やコルチャック軍から解放されたばかりのボルガ、カマ沿岸地方に党と政府の全権代表にして軍機関紙『赤い星』の汽船宣伝班の一員として派遣され、レーニン夫人で教育人民委員部のクルプスカヤとともにニジニ・ノブゴロドに赴いた。ちなみにモロトフの孫である歴史家のビャチェスラフ・ニコノフの祖父伝によれば、このことでモロトフはレーニンの知遇を得て、レーニン直近で古儀式派対策も担当したブルエビッチとも親しくなった。こうしてレーニンは、ニジニ・ノブゴロドのモロトフに依頼して、同地での官房長官の関係者を援助した。それが、モロトフをはじめ同地のボリシェビキが党中央委員会の要職を占める理由となった（Nikonov: 88）。

このニジニ・ノブゴロドは、ボルガ河にのぞむソ連第三の重要都市にして、チェコ軍団との衝突など戦略上の要衝であり、当時は農民紛争や反ボリシェビキのストなどが激化していた。レーニンが赤色テロを指示した最初の場所のひとつでもあった。モロトフは、一九一九年末に県ソビエト執行委員会議長に任じられた。ちなみに当時この地の党書記にはユダヤ系のラーザリ・カガノビッチがいた。彼はモロトフより三歳若い。カガノビッチの回想録によれば、ここでの党の任務の大半は南部戦線におけるデニキン軍との闘争への支援であった（Chuev 02: 21）。

ニジニ・ノブゴロドでは、革命前から県委員会が強い「地方主義的」傾向を示していたという。一九二〇年前後になると、反対派的なニジニ・ノブゴロド県は、シリャプニコフが率いた労働者反対派への支持に傾いた。党内で激しい闘争があった。労働者反対派は古儀式派的な反対派でもあったことは後に論じたい。

その後、ニジニ・ノブゴロドからは、ウグラノフやミコヤン、そしてジダーノフといった共産党の政治家が数多く輩出されていることにも注目したい。やがてモスクワの第一書記になる共産党右派で繊維工業の利益擁護者であるウグラノフの宗教上の立場は不明である。フルシチョフ期のブルガーニン首相（在任一九五五―五八）もまた同地出身の古儀式派といわれる。

ちなみにブルガーニン一族は古儀式派、父は逃亡司祭派の大企業家で、作家のペチェルスキーやゴーリキーも小伝を書いているN・A・ブグロフ（一八三七―一九一一）一族の領地管理人となっていた（Pyzhikov: 326）。ブグロフについては旧著でも触れたが、逃亡司祭者の指導者であって、社会民主労働党にもゴーリキーを経由して寄付をしたような人物である（下斗米 13: 156）。当時の正教会の官僚コンスタンチン・ポベドノスツェフは、ブグロフの「正教会への敵対的で反教会的態度」をツァーリに報告したという。しかし体制も彼らの経済力を認めていた。ブルガーニンの実父は製粉工場長ではなく、ニコライ・ブグロフであるという証言もあるという（Zhizni: 225）。

そのブルガーニン（一八九五―一九七五）は一九三一年にモスクワ・ソビエト議長、五五年からロシア政府の首相という要職に就く。モスクワ・ソビエト議長の職務は、カーメネフやノギンといった大物党員の指定席であったが、それまでほとんど無名のブルガーニンがなぜ就けたのかは謎であった（下斗米 91）。一九五三年には国防相となるものの軍人ではない。一九四七年秋以降、スターリンは後任の首相をブルガーニンにしようとした（下斗米 17: 180）。一九五五年に首相になる経緯も不明だが、出身地と古儀式派の潮流を考えると理解は可能だ。ちなみに一九五八年にフルシチョフにより失脚させられた。

二〇世紀初めのボルガ沿岸のトゥベーリもまた古儀式派の拠点であった。最初のソビエト国家を代表する国家元首カリーニンはこの地の出身である。革命前には正教会に抵抗し、教会建設資金の工場内での提供を拒否した。またモスクワでカリーニンは、古儀式派の象徴であるトレチャコフ美術館の「モロゾワ夫人」像を前に立ち尽くしたともいう。革命前の内戦期に同地で共産党を組織したのはアンドレイ・ジダーノフであった（Volynets）

その他、日露戦争後のボルガの独自な政治文化と政治運動の中心のひとつにサマラがある（http://russian7.ru/post/7-interesnyx-faktov-o-starobuyanskoj-respublike/）。サマラには全国に先駆けてリベラル派と革命派が共存した「合法マルクス主義」の最初のサークルが一八九〇年代半ばにできた。この地にはポモーリエ派等の古儀式派が一割程度おり、またイリヤ・サーニンなどの古儀式派商人が大産業家となっていた。一九〇五年革命の一一月にこの地の農民たちは、エス・エル党系のアンチプ・クニャーゼフを指導者に仰ぎ、農民共和国と呼ばれた自治組織を形成した。またサマラのソビエト議長となったのは、古儀式派系ボリシェビキのN・ビローノフ（党名ミハイル）が就任したが、その崩壊後彼は作家ゴーリキーらが古儀式派若手活動家養成を図ろうとしたカプリ学校の校長となって若手革命家を育てた。

## ウラルの古儀式派、ミャスニコフ

ロシア革命の悲惨な記録は数多いが、なかでもツァーリであるニコライ二世とその家族、あるいは大公ミハイル・アレクサンドロビッチの暗殺ほどロシア革命を象徴する事例は少ない。その二つの事件ともウラルで起きた理由は何なのか。彼の殺害に関与した古儀式派系ボリシェビキのガブリール・ミャスニコフ（一八八九―一九四五）の数奇な活動を通じて考えてみよう。

ウラルの古儀式派でミャスニコフといえば、一七世紀に金属の町マグニトゴルスクを開いたミャスニコフ一族を思い浮かべる。豊川浩一氏によればプガチョフ反乱にも彼らは関与したという。この一族との関係は不明だが、ツァーリ一族ミハイル大公の「殺害の哲学」を物語る人物として、ガブリール・ミャスニコフほど適切な人物もいないだろう。彼はつねに権力と闘う反対派でもあり、一九二一年には反レーニン的な活動家で古儀式派のシリャプニコフらの労働組合論争で活躍し、その後、「君主主義者」にも表現の自由を与えるべきだと発言している。一九三〇年にはパリに亡命し一介の労働者として働くが、一九四五年の大祖国戦争の勝利に際し、モロトフに帰国を願い出る。しかし空港で逮捕され、そのまま粛清された。

一八八九年にカザン県に生まれた彼は、ウラルの工場で働いたときは古儀式派の礼拝堂派（チャソベンニク）の信徒でもあった。一九〇五年から党員。革命後、全ロ執行委員会とペルミ党委員会を率いる。一九一八年五月二七日には同県のモトビリヒン地区委員会委員長としてニコライ二世の弟、ミハイル・アレクサンドロビッチ大公を、同派の労働者とともに射殺する主謀者となる。ちなみにレーニンやスベルドロフが反革命にはあたらないと決定していたにもかかわらず、ミャスニコフは皇帝の弟ミハイル大公を処刑した（Pyzhikov: 107）。この人物は回想録『殺害の哲学』を書いた珍しい革命家でもあったが、この書はソ連崩壊後ロシアで公開された。

実はミハイル大公は、二月革命前後の革命の帰趨を決める決定的な人物でもあった。皇帝ニコライ二世の弟として、二月革命後、実権を手中にしたドゥーマのリベラル派の議長ミハイル・ロジャンコや陸海軍大臣となる古儀式派のグチコフら十月党系政治家は、彼を摂政にすることで、なんとか帝政を存続させようと企図していた（Zhivaya Istoriya: No.1: 2017: 17; 池田 33）。しかしロジャンコの野心を不審に思ったミハイル大公は摂政となることを拒否、このこともあって、今度は皇位を彼に譲る案を外相のミリュコフが支持するものの、逆にこのことがミハイル大公の皇帝への意志を砕き、三月二日の退位と共和制への動きを加速した。ミハイル大公はこの時、「憲法制定会議」の意志によってのみ「最高権力」を得ることを約した。その後彼がドンに赴いて白軍に身を投じたことが、今度は一〇月以降にソビエト政権がミハイル大公を警戒する理由となっていた。

一九一八年五月二八日にモトビリヒン・ソビエトの決定で大公を殺害したのは、皇帝を「アンチ・クリスト」と信じていた古儀式派ボリシェビキのミャスニコフであった。彼の回想によると、彼はボルガ河畔のカザン県テストロール市の貧しい、子供の多い家に生まれた。それでも四年まで学校で学ぶ。その後、ペルミのモトビリヒン地区の工場で働き始める。一九〇五年に一六歳で職業革命家となり、コサックに半殺しの目に遭い逮捕され、一九〇八年に逃亡している。この頃を回想して、聖書からレーニンの「経験批判論」、ドストエフスキーからアベナリウスまで「体系なき読書」をへたとある。この読書目録は、日露戦争後の革命と宗教を同時に経験した古儀式派系ボリシェビキ活動家の思考遍歴を物語っている。建神論と無神論の間を揺れ動く心情を示していた（Myasnikov）。

彼の回想録の編者は、このミャスニコフを分析するのに、こうした読書歴や宗教的過去を無視して分析するのは無意味だと言っているが、確かに大公殺害と、ドストエフスキーの『カラマーゾフの兄弟』に登場する父親殺しのスメルジャコフとを重ねて考えることもできる。

大公殺害は、レーニンやスベルドロフらの正規の指令によるものであったのか、それともミャスニコフら地元革命家の意志であったのか。現在の解釈では、どうやら皇帝一家殺害とは違い、レーニンらの「秘密指令」はなく、ミャスニコフらの自発的行為であったようである。

その後ミャスニコフは、レーニン派の反対活動に身を投じ、一九二一年にはレーニンを批判する長文の文書を書く労働組合論争については後述しよう。その後、二二年二月に党を除名され、ドイツへ赴くが、二三年秋に帰国した際にゼルジンスキーに逮捕され、三年にわたり投獄されるが、エレバン経由で海外へ逃亡。一九三〇年代にはパリで「労働者グループ」を作り、「ソ連共産党中央ビューロー議長」と署名をしたという。また同地で『反対派プラウダ』を出そうとしたというから、その後のトロツキーの活動の先を行っていたが、結局は失敗する（Myasnikov）。それでも一九二一―二二年のペルミの同志たちには信望があったということは、ネットワークの強さを物語る。

ちなみに皇帝ニコライ二世の一九一八年七月一七―一八日の一族殺害についての著作は数多存在する。同名の映画をカレン・シャフナザーロフが制作したが、彼はゴルバチョフ大統領補佐官ゲオルギーの息子である。ミハイル大公と違って、この殺害は、レーニン首相らの指示によるものであった。なお、この殺害現場となったエカテリンブルクのイパチー・ホウスは、エリツィン第一書記（当時）によって一九七七年に取り壊されたが、そこにエリツィン家の古儀式派的伝統がどう関係するかは明らかではない。ちなみにエリツィンの祖父は、製粉所を所有する古儀式派農民であった。エリツィンも古儀式派の伝統にならってか、たばこを飲まず、家族と労働を大事にしたという（Minaev: 14）。

# 第3章

# 革命の古層——イワノボ・ソビエト論

## 「ロシアのマンチェスター」イワノボ

一九紀末から二〇世紀初めに活躍した経済史家ミハイル・トゥガン＝バラノフスキーの名著『過去と現在のロシア工場史』は、一七世紀からのロシアの工場制度発達史を、経済制度の転換という角度から記述したものである（Tugan=Baranovskii）。合法マルクス主義者として、当時の革命派ナロードニキと論争した理論家でもあった歴史家トゥガンは、最初の合法マルクス主義派の雑誌『ノーボエ・スローボ（新しい言葉）』（一八九六年）の中で、大企業が中小企業を吸収する過程を描いた。つまりナロードニキが理想視しがちであったクスターリ（小規模家内）工業と、台頭する大規模産業とのあいだで、後者が進展するのは歴史的に不可避であるとみた。「『アジア性』が我が国産業の、例えばドイツのような産業発展を遅らせている」というのがトゥガンの主張であった（295）。つまりロシアは資本主義的産業発展の道をあゆまなければならないという主張である。

このような歴史的発展論は、ネオ・ナロードニキを含めた革命派潮流との闘争に躍起となっていた帝政当局にとっても許容できるように見えた。「合法マルクス主義」とも呼ばれた理由でもある。もっとも、この世紀末の雑誌にはマルクス主義者のプレハノフ、レーニンのほか、のちに自由主義者となるピョートル・ストルーベまでが寄稿したという意味では、二〇世紀ロシア革命をめぐる対立をも予兆していた。何よりトゥガン自身、一九一七年にはリベラル派の立憲民主党に近い立場の経済学者となった。

市場経済が発展することにより、「より高度の資本主義経済体制をもたらす」というこのマルクス主義の発展史観に最も当てはまるモデルが、「ロシアのマンチェスター」とも呼ばれたイワノボの繊維産業であった。ちなみに英国のマンチェスターとロシアの繊維工業を結びつけたのは、ドイツ人のフリードリーヒ・クノップであったと言われる。当時、「教会があるところには Pop（司祭）がおり、工場があるところにはクノップがいる」とも言われたという（Buryshkin: 61）。それほど、教会と繊維工場とは深い関係があった。なかでもボルガ河に近接する現イワノボは、かつてはイワノボ・ボズネセンスクと呼ばれた古儀式派の町で、一九世紀に急成長した工業都市であった。それだけでなく二〇世紀はじめには、日露戦争後の最初の「ソビエト」が誕生した都市としても、世界史に名を残す。

## イワノボの産業発達史

そのイワノボ・ボズネセンスクの産業発達史をさかのぼろう。そもそも現代のイワノボ州とは、歴史的には一二世紀からのコストロマ、ウラジーミル、スーズダリという、正教の大公国の末裔であって、帝国時代にはコストロマ県、ウラジーミル県に属していた。これらの場所は一六六六年のロシア正教会の分裂（ラスコル）以前から、ロシア正教会の中心地でもあった。そのイワノボで工場制度が始まったのは、ピョートル大帝時の一七二〇年代にさかのぼるという。トゥガンによれば、オランダ人といわれるテームス（タメス）という人物がイワノボ近郊のコフマで綿工場を開設したことがはじまりという（Tugan=Baranovskii: 168）。一七世紀後半にはその工場周辺に陶工やクスターリ工場が発達しだした。一八世紀末からソコフ某という古儀式派教徒のイワノボ農民が工場での染色技術を学んで農民たちに広めた。この人物が古儀式派であることについては多くの指摘がある（下斗米 13）。

一八一二年にはナポレオン戦争の影響でモスクワの工場が閉鎖されたことにより、イワノボの工業はさらに発達した。その時、プレオブラジェンスキー墓地で結びついたグラチョフら二五〇名の企業家がイワノボに逃れ、企業活動を始めたことも大きかった（Stolbov）。移住してきたのがプレオブラジェンスキー系の無司祭派信徒であったことが、ソビエトの起源にとっても重要であった。権威ある代表は民衆の間で選挙で決めるという伝統が根付いていたからである。二〇世紀のソビエト制度の起源は、実はこの一九世紀の古儀式派、とくに無司祭派の世界に求めることができよう。

一八二五年には黄金期を迎え、グラチョフ工場には九〇〇台の織機が、ガレーリンには一〇二一台のそれが、そしてヤマノフスキー工場には一〇〇〇台の織機がそれぞれ稼働していた。大工場とプリント工たちの小規模家内（クスターリ）工業は並行して発展。もっとも、イワン一世の宗教弾圧策もあって古儀式派の多くは、帝国の宗教警察たる宗務院に登録した「エジノベリエ（帰一派）」と呼ばれる和解派にもなっていた。合法化された古儀式派と言っていい。

近隣の古い町シューヤには、一八四〇年代には工場に一二〇〇名の織工がいたが、農村には二万名もの織工がいた。当時イワノボはウラジーミル県に属していたが、一八五〇年代の農村には織機が八万台もあったのに対し、工場には一八〇〇台しかなかった（Tugan=Baranovskii: 171）。このような、経済史でいうプロト工業化の発展は、バザール（市場）が近隣にあったことも影響した。

トゥガン＝バラノフスキーの著作においても、イワノボの繊維産業と工場制度史は中心的なテーマとして注目されている。同地の繊維産業は「商人」資本から発達して一九世紀の繁栄を経験し、二〇世紀初頭には大規模工場へと脱皮する様子が記述されている。大工場とクスターリ工場がそれと並行して発達した様子も描かれている。

このようにイワノボ・ボズネセンスクは繊維産業の拠点であったが、トゥガンがここに書いていないこともあった。この著作では検閲なども関係してではあろうが、実は同地で繊維産業が興隆する推進力となったのが、ロシア正教の中で異端派とされた古儀式派系の企業家であった。その多くが一九世紀初めに農奴身分から身を起こし、しばしば同朋の技師や労働者に支援されて巨大コンツェルンをモスクワやボルガ河周辺で展開した。

古儀式派研究の古典となった一九世紀の作家メリニコフ・ペチェルスキーの著作『ラスコル派第二書簡』では、古儀式派は一九世紀に「モスクワとその郊外、ウラジーミルとヤロスラベリ県に住み、そこに工場ができ、これらはすべてラスコリニキのものであった」と指摘されている

(Mel'nikov: t. 8: 21)。ウラジーミル、ヤロスラベリ県、モスクワ、イワノボ・ボズネセンスクの繊維産業は、一九世紀から古儀式派が取り仕切っていたことを最初に指摘していた。

一八七一年にイワノボ村とボズネセンスクが統一されて、現在のイワノボ・ボズネセンスク市が出現した。『現代ロシアの宗教地図』(二〇〇六年)によると、二〇世紀初めの同市の経済と宗教とはいずれも古儀式派が仕切っていたという。ちなみに一九〇八年の同市の人口の三分の二が古儀式派であった。

## ソビエト発祥の地

同時にイワノボは、ロシアで最初のストライキが行われた地であり、何よりソビエト連邦という呼称の起源であるソビエト組織の発祥の地であった。E・P・トムソンらによる労働運動史が示しているように、英国でも労働運動と宗教との結びつきは緊密であった。それでは「ソビエト」誕生の地、ロシア労働運動と宗教的異端派とは構造的にどのように結びつくのか。ロシア労働運動史ではレーニン以来の「無神論」の縛りもあり、このような主題は二〇世紀にはそもそもタブーであり、問題そのものが存在しないかのようであった。しかし革命一〇〇年の今こそ、ロシアにおける宗教からみたいわば「革命の古層」を究明しようというのがここでの課題である。

実際、同地に長く息づいた古儀式派こそが、この地の繊維産業に資本と労働とを提供していた。一九世紀の同地における繊維工業の祖であるノソフ、その後のガレーリンとか一九世紀末のブリーリン（司祭派系）、二〇世紀では二月革命の臨時政府の貿易産業大臣となったニコライ・コノバロフ（正確には近隣のビーチュガ出身）なども古儀式派であった。

まったく逆説的ではあるが、このロシア正教会の分裂と古儀式派の存在が、ソビエトの誕生だけでなく共産党の権力掌握、ソビエト連邦の形成にも貢献したことになる。モスクワのノギン、サマラのミハイル（本名N・ビロノフ）、全ロシアの長と呼ばれたミハイル・カリーニンなど初期ソビエト活動の中枢にいた人々は、いずれも古儀式派出身の活動家である。

帝政ロシアの労働運動の中心は二つあって、ひとつが帝政ロシアの南西部、もうひとつが北東部である。メンシェビキ系が帝国の南部に多かったとすれば、ボリシェビキ系はどちらかといえば中央工業地域、つまりは古儀式派地域の出身が多かったことは、メンシェビキ党指導者のユーリー・マルトフがつとに指摘している。一九一二年に創刊された『プラウダ』紙は、ニジニ・ノブゴロドの有力な古儀式派一族の出身であったビクトル・チホミロフがその資金を親の遺産から提供した（下斗米 17:36）。当時の革命党にとって、資金調達から印刷物の配布にいたるまで、当時急速に台頭しつつあった古儀式派の支援がなければ成り立たないほどであった。

北東ルーシと呼ばれたロシアの北東部が、古儀式派の有力な拠点であった。モスクワ周辺からボルガ河一帯がその発生地であった。歴史的にはロシア革命時の一九一八年にイワノボ・ボズネセンスク県と呼ばれるようになるまでは、ウラジーミル県がその行政的拠点であった。ウラジーミル県のいくつかの郡とともに、キネシマ県、コストロマ県のいくつかの郡もイワノボ・ボズネセンスク県に統合・改名される。

こうして古儀式派は、日露戦争後の政党政治発達史、議会史発展にとっても重要な要素となったことは周知の事実である。また一九一四年からの第一次世界大戦での政府の軍事工業委員会の中核ともなった。というのも彼ら古儀式派にとっての都である「第三のローマ」＝モスクワをはじめ、ニジニ・ノブゴロドなどに張りめぐらされた古儀式派ネットワークは、一九〇五年革命で公認化されてから一九一七年までの「黄金の世紀」を通じて、ドゥーマ（市議会）などで政治的立場を固めてきたからである。帝政ロシアを本来は「宗教敵」、「アンチ・クリスト」とみなした彼らであるが、現実の政治活動では柔軟な姿勢をみせており、しばしば妥協もいとわず、要路にある人物賄賂を贈るなど狡猾でもあった。彼らが意図せずして支持することになった一九一七年二月革命で活躍し、陸海軍大臣となった無司祭派のグチコフ（モスクワ）や貿易産業大臣コノバロフ（ビーチュガ）などは、いずれも古儀式派の繊維工場主の出身で、トレチャコフ、リャブシンスキーといった同派の有力者もまた一九一七年二月革命の臨時政府の実質的な担い手でもあった。

### イワノボ・ボズネセンスクの誕生

ソビエト活動は、一九〇五年に始まったイワノボ・ボズネセンスクを嚆矢とするが、これが独自の県名となるのは、実はロシア革命後の一九一八年六月の内務人民委員部の決定においてであった。そのイワノボという土地について、まずはその行政的な編成を押さえておこう。元々この村は古いロシアの貴族、むしろ空港名で今も世界に名を残すシェレメチェフ侯爵の領地であった。一七世紀に母なるボルガ河に近接するこの地の豊かさに目をつけたオランダ人が開発したともいわれる。その後、一八五三年にボズネセンスクができ、最終的にはイワノボとボズネセンスクの二つが合併してイワノボ・ボズネセンスク市ができたことは先に触れた。

もうひとつ、イワノボ・ボズネセンスクを特徴づけるのは、ソビエトなる制度が一九〇五年の五月、日露戦争後にはじめて現れ、同年秋からのモスクワ・ソビエト、ペテルブルク・ソビエトに先駆けて誕生していたことである。正確に言えばペテルブルク・ソビエトは一〇月一三日に創設され、一二月に解散した。モスクワ・ソビエトの歴史はもっと短く、一一月二二日から一二月五日までである。つまり両方のソビエトとも短命で、実態からいえば一九〇五年秋に登場したストライキ委員会のような組織であるが、イワノボのそれはこれに先立って五月にはいち早く誕生しており、持続的で、その実態もまた労資間の協議をめざした機関であったことに注目したい(Izvestya: 4)。

それにしてもソビエト連邦の起源である「ソビエト」制度はなぜこの宗教色の強い土地で突然に生じたのであろうか。二一世紀になってロシアの歴史家たちがこの制度とイワノボ、とくにボルガで顕著な古儀式派との関係について、それぞれ論じている。下斗米も二〇一三年の著作でこのような角度から触れたが、本書ではそれと同じ角度から、ソ連期におけるイワノボの政治経済史との関係で検討を進めている（下斗米 13）。

## 革命前のソビエト

彼ら古儀式派はロシアの北東部、つまりモスクワの北東部からボルガ河地域に広く根を張っていた。先のメリニコフ・ペチェルスキーの指摘を待つまでもなく、彼らは革命前のモスクワ、ウラジーミル、ヤロスラベリ、コストロマ、そしてニジニ・ノブゴロドやビャトカ県といった地域に広く存在していた。そこでの繊維工業も、古儀式派の企業家によって運営されていた。この点はウラルの古儀式派が重工業、シベリアのそれが農業に従事していたことと大きく異なる点である。

その中心となったのは、イワノボを中心としたラスコリニキ、つまり古儀式派の農民的資本家たちであって、一九世紀までに登場した。シューヤ、テイコボ、ビーチュガ、その他のイワノボ周辺の古い都市も同様であった。イワノボの古儀式派研究の第一人者ビャチェスラフ・ストルボフ教授によれば、グラチョフ一族、セゼーモフ、ブリーリン、ガレーリン、ヤマノフスキー、イシンスキー、バーベンコフ、ウーディン、クバソフ、ガンドゥーリン、カーメネフ、クラージェフ、ズプコフ、クバーエフ、クラシリシチコフ（ロドニキ）、スクボルツォフ（セレダ）らの「商人」であった（Stolbov）。

なかでも最も豊かであったのがグラチョフ一族とされる。グラチョフ一族は、ニコリスキーが

「厳格なピューリタン」と呼ぶ無司祭派のフェドセーエフ派出身で、モスクワの第一ギルドに属していた（Nikoliskii: 296）。モスクワでの同派の中心であるプレオブラジェンスキー墓地の組合から有利な条件で貸し出しを受けた。この「墓地」は同派の金融機関でもあった。他方、ヤマノフスキーのように司祭派の系列も存在した。これら多くの古儀式派企業家は、農奴身分から身を起こし繊維産業の急速な台頭を、その持ち前の禁欲と勤勉、そして組織力でもって支えた。イワノボでは単に企業家だけでなく、労働者もまた古儀式派であったと、教会史研究者のリバノフらも指摘している。

イワノボ・ボズネセンスクとは、いってみれば古儀式派繊維王の企業城下町であった。事実、一九〇二年から〇六年の四年期限で選ばれた四〇名の都市ドゥーマ（市議会）中、企業主が一四名、商人一一名、その他一七名であったが、後者の多くは農奴身分から身を起こした商人や企業家であって、土地も所有していた。商人の多くは産業資本家となっていた。こうして同市の経済力は、当時の経済専門家エグゼンプリャルスキーも書いたように、「強力に発展した繊維工業とそれに関連した商業」関係によるものであり、こういった資本家は土地も所有していた（1905: 7）。

モスクワのこれら古儀式派の拠点（無司祭派のプレオブラジェンスキー、司祭派のロゴジスコエ墓地）もまた、イワノボの企業家への財政支援を惜しまなかった。こうして一九世紀末に彼らは子弟を海外に留学させ、また繊維工業などでのネットワークを通じて世界各国の技術を知ることができる立場になっていた。先進的技術の導入による機械化と大規模工業化とは、この地の産業を

ガレーリン工場（イワノボ・ボズネセンスク）

めぐる風景を一変させた。古儀式派企業家の孫であり地域史家でもあったヤコフ・ガレーリンは、一八八〇年代までの工業化でイワノボの繊維産業が変わる様子を「こうして工場に機械が導入されることで、機械が工場を支配した。これが成功したのは、ちょうど工場に最終的に（機械が：引用者）導入された状況が、農奴制の支配から農民が解放された農民の自由化とも重なった」からだと書いた（Tygan: 331）。ちなみに彼は一八七七年から一〇年ほど市長を務めた。

一九〇五年の劇的な変化の中で、イワノボ・ボズネセンスクの古儀式派企業家たちは、総じてモスクワ古儀式派資本家と同様、憲法制定を要求するといった進歩的改革の支持者でもあった。一九〇五年一月の憲法制定を求めて、モスクワのリャブシンスキー邸で開かれた会議に招かれたイワノボの企業家で市長のパーベル・デルブニョフは、手紙のなかで「サッバ・モロゾフが司会をした会に欠席したが、憲法体制を求めている」と指摘、さもなくば大虐殺が起きると、鋭く改革を求めた（1905: 23）。

## 企業家たちの「階級的」結束

モスクワとイワノボの企業家のこうした「階級的」結束は、労働問題への対応にも現れていた。モスクワでは労働者に対する譲歩の限界に近づいていたことは、イワノボにも即座に伝わっていた。ペテルブルグの労働者が「政教分離」を要求していることにも、この二つの都市の支配者は共通して関心を持っていた。彼らが古儀式派として宗教への寛容に関心を持っていたからであった（24）。

イワノボ近郊、正確にはコストロマ、ビーチュガのコノバロフ一族もまたこの流れを汲んでおり、一九一七年二月革命時には進歩党のアレクサンドル・コノバロフが貿易産業大臣になっていた。モスクワのギルドなど産業界での彼の影響力がいかに大きかったかを物語る。またテイコボのカレトニコフの企業も、一八八九年のパリの万国博物会などで金賞を得るなど世界的にも注目された。セレダの古儀式派ゴルブノフも、病院設立など企業メセナに貢献し始めた。

イワノボ・ボズネセンスクにおいても、一九世紀末までに大規模工業が定着する。これにともなって労働運動の性格も変わり、労働者の抗議の仕方も変容した。一九〇五年の政治経済、そして宗教を含めた社会変動を、正統マルクス主義の立場から記述したマルトフ、マスロフ、ポトレソフらメンシェビキ系の論文集『二〇世紀初頭におけるロシアの社会運動』所収のD・コリツォフの労働運動に関する論文は、イワノボ・ボズネセンスクの八〇年代の労働運動が「反乱(bunt)」だったとしたら、「一八九五年のストライキ」以降、整然たる性格のものに変わったと指摘している。その背景にあったのは、繊維工場制度の急速な発展と労資関係の制度化であった。これらによってイワノボの労働者は九時間労働二交代制を勝ち取り、賃上げも実現させた。一八九七年一二月に三万人が参加したストは労働者の勝利に終わり、これにより「祭日」前の労働時間の短縮を得たことは、労働者がいかに宗教的世界と関係していたかの証左でもあった。より具体的には、この地の古儀式派的な宗教との関わりをうかがわせるものでもあった。

しかもそのストライキは、当時のウラジーミル県全体に広がった。機械打ち壊し的な半農民的運動から職業労働組合的運動へと進化したと、当時は評された。祖父が古儀式派企業の一族であったイワノボ・ボズネセンスク市のボリシェビキで、共産党史家にしてスターリン期の教育部人民委員でもあったアンドレイ・ブブノフは、『大ソビエト百科辞典』の初版(一九二四年刊)において共産党史の執筆を行ったが、一八九〇年代は繊維工業など労働運動に象徴される組織の時代だと論じている(BSE, I-izd: t, 2: 1924)。祖父以来、古儀式派企業家出身の革命家として同地で体験した変容ぶりを投影させていたといえよう。

大規模化と組織化という二〇世紀的な流れは産業、労働においても中央・地方を問わず、組織の再編成を促していた。なかでも日露戦争敗北による帝国の民主化がこのような組織を自由化した。一九〇五年四月一七日の宗教的寛容に関する勅令によって、経済界での実力をたくわえた古儀式派の、政治・経済から地方政治までの各領域での活動がようやく表面化し、活発化したことを示していた。

とりわけ産業面では、貿易産業大会のような新興産業ブルジョワジーの台頭が全国的にも顕著となった。一八九六年七月のニジニ・ノブゴロド見本市に次いで貿易産業大会が開催され、産業家利益の制度化が進んだ。モスクワの司祭派の総帥サッバ・モロゾフなどの台頭があった。ニジニ・ノブゴロドにおける、商業や水運業を背景とした古儀式派の台頭は、ツァーリ自身を振り向かせる力をすでに得ていた。この時に出された宣言では一七名のモスクワの「商人」(リャブシンスキー、モロゾフ、マーモントフ一族)と、一〇名のニジニ・ノブゴロドの同僚たちが署名したが、多くが古儀式派系資本家であった。

政府の構造にも、こうした潮流の台頭が明らかに影響していた(Obshchestbennoe: t. 1: 317: 344)。なによりもこの文書を掲載した雑誌『ボルガ』という名称こそが、ステンカ・ラージン以来の、あるいはリムスキー・コルサコフが描いた「キーテジ」に表象される古儀式派の世界を示していた。母なるボルガとは古儀式派研究の嚆矢、メリニコフ・ペチェルスキーが描いた世界でもあった。

モスクワの「商人」世界は、実際は産業資本家であるという指摘は多い。一九世紀から二〇世紀にかけてのモスクワを中心に、ニジニ・ノブゴロド、そしてイワノボなどでの「商人」について書いたブーリシキンの『商人モスクワ』、とくに第三章では一九世紀末のボルガでの商品見本市で古儀式派系商人がいかに個別産業ごとの「業界」を組織化し、それが強大な「大会 s'ezd」と「ソビエト」組織への変貌を準備していたかをみごとに描いている。

ここでも主役はモロゾフなど繊維工業主であった。彼らは民間資本であったこともあって、自ら「水平」的な組織を作り、その全体を「市場（ビルジャ）」として、一八九〇年代なかばまでに産業界を組織した。なかでもボルガ沿岸の市場が鍵であった。ニジニ・ノブゴロドのような水運の拠点では市と県の対立もあったが、それが独自な分権的文化を育てた（Buryshkin: 260）。「大会」や「ソビエト」のような制度が各業界や領域を束ねるのに貢献したが、モスクワ古儀式派のリャブシンスキー、無司祭派のグチコフらもその中心的役割を演じた。

それまで彼ら企業家は、宗教上の異端とされていたため、政治的な議論をほとんどしていなかったが、日露戦争後の開放的な空気がそれを可能にした（246）。そもそも、日露戦争で多大な貢献をしながらも宗教的理由で無視されたコサック部隊の兵士の多くが古儀式派に属していた。第一次世界大戦期の戦時工業委員会、そして二月革命時のリベラルな政府閣僚もこのような世界の産物であった（263）。

## 「大会」と「ソビエト」

「ソビエト」制度の登場も、こうしたロシア政治・経済の二〇世紀的背景のもとで理解できる。

クラブ的な結合から形作られた、恒常的な「大会 s'ezd」という形態が、一八八〇年代以降産業界でも労働界でも、そして政府機関をも巻き込んで組織され出したからである（334）。この s'ezd というのは、馬に乗って出かける会議体のことであって、skhod、つまり歩いて行ける会合とは区別された。広い意味で古儀式派とつながりのある産業界・労働界では、こうして「大会」と「ソビエト」というものが一体となって広がりだした。

ここでいう大会とは、毎年一回程度開催される集会・会議のことであり、同業者が「規約」のもとで定型化された活動を行うことになった。これにより、石油産業大会といった組織体が生まれた。政党組織でも同様で、ロシア社会民主労働党が一九〇三年の第二回党大会で「規約」をめぐって争ったのも、ロシア社会の変容を、社会主義運動・政党が取り入れたことを示すものであった。

他方、大会と対比する形でつくられた「ソビエト」という組織体は、この大会で採択された決定を実行する執行組織の謂であった（Obshestvennoe: 334）。大会の間に恒常的中央組織のメンバーを選び、大会に報告する義務を負っていた。また大会で決まった会費を払うこととなった。こうして大会もソビエトも、一定の予算、各種の恒常機関と責任者を有することとなった。一九〇五年までの大ブルジョワジーの影響を論じたメンシェビキ系論者オシプ・エルマンスキー（本名コーガン）は、二〇世紀初めの産業界の組織論を次のように紹介している。ソビエトなる存在は、古儀式派がこのように台頭し活躍する時代の新しい組織形態となったことに注目すべきである、と。エルマンスキーはテーラー・システムの導入を図り、科学的労働組織の実現に尽力したソ連の管理学の祖となる人物で、ソ連期にはモスクワ大学などで教育にあたるが、一九三七年に逮捕され、四一年に死去した。エルマンスキーの指摘を待つまでもなく、二〇世紀初めまでに台頭していたロシア産業界におけるサッバ・モロゾフなどの大ブルジョワジーは、実は古儀式派の資本家に他ならなかった。

古儀式派そのものも二〇世紀前後にすでに表舞台に登場し、公的な存在として「大会」を、そしてその間の執行機関として「ソビエト」を組織した。実際、ウラルの司祭派アルセニーの呼びかけで、最初の古儀式派「大会」が一九〇〇年に開催されている（下斗米 13）。ニコライ二世の許可を得て以降、この大会は毎年開催されることが決まった。司祭派のベロクリニツキー派のソビエトは一八九九年に初めて開かれ、ニジニ・ノブゴロドの水運業からのちに同市の市長となったドミトリー・シロトキンがその代表となった。

モスクワは、司祭派のモロゾフ、無司祭派のグチコフをはじめ古儀式派系資本家が活躍する、民間資本の中心地でもあった。筆者の旧著でも指摘したが（下斗米 13: 36）、一九世紀後半から次第に古儀式派系の一部の宗派は「ソビエト」という名の機関を有するようになっていた。古儀式派は当初は「墓地」しか許されない存在だったが、その信徒管理人組合からでてきた世話人会もまた二〇世紀当初にはソビエトという呼称に変わる。この過程で、ソビエトの運営が定着しだした。ちなみに古儀式派のソビエトの会議を司る副議長はタワリシチと呼ばれていた。政治組織の

「同志」の起源もここにあったと言えよう。

ということは大会s'ezdもソビエトも、いずれもロシアの伝統的な古儀式派的な組織観を、二〇世紀の近代化の流れの中で強く反映していたと言えよう。ちなみに古儀式派の世界では一八〇〇年代から宗教面での非公式の位階的組織をつくるのに、このソビエトをよく使用していたことは先に指摘した（下斗米13）。このような自由化と民主化が、宗教や産業界などの領域でも展開された二〇世紀、とくに日露戦争後のロシアの文脈からみたとき、労働者ソビエトが、古儀式派オーナーの多かった繊維工業の中心地、イワノボ・ボズネセンスクで最初に作られたとしても決して不思議ではない。

## 労働代表ソビエトの登場

一九〇五年一月の「血の日曜日」でのガポン組合への発砲など、労働問題が深刻化した際に、政府の無策ぶりが明らかになっていた。蔵相ココフツォフに対し、古儀式派企業家代表が労働問題での政府の対応を尋ねた際に、「お好きなように、助けることはできない」と応えている（1905: 25）。この時、イワノボ・ボズネセンスク市長で代表的企業家でもあったパーベル・デルブニョフは、モスクワではサッバ・モロゾフが「赤い選択」を志向していると言った。これは、社会民主労働党への献金のことであろう（25）。ちなみにデルブニョフ一族は、一九世紀後半にウラジーミルからイワノボ・ボズネセンスクに移住しているが、当時の市長を務めたことから古

ストライキ中の労働者集会

儀式系であることが推察できる。ブブノフの父親は一時、彼の片腕であった（Pyzhikov: 98）市内にある彼の六四〇〇名を擁した彼の大規模工場は、ソ連期にはキーロフ織物工場となった。

そこまで行かなくとも、イワノボ・ボズネセンスクでは三月にはストライキ準備の報が企業家の危機感を招き、彼らを結束させていた。デルブニョフ市長も四月の手紙に書いたように、スト弾圧に使えるコサックは八名しかおらず、「全イワノボはコサックなしには持たない」という状態であった（26）。したがって、ストライキが始まった五月一四日の時点では、イワノボの企業家デルブニョフが、イワノボ・ボズネセンスクの工場主は「労働者の要求は受け入れられない」と決議しただけだった。一六日に彼は次のように書いた。「神よ、ストライキがスキャンダルなしに終わることを」（27）。六月の最も厳しい日々、工場主たちは同市を退去している(28)。

こうしてイワノボ・ボズネセンスクで労働代表ソビエトが歴史上はじめて組織されたのは、日露戦争の敗北とその後の民主化運動でロシア全体が騒然としだした一九〇五年五月であった。もっとも、イワノボ・ボズネセンスクで労働者の集会が初めて開かれたのはどうやら一九〇三年夏のことであるが、これは日露戦争前である(『プロレタリア革命』1924, 11: 250)。ちなみにモスクワでソビエト活動が広がるのは一九〇五年一一月末であるし、サンクトペテルブルクでもほぼ同様であった。合法マルクス主義者が最初に着目したイワノボ・ボズネセンスクの進歩性は、「ソビエト」活動での先進性にもよる。モスクワ、レニングラードに次ぐ革命の中心、ソビエトの故地というわけである。

ただしこの革命神話には、それまでソビエトを無視したレーニンが「全権力をソビエトへ」といってこれを共産党権力の隠れ蓑にした思惑、さらにはこの地の共産党指導者フルンゼが一〇月革命後に同市をイワノボ・ボズネセンスク県に格上げした点にも示されるように、イワノボ郊外のシューヤ・ソビエト議長から一挙に赤軍の指導的立場についた革命家フルンゼの政治的立場とも微妙に絡んでいたことには注意する必要があろう。

ここで神話から歴史に戻ろう。このソビエトという組織の出現は、古儀式派が宗教寛容令によって一九〇四年四月に公認されたことと無縁ではない。労働の世界の活性化と産業の興隆、そして宗教の再興が共時的に起きることになった。イワノボ史の権威、ビャチェスラフ・ストルボフ教授は、このような多領域での共時的な興隆をパッショナリオンノスチという言葉で呼んでいる（Stolbov）。かつて「一九〇五年革命」という言葉で呼んだこともあるが、これだと、宗教界や産業界、そして政界の高揚というこの変動の、他の重要な側面が軽視されかねないことには気をつけるべきであろう。

例えば一九三〇年はじめに歴史家ミハイル・ポクロフスキーが編集し、パンクラトワらが寄稿した『ソ連のプロレタリア史概要』では、ボリシェビキが中心となったとされるイワノボ・ストライキに関する記述において、同市のソビエトにはわずか一行しか触れてない。ソビエトをストライキ委員会や権力機関の萌芽という性格にのみ注目するのはレーニンの方針に忠実であったと言えるが、これでは真実はわからない（Pankratova: 178）。むしろパンクラトワ女史の師であったポクロフスキーによるマルクス主義最初のロシア史『簡略ロシア史』の中でのイワノボ・ボズネセンスクのストライキに関する慎重な記述のほうが、実際の関係者であるだけに実態にちかい。ポクロフスキーは、わざわざ「ボリシェビキ的革命観とか権力闘争」といった理解は、「最も広い労働者にはなかった」として、「我々は平和的闘争を望むが、革命ではない、ストライキは経済的なものだ」という発言を引用している（Pokrovskii 2: 124）。この年、経済スト（一四三万九〇〇〇人）と政治スト（一四三万四〇〇〇人）の比率は半々である（123）。ポクロフスキーは、むしろソビエトのスローガンが革命的でなかったからこそ、実はすべての企業に共通する制度の組織化を促したと、その「革命性」を強調している。

## 史料に見るソビエト

まず史料によってみよう。一九二五年にこの二〇周年記念出版として刊行された『イワノボ・ボズネセンスク地域での一九〇五年』という著作がある。そこに付された年譜でもって、この時の変容を確かめてみよう。四月の宗教寛容の勅令（一七日）により、古儀式派が宗派として表に出る条件ができた。もっともその内容がどの程度改革的であったかについては疑念なしとしない。むしろ日露戦争後の民主化の中でストライキ運動自体が公然化し、大衆化したことが大きかった。

メンシェビキ系の立場からこの間の変動を分析した『ロシアにおける社会運動』によれば、当時のストライキ運動には一九〇三年の段階で全ロシア労働者の五・一パーセントが参加し、一九〇五年には六〇パーセントにも達したという（Obshchestbennoe, t.4: 51）。こうして、すべての領域で宗教的な異端派が公然化した。新暦一〇日の労働日と祝日の休暇、そして職員その他の相互補助の「規約」に関する集会は官憲からはまだ許可されなかったが、春には労働条件をめぐる各地でのストライキなど紛争が生じだした。

その頃から発達し始めた社会民主労働党などの労働者政党は、全国的にボリシェビキ派とメンシェビキ派へと分裂し始めていた。このうち南部ではメンシェビキ系が強い影響力を持っていた。マルトフの『ロシア社会民主主義の歴史』でも、メンシェビキ系は、ドン、ハリコフ、キエフ、ドネツク、そしてオデッサといった帝国の南部に多かったとされる（Martov: 77）。これらの地域には、カトリック系、そしてユダヤ系が多かった。

これに対し帝国の北東部ではボリシェビキ党が影響力を拡大したが、これには宗教的背景も関係したものと思われる。モスクワや中央産業地帯ではボリシェビキ党の影響力が圧倒的であり、ニジニ・ノブゴロドのソルモボ工場などに多少メンシェビキの影響がある程度であった。

ロシアの労働問題におけるこの南部と北部との関係は一八七〇年代にさかのぼる。ナロードニキ時代の労働運動は、キエフなど南部労働組合と、サンクトペテルブルクやモスクワのような北部ロシア労働組合とに分かれていた（Svyatlovskii: 41）。その後、このような南北の懸隔は、八〇年代から九〇年代の「マルクス主義」期の運動にも受け継がれた。やや乱暴に言えば、ウクライナ生まれのレフ・トロツキーに代表されるように、メンシェビキ系が南西部に強かったとすれば、ボリシェビキの根拠地は北東部であった。北部では一八八五年のモスクワ郊外のオレホボ・ズーエボの古儀式派サッバ・モロゾフの繊維工場のストが転機となって、マルクス主義的観点が強まった。こうした背景の下、一九〇五年段階のモスクワには数百名に上るボリシェビキがいた。

新興工業地帯ではモスクワに引けをとらない力があった。当時、メンシェビキのマルトフは、イワノボ・ボズネセンスクには六〇〇名ともいわれるボリシェビキ労働者党員がいたと指摘している。もっともフルンゼ伝の著者は、四〇〇名と語る。おそらく後者の数字が現実に近いであろう。ちなみに当時は、イワノボ・ボズネセンスク市があったウラジーミル県の近隣のコストロマ県には一五〇名の労働者党員と二〇〇名の会議参加者、ヤロスラベリには一〇〇名の労働者党員と一五〇名の参加者、トゥベーリには一〇〇名の労働者党員といった分布状況であった。イワノボ郊外のビーチュガ、シューヤ、セレダ、コフマでは、いずれも三〇名で、テイコボもボリシェビキ党員に近かったと、メンシェビキのマルトフが述べているので、おおむね間違いはないだろう（125）。カザン、サマラ、サラトフ、ビャトカといったボルガ河流域やウラルでも、圧倒的にボリシェビキであるとマルトフは述べている。この数値から、古儀式派系地域、つまりは中央工業地域と古儀式派信徒、そしてボリシェビキ系組織とのある種の有機的なつながりも感得できよう。正教異端派の基盤が、社会民主労働党ボリシェビキ派の基盤にもなった。

なかでも注目すべきは、急成長したイワノボ・ボズネセンスクである。イワノボでの労働運動サークルは一八九二―九三年に現れた（1905: 41）。一八九五年と九七年の繊維工のストを通じて「労働者同盟」が強化された。一九〇一年にはイワノボ・ボズネセンスク（当時はウラジーミル県）とコストロマ、ヤロスラベリの三県から「北部労働者同盟」ができた。彼らはニコライ・パーニンら「イスクラ」派と関係が深かったと、参加者のワレンツォワは語る（42）。北部労働者同盟があった三県はいずれも古儀式派系地域であったことからすれば当然であった（42）。もっとも非合法活動の常として、指導者たちは逮捕と交代を免れなかった。なかでも日露戦争によって、彼らは社会民主労働党北部委員会と改名することになる（55）。イワノボ・ボズネセンスクはそのグループという扱いだった。女工が多かったこともあり、この地には女性部もできた。

## 一九〇五年のイワノボ

イワノボ・ボズネセンスクの初代ソビエト議長だったナロードニキ系のA・ノズドリンは、一九二五年のソビエト二〇周年記念論集に「タルカ」という論文を寄せ、そこでソビエト誕生の状況を描いている。この地で開かれた春の祭典とメーデーが転機で、最初は二〇〇名が参加したという（1905: 82）。一九〇五年、続いて五月六日にバクーリン工場で経済要求が出された。印刷工場もストに入った。五月一一日、社会民主労働党系の会議が開かれ、七二名が参加し、二二項目の要求が出されたが、そこには政府に対する憲法制定会議の開催要求もあったという（1905: 85）。五月一二日、ストが拡大した。二七日には市内で労働者集会へと発展した。この日、ウラジーミル県知事レオンチェフ某がやってきて、労働者代表との交渉や工場主との会見がなされた。労働者代表は八時間労働日の実施など二七項目からなる要求を掲げ、その条件が完遂されるまで復帰しないと工場主に伝えた（1905: 309）。知事は、交渉は任意であり、そして一方が押しつけてはならないと発言した。この間、タルカ川で労働者の集会（skhodka）が開かれた。

これがきっかけで労使協議のための労働者代表選出が加速された。二八日になって、タルカに集まった労働者は工場ごとに代表を選出した。一五〇名の代表は、近所の市民会館で要求案を審議、その際、議長にA・ノズドリン、書記にドブロボリスキー某を選んだ。これがソビエトの原型である。翌日、スト委員会からも代表が選出され、交渉が始まったが、工場主は口頭での交渉を拒否した。この間、社会民主労働党のビラが配布され、市にはコサックなどが待機した（309）。

勅令後の五月二五日には、市内のバクーリン工場を嚆矢にストライキが全市で開始された（1905: 308）。古儀式派系のボリシェビキ党員で、のちに三〇年代の教育人民委員になる党史家のA・ブブノフがいう「壮大な七二日のストライキ（五月二五日から七月二三日）」の始まりだった（Bubnov: 295）。翌日、スト参加者は三万二〇〇〇名に達した。労働時間の者集会が開催され、八時間労働だとか、夜間労働の禁止といった要求が提示された。祝日前の労働時間の短縮という要求は、大衆の宗教的要求でもある。市内のタルカ川での集会はこの頃から始まった。知事が仲介して労働者代表と工場主との話し合いが始まったのが三一日、これによってストも解除されだした。かわりにイワノボ・ボズネセンスク市では、タルカ川での労働者集会が続くことになる。数日後あたりから社会民主労働党もまたビラなどを配布する。

もっとも、政治化に伴う緊張も増大した。二週間後にはタルカ川の集会禁止が布告される。一六日にはタルカ川での集会で、コサック部隊が介入、八一名の労働者が逮捕される。この地での運動はこの頃から緊迫の度を高めた。イワノボ・ボズネセンスク市のオフラナの報告では、二四日には市内のタルカ川での集会が再開された。当時はウラジーミル県の副知事サゾーノフがこの市の治安を管轄していたが、彼の布告でも集会のテーマは「純粋な労働問題を超えた国家的問題、反政府的行動」に移ったとある。午後四時からは混乱と収奪が始まった。当局は鎮圧に乗り出した。

スターリン時代の歴史家パンクラトワも、七月一日までにストライキ運動は力が尽きたと書いている。七月二日には知事が集会を禁止し、三日には流血沙汰になりながらも、タルカの労働者集会が解散された（Pankratova: 180）。七月六日には知事が工場主に交渉を呼びかけている。この頃からガレーリン、ブリーリンなどの工場主の別荘への放火などが続く。大衆的なソビエト集会が開催された最後の日が、七日であった（Arkhangeliskii: 49）。この日をもって、イワノボ・ソビエトの終わりの日とする研究者（エグゼンプリャルスキー）もいる。もっとも、参加者だったF・サモピロフという活動家は、年内は活動が続いたと『プロレタリア革命』誌の書評でいう（Proletarskaya Revolutsiya, 1924, 11, 250）。

いずれにしても、世界史上初のソビエトがこのイワノボ・ボズネセンスク市に出現したのはこのような状況下であった。一九〇五年秋に首都やモスクワでソビエトが組織されたが、それよりも半年早いことは間違いない。現イワノボ州国立史料館には、そのときに選ばれたソビエト代表の名簿が保存されている。古儀式派工場から選出された労働者代表の名簿である。

名簿からは、党派がわかる人物もいる。経営者の工場ごとに代表が選ばれていた。例えば、ガンドゥーリン工場から三名、ブブコフ工場から三名、フォーキン工場から二名、デルブニョフ工場から一三名、ガレーリン工場から八名、ブリーリン工場から一一名、グリャゾバ工場から一七名などとなっている。同地では計一一八名が参加している。ちなみに一九〇五年七月二三日の段階で、イワノボの工場で働いていた労働者数はフォーキン工場、デルブニョフ工場、そしてバクーリン工場を除いて一万九六七九名となっている。ポクロフスキーは約一〇〇人から代表をひとり選んだと書いているが、実際は約一八〇名程度から一人の代表が選ばれたことになる。

このイワノボ・ソビエト代表の出身について、議長のノブズリンが面白い記述をしている（1905: 139）。それによると、工場労働者の出身で代表になるのは、基本はコストロマ県のネレフト郷、ウラジーミル県のシューヤに住民登録したり、居住歴を持つものが圧倒的に多かった。筆者の計算ではシューヤの出身が一五〇名中三六名である。このシューヤの人々が、一九一七年一〇月にはモスクワでの蜂起支援の中心となるものの、それから五年後には、二二年のレーニンの方針への抗議とこれに対する当局の射殺事件を起こすことになる。いずれも、今でも古儀式派や帰一派の多い地域である。他方で、近隣のヤロスラベリ県出身の代表はまったく選ばれていなかったという。ちなみに一九一八年になって、三県ともイワノボ・ボズネセンスク県に統合されることになる。例外的にビャトカ県のコテリニキ郡（現在は地区）とニジェゴロド県のアルダトフスキー郷出身という代表が二人ずついるが、これらも古儀式派地域である。

同市での主要な企業体が代表を選ぶというイワノボ・ボズネセンスクでの労働者ソビエトの選出方式は、企業主との交渉をめざし合意を獲得する目的で生まれたことをうかがわせる。もっとも、労働条件をめぐる交渉は、モスクワの企業の意向のほか県知事も絡んでおり、イワノボの工場主もまた「階級的」結束を要請されていた。そのことは一九世紀末から一九〇五年までのイワノボ・ボズネセンスク市長で大工場主でもあるパーベル・デルブニョフやガレーリンの当時の書箇でも明らかであった（1905: 31）。最後は労働者と対抗するために軍事力投入も辞さない覚悟だったという（39）。

## 公然たる運動から地下活動へ

このソビエト運動と政党との関係はどうであったのか。初代ソビエト議長のノズドリンは、「政治的革命指導者」とソビエトとの間には直接的な関係はなかったとしながらも、「実際にはあった、陰謀的に、そして隠微な形で」と書いている（107）。タルカの集会後、女性と革命とか、革命歌マルセイエーズの歴史とか、フーリエとかサン＝シモンといった主題で「社会主義的大学」が開かれたという。この代表のうち社会民主労働党員は五八名であったので約半数である。もっともエグゼンプリャルスキーらは、一一九名の代表のうち四一名が社会民主労働党ボリシェビキ派だと言っている（1905: 75）。この地の古儀式派的背景を考えれば当然だが、メンシェビキはいなかった。古儀式派企業主などはポトレソフらと関係していたのかもしれない。

当時、染織工芸家で詩人としても有名であったA・E・ノズドリン（一八六二―一九三八）からみて、ソビエト会議に出てきたボリシェビキ党のフルンゼは「多くは黙りこくっていたが、鋭い、突き刺さるような見解を披瀝した」という（108）。集会ではボリシェビキ系の人気があったようで、メンシェビキ的な発言はすぐに排除された。

ソビエトと古儀式派との観点からみて面白いのは、一九〇五年のイワノボでの労資間の攻防を取り上げ、そこでの企業者たちの対応を分析したエグゼンプリャルスキーの論文が、最後はチキンゲーム的な対応に終わったことを指摘していることだ。「今回はブルジョワジーが勝利し、その結果彼らの死滅は一二年後まで持ち越された——一九一七年一〇月まで」。もっともこの論文でも、ソビエト活動への企業家の否定的な態度は書かれていない。むしろ当然視していたとしたら、そこに古儀式派的背景をみるのは荒唐無稽とはいえない。

ソビエト議長にはノズドリンが選出された（Vladimirov: 3）。もともと彼はナロードニキ系の活動家であったが、無党派であった。一九三八年に粛清にあうことになる。

一九〇五年の五月にフルンゼは、ボリシェビキ党モスクワ委員会の指示で、イワノボ・ボズネセンスクの指導に向かう（Kanevskii: 3）。またフルンゼは、ブブノフ同様、ソビエト代表の名簿にはない。労働者の代表ではなかったからである。ボリシェビキ党中央にはこれに関心がなかったのであろう。彼らはどうやらレーニンの指示どおり、古儀式派系労働者間でのソビエト活動よりも、シューヤの守備隊のコサック部隊の武装蜂起に焦点を合わせていた。このこともあって一九〇六年には一七名のボリシェビキ党員が、シューヤでは三〇〇名になったという（4）。

それでもイワノボ・ボリシェビキの急成長は続き、組織名も同市グループから市委員会に変わり、一九〇六年には管区委員会へと立場を強めた（1905: 78）。ウラジーミルからやってきた知事レオンチェフは、さっそくソビエトの権力を実感させられる（Arkhangeliskii: 43）。五月一二日にはすべての工場、フルンゼによれば六万人がストに入る。

古儀式派の工場主ドミトリー・ブリーリン（一八五二―一九二四）は、工場の中でのストライキや労働組合運動に寛容であったといわれる。彼は親戚への手紙で、ストライキで都市にも二重権力が生まれ、工場でも秩序が崩壊していると、早期妥協を主張した（44）。別の都市から教養ある活動家がやってくると、フルンゼらボリシェビキのことを暗示していた。ドゥーマ（市議会）も機能しなかったという。この工場からは一一名の代表がソビエトに参加しているが、社会民主労働党員は二人である（1905: 345）。ストが生じても、官憲に訴えるよりも自分で解決したといわれる。労働者に対して強圧的な態度ではなかったと、現代のあるコメンテーターも、このイワノボがソビエト運動の拠点であったことをブリーリンの活動に帰して論じている（『ソベルシェンノ・セクレトノ』二〇〇八年四号）。

ブリーリンと現地のボリシェビキ、とくにフルンゼとの関係もおもしろい。ロシア革命後、彼の工場は国有化され、ブリーリンは一九二四年に亡くなるまで、自ら集めた収集物の博物館の館長を務めた。ちなみにイワノボ・ボズネセンスクのボリシェビキの指導者は次々と変わった。一九〇五年のボリシェビキ党に関する論文を一九二五年に書いたM・ディアノバは、ストライキ直前にモスクワからやってきたエネルギッシュなフルンゼと評したが、他方で当初は党書記局から赤軍政治管理部長に移った「地方知識人から出てきたブブノフ（党名では化学者）の指導的役割がストライキ終了時に発揮された」と書いている（1905: 78）。赤軍指導者となるフルンゼであった。父親が軍人であった彼は、赤軍の指導者として一〇月革命後にトルケスタンの解放に赴いたとき、ロシア帝国ではなかったボハラ藩国の併合まで行うが、そこで手に入れた財宝を、ブリーリンが館長を務めた博物館に送るのである。

重要なことは、この春のイワノボ・ボズネセンスク・ソビエトの経験が、首都やモスクワでのソビエトのモデルとなったことであろう。もっとも、後者の活動はすでに激化しており、全国のソビエト運動の政治化を予兆した（Arkhangeliskii: 45）。

九月一四日には全工場で一一時間労働日から一〇時間半への短縮が決定された。スト休業中の支払いではもめたが、二〇日にはイワノボ・ボズネセンスクの全工場が操業を再開した。大衆運動の波が去ると、急進的な党派の運動のみが突出することになる。この地の社会民主労働党イワノボ・ボズネセンスク委員会、つまりボリシェビキ党員には、「アルセーニー」と呼ばれたフルンゼや、「化学者」と呼ばれたブブノフがいた。前者はのちの赤軍の中心人物である陸海軍人民委員、後者はスターリン期の教育人民委員であるが、秘密集会での武器所有を契機に一一月に逮捕されている。一九一七年秋にイワノボ・ボズネセンスク市長から同ソビエト議長となり、スターリン時代の軽工業人民委員となるイシオードル・リュビーモフも、コストロマの古儀式派系ボリシェビキ党員である。

ちなみにモルドワ出身で父親が軍人のフルンゼは、ブブノフの祖父、つまり古儀式派企業主の家にしばらくかくまわれ、古儀式派の企業家である彼らとの関係も良かった（Arkhangeliskii: 69）。ブブノフが生まれ育った館は現在博物館となっているが、これはビャトカ（現キーロフ）州のモロトフの博物館やキーロフ博物館と同様、堅実な古儀式派企業家の、当時の家屋の面影を強く残している。

それでも秋になると運動は、全国の運動と同様に急進化した。地元の社会民主労働党は、一〇月ゼネストを呼びかけたが、春のような大衆的盛り上がりに欠けた。イワノボの秋の闘争を総括した論文も、「我々の活動は不首尾だった」と認めざるを得なかった（1905: 149）。こうした中でツァーリは、一〇月一七日に勅令を出した。なおもボリシェビキ派は武装蜂起を呼びかけ、一一月末にボリシェビキ党員のオリガ・ゲンキナが一〇丁のピストルを運び込もうとして反革命派の黒百人組との衝突が拡大する中、鉄道駅で殺害される事件まで起きた（1905: 235）。この間、一一月にはユダヤ人のポグロムも始まる。公然たる運動の時代から再び地下活動の時代に逆もどりした。

## レーニンの「ソビエト」観

ちなみに、当時のレーニンは、ワルシャワやオデッサと並んでイワノボ・ボズネセンスクでの労働者のストライキと蜂起、とくにイワノボでの「激戦」に言及することはあっても、同地のソビエトには関心を示さなかった。レーニンは一九〇五年、なかでも秋にはストライキ運動を蜂起に結びつけることに重点を置いており、ソビエトへの言及は少ない。ソビエトについて、彼はせいぜい革命権力の萌芽としか見なかった。したがって彼の当時の論文「プロレタリアートの闘争とブルジョワジーの奴隷根性」では、まったくソビエトに触れることはなかった。

レーニンが一九〇五年を革命的と位置づけるのは、スイスに滞在した一九一七年一月になってからであったが、そのときも革命の内容を「ブルジョワ民主主義的」と呼んでいた。ソビエトよりも秋のゼネストや武装蜂起が重要だったからであった。レーニンが改めて「ソビエト」を「革命的」だと評価して、革命権力への闘争機関に位置づけたのは、二月革命の勃発に驚愕した一九一七年四月以降のことである（Lenin, XIX, 345, XX: 15: 113）。当時モスクワのボリシェビキであったポクロフスキーは、このイワノボ・ストの後、七月になって市内のゼネストを組織したが、うまくいかなかったという（Pokrovskii 2: 273）。一九三〇年末に講演した彼は、ポーランドやウクライナと比べて「遅れている」と思われたイワノボ・ボズネセンスクのストが、資本家にとって「青天の霹靂」になったと言った。その後、彼の論敵であったペトログラード・ソビエト副議長でメンシェビキだったトロツキーらが、メンシェビキとボリシェビキのいずれが一九〇五年秋のモスクワ、ペテルブルクのソビエトを組織したかをめぐり議論したとき、それを争うのは「重要でない」とポクロフスキーは断言した（277）。両派ともソビエトの組織化に関係がなかったからだ。

こうしてみるとイワノボ・ボズネセンスクで生まれた最初のソビエトとは、むしろ労資交渉的色彩の濃い古儀式派的世界から派生したという、今までの歴史解釈とは異なる推測は、実は十分成り立とう。というのも、とくにイワノボのソビエトは繊維労働者の全権代表者会議といった側面を持っていたからである。二〇世紀の転換期に際して巨大化する工場制度では、労働時間の短縮といった交渉は、ソビエト代表制度を通じて集団的に処理する方が合理的でもあった。

それを組織したのは、この地において繊維産業を長年リードしてきた古儀式派資本であることは周知のことでもあった。二月革命直後の貿易産業大臣になったのは、大学教育も受けていないものの聡明なこの地出身の繊維王にして進歩党員のコノバロフであった。彼こそ一九一〇年代のモスクワで、「科学と産業の統一」とか「経済の対話」について、トレチャコフ、リャブシンスキーらと盛んに議論していた（292）。このような動きをレーニンは「戦時社会主義的」傾向と呼んでいた。この「戦時」体制を前提に革命でそのトップをすげかえれば社会主義への仕組みができあがる。実際、最初のソビエト政権の「貿易産業人民委員」となったのは、古儀式派系ボリシェビキ、ノギンその人である。

この時、イワノボ・ボズネセンスクで活動していたボリシェビキで、ストライキを指導したのはフルンゼとブブノフとであった。三〇年代の党書記のポスティシェフもいた（Arkhangeliskii: 106）。彼も古儀式派関係者である。なかでもブブノフは、祖父も両親も古儀式派の繊維企業のオーナーであった。ソビエトには、実は古儀式派資本が組織した労資交渉と協調の機関という側面があった。ブブノフは一九三〇年前後に、全ロシア共産党について『大ソビエト百科辞典』（初版）で記述を行っているが、そこでもイワノボ・ボズネセンスクでソビエトが生まれたことを、のちの一九二〇年のレーニンの記述に従って、これが「プロレタリアート独裁」の機関であるという定式化を行っている。だが当のレーニンは一九一七年まではソビエトを軽視していた。

しかしレーニンだけでなく、そういう主張をした人間は、一九〇五年五月にソビエトが生まれた時点ではいない。ソビエトはその出自から言えば古儀式派企業の労働者代表制度であった。革命派も、レーニンが一九一七年に四月テーゼを示して、「ソビエト権力」に衣替えするまではストライキを重視したが、他方でソビエトのことは無視していた。おそらくレーニンは、秘書で古儀式派等の宗派対策に当たらせていたボンチ゠ブルエビッチを通じてその宗教的背景を知っていた。そのこともあって、一九一七年四月にスイスから戻ってきたとき、「全権力をソビエトへ」と、自らの見解を一八〇度変えるのである。

いな、一九〇五年が革命であるということ自体もいわば神話であった。実際には一九〇五年四月と一〇月の勅令により古儀式派など宗教への寛容と議会の公認化が起きたに過ぎなかった。ちなみに、ドイツの同時代人マックス・ウェーバーはこの変動に関心を持ち、ロシア語まで学んだが、彼が見て取ったのは「外見的立憲制への移行」であった（ウェーバー）。もちろん、挫折した民主化革命という言い方は比較政治学的にはいえるかもしれないが、権力の所在が変わるという意味での革命は一九〇五年にはまったく起きなかった。ここではそれまでの用法にあるからという便宜的な理由でのみ一九〇五年革命という呼称を使う。

一九〇五年四月一七日の宗教的寛容の勅令によって、「ラスコリニキ（分裂主義者）」という差別的な言い方から、「古儀式派」という中立的な呼称にかわった。もっとも、寛容令も宗派に関しては、許容できる宗派とそうでないものの区別は曖昧で恣意的でもあった。ウェーバーも、ボンチ＝ブルエビッチもすぐに気づいたが、古儀式派も多様な存在であって、「文化的・経済的に多様化した階層」となっていた（ウェーバー：33）。

## 一九一五年のイワノボ

イワノボ・ボズネセンスクの労働事情が再び脚光をあびるのは第一次世界大戦時の一九一五年夏になってからである。総力戦に対応できないロシア帝国への不満が、その頃までに官民双方で高まっていた。そうでなくとも第一次世界大戦のさなか、産業の中核は、ますます民間資本、とりわけ「戦時工業委員会」に集まったモスクワやイワノボ・ボズネセンスク等の古儀式派資本家に集中していた。こうした中で、モスクワの無司祭派資本家の総帥でもある十月党のグチコフ、イワノボ（ビーチュガ）の進歩党のコノバロフらは、池田嘉郎らも指摘するように一九一五年のロシア軍総退却の機会を見逃すことはなかった（池田：12）。今や、戦前から戦後にかけてのモスクワ古儀式派資本に関する古典といえる『商人のモスクワ』では、リャブシンスキーが創刊した新聞『モスクワの夜明け』の編集長からモスクワ副市長へと転身したブーリシキンが、当時の商人＝資本家の企業・政治活動を描き出している。

その中心であるグチコフ、リャブシンスキーらは一九一五年五月末に戦時指導を目的とする「軍事工業委員会」を作ったが、そこで重視されていたのは労働者代表を参加させることであったと、ボリシェビキのシリャプニコフも述懐する(Shlyapnikov: 73)。メンシェビキで「古信仰」という党名をもつポトレソフら「軍事工業社会主義者」が中心となり、労働者部書記となったのは一九〇五年の成功しなかったオデッサ・ソビエトの組織者、メンシェビキ祖国派のボリス・ボグダノフであった。こうして中央工業地帯の民間資本家たちは、経済的実力はつけたものの、とりわけ戦争指導を含めた政治力は依然として首都のツァーリと無能な官僚との手中にあった。

そこで同地のボリシェビキが一役買った。こうした中で生じたのが、一九一五年八月一〇日のイワノボ・ボズネセンスクでのストライキと、これへの発砲事件であった。同市の、現在は「革命広場」で起きた民衆への発砲事件では三〇名が亡くなった。そうでなくとも小麦価格は政治統制の下、値上がりを続け、不満が高まっていた。「何をなすべきか」というビラが当時配布され、紛争は拡大した。

こうした中、ウラジーミル県副知事が、紛争には「断固とした決定的手段を取ることを」、新聞で警告した。翌朝にはボリシェビキ党員らが逮捕された。それでもこの広場で歩兵と民衆が対峙する状況が生まれたという。その後の経緯については神話的な記述が生じた。女性労働者の抗議、発砲、そして三〇名の犠牲者がでたとされる。面白いのは一三日までに同市の状況は回復されたが、このことを批判するビラが首都やモスクワでまかれ、「数百人が犠牲になった」と宣伝された。この事件はイワノボの戦闘性をアピールするには十分であった。こうして革命後の一九一八年に発砲事件が起きた橋は「赤い橋」と名づけられ、一九二四年八月には犠牲者の遺骨が協同墓地に改葬された。

ちなみにこの時の共産党中央委員会の宣伝部長は、他ならぬイワノボ・ボズネセンスク市出身の古儀式派系のアンドレイ・ブブノフであった。こうしてレーニンの死後最も影響力があった、フルンゼといった当時のイワノボ・ボズネセンスク・ボリシェビキが、この古儀式派的な労働者全権代表、労資協調機関を、レーニンにならっていわば革命神話にすり替えて正当化したと、現在の批判的論者はコメントする（Wikiivanovoweb.ru）。

しかし一九一五年に戻ろう。この年の八月は皇帝ニコライ二世が、宮廷内のリベラル派の圧力で戦時態勢立て直しを迫られたときでもあった。こうして二三日に彼は、最高司令官職を自ら担う。つまりは、イワノボ・ボズネセンスクの「虐殺」事件は、このときコノバロフ、リャブシンスキーら古儀式派系企業家が実権を握っていた戦時工業委員会によって、政治カードとして利用されたということができる。このことを示したのが、一九一五年の同地でのストライキであった。この年の八月にイワノボ・ボズネセンスクの労働者が三〇名ほど犠牲となった事件は政治神話化することになる。

## 一九一七年革命と古儀式派

第一次世界大戦という総力戦のさなかに起きた一九一七年のロシア革命全体をここで記述することは差し控えて（最新の記述については池田等を参照してほしい）、古儀式派、二月革命、そしてソビエトの成長と一〇月革命について、イワノボ・ボズネセンスク論からみて重要なポイントだけを指摘しておこう。

第一に、一九一五年のイワノボ紛争の顚末が示しているように、二〇世紀の古儀式派資本の高度成長、そして戦時工業委員会による「戦時社会主義」化を通じて経済的実力をますます蓄えた、帝政へのリベラル反対派勢力の中核は古儀式派資本が握り始めた。軍人や宮廷勢力などの無能さも手伝って、モスクワを中心としたこの勢力は、ラスプーチンと皇后の醜聞、そして一六年末の後者の暗殺を通じて情報戦を含めた政治力を蓄えた。リャブシンスキーの『ロシアの夜明け』といった新聞はそのような情報を拡散させた。

その結果、現代ロシアの歴史家フョードル・ガイダによれば、一九一七年二月前には、戦時工業委員会を中心に「五人委員会」が結成され、宮中クーデターを準備していた。なかでも十月党の無司祭派でもあるグチコフは、ドゥーマの軍事委員会と戦時工業委員会議長として軍事部門を掌握し、同じくキエフ出身の同委員会のテレシェンコとともに「五人委員会」をリードした。古儀式派産業人ニコライ・コノバロフ（二月革命時の貿易産業大臣）も同様であった。ケレンスキーは穏健社会主義者とソビエトに、また交通大臣となるネクラソフもフリーメーソンと関係していた（Zhivaya istoriya: 21）。いずれもグチコフ以外はフリーメーソンと関係があったという。

二月革命で皇帝が退位し、意図に反して共和制が敷かれると、首都のソビエトを当初手中に収めたケレンスキーの立場が強化された。グチコフは旧帝国軍隊の全将校の六割を交代させ、旧帝国軍の弱体化に貢献した。しかし皮肉にもこのことが、どちらかと言えば政治的には保守的なグチコフの没落を準備し、代わって、ペトログラード・ソビエトの発言力を一層強めた。レーニンが四月に本国に帰国する以前に、「全権力をソビエトへ」と称されることになるソビエトにおいて、急進的な兵士とボリシェビキの力が急速に強まったと、いち早く首都のボリシェビキの中心となったシリャプニコフは述懐している。ソビエトは食糧問題を統制することで影響力が大きくなった。モロトフやボンチ=ブルエビッチのような首都のボリシェビキも、古儀式派との関係を含め急速に制御を外れた大衆運動の自然発生的荒波に乗る（下斗米17）。実権は現場に降り始めた。今や一九一七年の首都における政治・経済の「階級闘争」は、四月のレーニン帰国前に、戦時工業委員会の古儀式派上層資本家と、ボリシェビキ党の古儀式派人脈（シリャプニコフ、モロトフ、ボンチ=ブルエビッチ、カリーニン、ボロシーロフら）との闘争へと変容し始めた。

古儀式派系の戦闘的な指導者シリャプニコフは、一九一七年の組織的指導の拠点は、ペトログラード、モスクワと並んでイワノボ・ボズネセンスクであったと回想している（Slyapnikov: 215）。ちなみにイワノボ・ボズネセンスクでは、一九一七年八月にミンスクでの革命運動から戻ってきたフルンゼが、まだウラジーミル県と呼ばれていたシューヤ市の労農兵ソビエト議長になっている（自伝）。イワノボ・ボズネセンスクでも彼の盟友イシオードル・リュビーモフが、市長から市のソビエト議長となった。ちょうど軍の保守派によるコルニロフの反乱が目前に迫っていた。フルンゼは市のドゥーマ議長にも就任した。人々はこの時のシューヤを「シューヤ共和国」と呼んだ。同市は九月前に民主勢力の結集を訴えた民主会議に代表を送っているところを見ると、必ずしもボリシェビキ党の武装蜂起路線で固まっていたわけではない。このことは、憲法制定会議にウラジーミル県のボリシェビキ党の代表として参加していたことからも分かる。一〇月二一日にはイワノボ・ボズネセンスク周辺で公称三〇万もの労働者がストライキを行っている（**Arkhangeliskii**）。もっとも、それほど労働者がいたかは疑問だが。その三日前にフルンゼはシューヤ・ソビエト議長に選出された。

一〇月革命時にモスクワでの武力紛争に際してフルンゼは、三〇日に二〇〇〇名のシューヤとイワノボ・ボズネセンスクの繊維工・兵士がモスクワへの支援に駆けつけることを指導した（自伝）。実際、二九日に同市の第八九歩兵連隊は、モスクワで続いた戦闘への関与を決議した（**Borva: 79**）。またモスクワ州ソビエト成員は、シューヤにきては相互に交流し（**Arkhangeliskii: 156**）、ホテル「メトロポーリ」に陣取った士官学校生を追い出している。ちなみにこのシューヤが、のちに見るように一九二二年にレーニンの宗教政策への反対運動の拠点となることに注意しよう。一〇月革命でのプロレタリアートの連帯は、ロシア革命をうたったブロークの詩「一二」も暗示していたように、その実、古儀式派的な労働者の連帯でもあった。一一月までにボリシェビキが握ったのは「大ロシアの都市」であったと、モロトフの孫で歴史家のニコノフも指摘している（**Nikonov: 66**）

イワノボ・ボズネセンスクでのソビエト権力の確立に協力したフルンゼの盟友は、イシオードル・リュビーモフである。一八八二年にコストロマ生まれで教会の学校に通っていたというから、古儀式派系の可能性があるが、一九〇五年革命を通じてフルンゼに傾倒、その後党と労働組合活動に入るが、一九一七年にはフルンゼとともにミンスクでの活動からイワノボ・ボズネセンスクに戻り、一〇月革命直前にイワノボ・ボズネセンスク市長（市ソビエト議長）となり、革命直後はフルンゼの後を襲って県執行委員会議長になっている。一九二五年のフルンゼ死後は共同組合活動に注力し、一九三二年一月から三七年九月までは軽工業人民委員として活躍するが、三二年四月のイワノボでのストライキのかどで三七年一一月に粛清されることになる。

一〇月末のモスクワでの戦闘から一日でシューヤに戻ったフルンゼは、同地でのソビエト権力確立から、新たにウラジーミル、コストロマの郷・地区を含めたイワノボ・ボズネセンスク県の創設に注力し、フルンゼはイワノボ・ボズネセンスク県ソビエト執行委員会議長、そして同県委員会議長となった。一九一八年四月の第三回イワノボ・ボズネセンスク・ソビエト大会で、フルンゼは演説を行った（164）。それまでウラジーミル県であったが、イワノボ・ボズネセンスク県としたのはこの時のフルンゼの活躍に負うところが大きい（Gos: 569）。

当時最も重要な政治課題は食糧問題の解決であったが、工業製品と交換で食糧を得るために、ボルガ沿岸のニジニ・ノブゴロド、ビャトカ、カザン、ウファなどに食糧人民委員全権代表を派遣している。その数は、ペトログラード、モスクワに次ぎ、イワノボ・ボズネセンスクは全国三位となり、こうしてイワノボ・ボズネセンスクの革命伝説が強化されることにもなった。フルンゼはシューヤを手はじめに、全国に先駆けてすでに一九一八年一月に赤軍建設を進めている。

その最初の試練が、隣県ヤロスラベリでの白軍反乱を鎮圧することであったのは、古儀式派関連から言えば逆説的ともいえた（下斗米 13: 221）。確かに同県は一九〇五年の時にも、ソビエト活動には熱心とはいえなかった。

一九一八年七月、英国軍の上陸に続き、左派エス・エル（社会革命党）との連立解消、そしてレーニンへの襲撃といった危機が襲った。それが契機となって、戦時共産主義が強化された。七月八日にフルンゼはイワノボ・ボズネセンスクでの市党委員会を開き、ヤロスラベリへの党の動員を決めた。ヤロスラベリでの反乱は一六日間続いた。ここで古儀式派も一部反ソビエト活動に協力したことを、ルナチャルスキーも証言している。二一日にようやくこれを鎮圧した。その功績でフルンゼは、北東ロシアの軍事単位を束ねたヤロスラベリ軍管区の指導者となった。

その中核となったイワノボ・ボズネセンスクの赤軍における動員数および志願兵数は、一九一九年はじめには七万人を数えた。一九一八年一一月にイワノボ・ボズネセンスクで共産党初の県協議会が開かれ、フルンゼが県党委員会議長となった（Arkhangeliskii: 175）。代わりにイワノボ・ボズネセンスク県州委員会議長にはミンスク時代の彼の部下だったリュビーモフが就く。同年一〇月のことである。しかし彼も一九一九年四月にはニコライ・コロチコフに交替する。その後コロチコフは各地を転々とした後、ふたたび一九二五年にイワノボ・ボズネセンスクでの県党委員会活動に従事。この県党委員会は、二九年からは州党委員会に編成される。こうしてイワノボ・

ボズネセンスクでのソビエト活動は軍事的課題の前に次第に空洞化し始めた。

他方で、イワノボ・ボズネセンスクの企業は一九一八年半ばまでに国有化された。「工場主協会」は解散された。興味深いのは、古儀式派の工場主はソビエトに協力することもあったということである。メフォディア・ガレーリンの息子は体制に協力したし、ブリーリンも博物館館長としてこの地にとどまった。

こうして赤軍第四軍の存在が、イワノボ・ボズネセンスクの革命伝説とともに拡散していくことになる。だがその背景にはイデオロギーというよりも、古儀式派的な連帯があったのであろう。旧軍士官のF・ノビツキー、伝説の赤軍兵士チャパーエフといった人材がフルンゼ周辺から輩出された。彼らは白軍、とくにコルチャック軍との戦闘に動員されることになる。そこでフルンゼは、クイビシュエフ、シュベルニク、エイヘなどの党活動家を軍事面での補佐として使いつつ人脈を培っていく。さらには一九一九年二―三月に、中央アジアのトルケスタン攻略に赴くことになる。労働者ソビエトとして始まったイワノボの政治伝説は、一九一七―一八年の革命以降、「赤軍兵士」の物語となっていく。それはすでに革命の変質を意味してもいた。

# 第4章

# 「労働組合論争」論

## ソユーズの誕生

二〇世紀初め、とくに日露戦争後にロシアで新たに生まれた制度としてソビエトがあることを議論してきた。しかし実はもうひとつ新しい観念が生まれていた。それはソユーズ（組合、連合）という観念である。ソビエト・ソユーズ（連邦と訳している）、ソ連邦の起源もまた日露戦争前後の改革の潮流から生まれたことになる。

もっともこのソユーズの観念は、立憲民主党系の歴史家P・ミリュコフが提起したものである。一九〇五年四月の民主化運動が始まったときに米国旅行から戻ったミリュコフは、政党、自治体、宗教界、知識人、専門家、そして産業界といった市民社会の組織化・制度化を進めるために、理念としてソユーズを提唱した。なかでもミリュコフら「リベラル」と「革命派」とを結び付けたのは、ソビエトと並んで、professionalinii soyuz、つまり労働組合であった（Milyukov: 291）。本来は職種別組合とも訳すべき言葉である。一九〇四年にできた解放ソユーズがその設立を提起していたが、このソユーズは当初合法マルクス主義に結集したピョートル・ストルーベ、ニコライ・ベルジャーエフ、セルゲイ・ブルガーコフといったリベラル系知識人が呼びかけて作った超党派的クラブであった。そこでソビエト議長となったのはペトルンケビッチで、地方自治（ゼムストボ）運動の指導者であった（275）。

ソユーズを政党にすることには抵抗もある中、ソユーズのためのソユーズという、いわば組合の連合をつくるという理念を、ミリュコーフが提示したのである。一九〇四年一一月に、「弁護士、技術者、職能者、作家、その他自由業」の関係者がそれぞれ「S'ezd 大会」を開催、そのソユーズを作り、その中心をペテルブルクに置く、というものである。このソユーズのソユーズは、ペテルブルク・ソビエトとも連携することになっていた。グチコフやモロゾフといった古儀式派系大富豪がその施設を提供した(282)。

一九〇五年の運動の革命化に伴って、このソユーズ・ソユーゾフに共鳴する医師や教師といった職能組合に、半プロレタリア的な薬剤師や技師、領地管理人、事務員といった中間層も参加し始めた。モスクワでは、印刷工が率先して組合運動に参加し(Svyatlovskii: 100)、裁縫工などが組織されだした。こうして一九〇五年が、ロシア労働組合の起源となる。

もっとも、ソビエトが一九一七年に大衆的自治組織から権力に転換することで新たな問題が生じるのと同様、革命権力が登場すると、労働組合も新たな変容を免れ得ない。その固有の利害と活動領域とは何か。本章ではロシア革命後のロシア共産党(以下、共産党、もしくは党と略す)を舞台として展開された、いわゆる労働組合論争とソビエトの関係について、これまで述べてきたロシア革命の新解釈、とくに古儀式派を視野にいれて再検討する。直接の対象としては労働組合をめぐるボリシェビキ政権の構想とこれをめぐる葛藤である。

## 労働組合論争の勃発

戦時共産主義から新経済政策（New Economic Policy, NEP）にいたる一九二一年前後に党内を揺るがしたこの労働組合論争は、党と国家、体制と大衆といった一連の問題にかかわる対立であり、党と組合、労働組合と最高国民経済会議など経済管理機関をめぐる大論争でもあった。日本でも欧米でも、ソビエト史の研究者の間では、新経済政策への移行期に展開されたこの労働組合論争は比較的知られている。ロシア共産党と労働組合、ソビエト国家と労働組合との関係をめぐって、「プロレタリアート独裁」を敷き、唯一の政権党となった共産党であった。しかし、労働組合をめぐる基本問題での意見の相違から、党中央委員会自体が一時は八つもの立場に分かれた。最終的には一九二一年三月の第一〇回ロシア共産党大会に向けて三派の政治綱領が提示され、各派の党員たちが地域や組合でそれぞれ支持を争うという事態が生じた。

それまで共産党は、帝国の教会さながらに独占的立場を誇っていた。他の党派は、社会主義的なものも含め労働組合やソビエト内でかろうじて生き残っていたにすぎない。だがそのさなかにロシア共産党自身が三派に分かれ、分裂の危機にさらされた。教会分裂の歴史を知っていたスターリンから古儀式派系党員にいたるまで、誰が分裂主義者になるのかと論争する事態に発展した。その三派とは、レーニンや労働組合指導者トムスキーらの「十人派」、トロツキー、ブハーリンらの緩衝派、そしてシリャプニコフらの労働者反対派である。結局は人民委員会議議長（首相）

ウラジーミル・レーニンらの「十人派」が勝利するが、彼はこのことを「プロレタリア権力の危機」と表現したことでも知られている。統治党である共産党の組合をめぐる分裂が、「ソビエト権力の死滅」にいたるかもしれないとまでレーニンは考えた。

レーニンの危惧は根拠のないものではなかった。実際に、党大会会場近くのクロンシュタット軍港では、もともとは革命を支持した水兵たちが「コムニストなきソビエト」を叫んで反乱を起こしていた。クロンシュタットの水兵は、一〇月革命ではボリシェビキの支持者にして拠点であったにもかかわらず、であった。そのソビエト議長は古儀式派系ボリシェビキで、モロトフ共産党書記の友人フョードル・ラスコリニコフ（本名イリイーン）であった。それに抗議するのも労働者たちや、かつての仲間の水兵であった。このため共産党内の労働者反対派が、水兵の慰撫と、最終的には武装鎮圧にさし向けられた。そうでなくとも、一九二〇年末から二一年にかけて、西シベリア、タンボフ、ボロネジ、ドン、クバン、ウクライナ、中央アジアといった地域で、農民の武装蜂起が起きていた（Kronshtadt: 7）。都市でも企業閉鎖をめぐってペトログラードの労働者が反乱を起こした。いずれも、ロシア革命で革命当局支持か同情的と思われた地域である。

ロシア共産党が、自らの正統性の根拠となる「労働者」の組織である労働組合をめぐって四分五裂したというだけでも、共産党史上、重要な歴史的事態であったといえる。レーニンは一九二〇年末に、もし労働組合がなければソビエト権力は二週間ももたなかっただろうと、その重要性について語ったことがある。とりわけ革命政権の中心人物、レーニンとレフ・トロツキーとは、労働者反対派など反対派の登場を前に組織防衛の観点から団結するしかなかった。共産党内ではこの時以降、分派が禁止され、一九八〇年代末にペレストロイカ政治改革が党に及ぶまで、ソビエト連邦だけでなく世界各国の共産党の組織規範となった。ロシア共産党内で突然生じた分派の禁止令であったが、一時的なはずのこの措置はまたたく間に制度化し、党権力者が反対派を抑圧する装置となった。

最近になって、この労働組合論争に参加した党、ソビエト、労働組合の関係者、政治家の経歴がようやく明らかになり、彼らの古儀式派との関係も解明され始め、論争に関わった古儀式派系活動家の役割が大きかったことが認識されるようになった。ロシア革命後のロシア共産党内の深刻な亀裂といえる労働組合論争においても、この宗教的な背景に由来する対立が見え隠れしているのが重要だ。なかでも労働者反対派と古儀式派という隠れたつながりが指摘されたのは二〇一三年の下斗米の研究（下斗米13）と、より本格的には二〇一六年のピジコフの研究であった（Pyzhikov）。かれら労働者反対派の党員が、最初の粛清の犠牲者ともなった。

ピジコフは、労働者反対派組織の指導者には古儀式派に由来する活動家が蝟集《いしゅう》していたことを指摘した。また労働者統制という目的の下、経済管理に関与した経済管理関係者にも、古儀式派資本との関係、またこれに関連した古儀式派系ボリシェビキ（ルイコフ、モロトフ、ノギンなど）の役割が推測できる。このようにロシアの古儀式派的世界が、いかに一九一七年以後の「ソビエト」的秩序とその問題点に絡むようになったかの一端を、労働組合論争を通じて本章では再検討していきたい。

## 労働組合運動の再生

一九〇五年の日露戦争の敗北の結果としての「民主化」の中で生まれたのがロシア労働組合であった。その内容は革命的なものから相互扶助的なものまで、多様なものが含まれていた。一九〇五年からの民主化の下でも労働組合の組織率は三・五パーセントといわれる。その後は当局の抑圧もあって再び半地下組織的なものとなった（Tomskii 23: 15: Dewar: 43）。それでも前章で見てきたイワノボ・ボズネセンスクでは、一九〇七年には金属工（組合員五五〇―一四〇〇名）、織工（同四四〇名）など四組合が存在し、シューヤでは一九〇六年末に六〇〇〇名からなる織工組合があったという（Svyatlovskii: 111）。

それから一〇年、第一次世界大戦は、国家と産業、そして組合のような大衆組織の関係を変えた。そうでなくとも二〇世紀に入るまでに、ロシア工業の三割から六割の主導権を古儀式派資本家が握っていた。モスクワを中心とする繊維工業では、モロゾフ、リャブシンスキー、ソルダテンコフらがその中核を担った。ボルガ沿岸での商業や水運輸送を担ったのもまた彼らであって、ニジニ・ノブゴロド市長の座も同派が手中に収めていた。一九世紀末までに巨大企業体を組織していた彼らは、もはや伝統的に言いならわされた「商人」というよりも近代的企業経営者となっていた（Zhizni）。ポクロフスキー流にまとめると、商業資本主義から工業資本主義へ、というわけである。とりわけ第一次世界大戦が始まると、軍事工業委員会は戦争遂行の名の下、工業や労働者を組織化し、結果的には二月革命以降の労働組合やソビエトなどの準備をした。とくにその「労働者グループ」をどう組織化するかは鍵であった。レーニンが「戦時社会主義」という名で呼ぶ国家統制の背後にも、この古儀式派を主たる構成員とする資本家集団があった。

古儀式派は、二月革命の自由主義的な閣僚群を生み出しただけでなく、ソビエト運動の復活をももたらした。日露戦争後に誕生したソビエトの再生である。そのような運動は、さまざまな「下から」の各種の「ソユーズ」「市民社会」を生み出す源泉となった。こうして一九一七年革命では、三月までに労働組合、ソビエト、そして政党活動が自由化されることになる。

労働組合運動の再生にも、古儀式派系の活動家が登場した。工場内では工場委員会が作られた。特に二―三月に雨後の筍のようにモスクワとペトログラードで一三〇の、全国で二〇〇〇もの労働組合が生まれていた（P. Garvi: 14）。そのなかで組織どうし、制度どうしの競合も顕著となった。どちらかといえば組合活動よりも、政治や行政に軸足を置いて活動するソビエトの方がより活発に活動を展開した。

モスクワ・ソビエト復活の担い手の中にビクトル・ノギン議長のような古儀式派系ボリシェビキがいたのは偶然ではなかった。カザン県チストポリという古儀式派の拠点で生まれたボリシェビキ活動家の中には、のちの労働者反対派の中心人物となるガブリール・ミャスニコフがいた。彼が当時言っていたように、労働組合を作るよりも、「すべての労働者を組織したソビエトがある」と、ソビエトを優先する傾向も現れた（Partiya: 282）。また工場内では末端に組織化された工場委員会がソビエトと直接結びつく傾向も生じた。

こうしたなかで一九一七年七月には一四七万人の労働者を結集して、ペトログラードで全ロ労働組合協議会が開かれた。その結果、臨時全ロ労働組合執行委員会（VTsSPS）が作られた。その全ロシア大会（s'ezd）を開くことも決せられた。指導権をめぐってボリシェビキ派とメンシェビキ派との対立傾向も現れた。

## ソビエト権力と労働組合

こうしたなか、変化は急テンポで進んだ。一〇月二五日にレーニンらは第二回ソビエト大会で新ソビエト権力の樹立を宣言する。しかしロシア革命後も、ソビエト権力と労働組合の関係は決して容易なものではなかった。この間、モスクワの労働組合では、ソビエト権力を掌握したボリシェビキと、「労働組合の中立」を訴えるメンシェビキとの対立が激しくなった。それによって、両派に分裂した全ロ労働組合評議会は活動が麻痺した（Garvi: 27）。

モスクワ労働組合の執行部にいたのはボリシェビキのミハイル・トムスキーであったが、彼は穏健派であって、レーニンが放棄した「憲法制定会議」を支持、そのキャンペーンを行っている。その意味では労働組合関係者の主眼は、ボリシェビキ党内穏健派も含め工場委員会による労働者統制に置かれた（Gorelov: 58）。

実際、ボリシェビキ・ソビエト政権への最初の危機となったのが、組合問題、とくに鉄道従業員労働組合中央執行委員会（ビクジェーリ）の全社会主義政党による連合政権構想であった。興味深いのは、この時、古儀式派とも関係のあるボリシェビキ党員が、人民委員会議と呼ばれた新ソビエト政府の中心に位置していたことである。とくに政権ナンバー2というべき初代内務人民委員にはアレクセイ・ルイコフが任命され、貿易産業人民委員にはビクトル・ノギンが就任した。労働人民委員にはアレクサンドル・シリャプニコフらが就いた。彼らはいずれも全社会主義者の連合政権という考えに近く、レーニンらの蜂起による社会主義政権樹立から距離を置いた（Churakov: 23）。このこともあって前二者はまもなく辞任、一九一八年末にはシリャプニコフに代わってV・シュミットが労働人民委員になっている。

こうしたなか、一九一八年一月七―一四日にペトログラードで第一回全ロシア労働組合大会が開催され、金属工六〇万、繊維工五〇万など、二五三万人に上る労働者を代表する四一六名の代議員が参加した。この大会でも権力を得ていたボリシェビキ支持派は二七三名と、労働組合のソビエト権力からの中立を主張するメンシェビキ系の六六名に対して影響力が急増していた。

ボリシェビキ党からは政治局員G・ジノビエフが登壇したが、彼は同時にレーニンやトロツキーが一〇月に進めた権力掌握への反対派でもあった。この組合大会では労働者の統制を求め、また国有化の前提として企業を統合し、シンジケート、トラストとすることが決議された。同幹部会には、ボリシェビキ系からV・シュミット、ゲオルギー・ジノビエフ、デービット・リヤザノフ（本名ゴリデンバフ）らが入り、メンシェビキ系からは後にソ連外交官となるイワン・マイスキーらが入った。このころ共産党員は全員が労働組合に参加すべきものとされた（Odinnadtsatii: 243）。このうちユダヤ系のリャザノフは一八七〇年にウクライナ南部のオデッサに生まれ、社会民主主義運動の古い活動家でマルクス学者としても有名だった。

初代労働組合執行委員長としては、組合大会のボリシェビキ党のフラクション会議において、のちの労働者反対派の中心人物で、金属工組合で労働人民委員を務めるアレクサンドル・シリャプニコフもその候補に擬せられた。その後、ソ連労働組合の顔となるミハイル・トムスキーはまだ書記の一人にすぎず、この大会で選ばれた幹部会でも彼は候補でしかなかった（Garvi: 43）。ちなみにトムスキーはエストニアやペトログラードの印刷工、金属工であったが、古儀式派との関係は不明である。最初のトムスキーの伝記は、二〇〇〇年になってO・ゴレロフが書いているが、彼の宗教的傾向にかんする記述はほとんどない。本名はイェフレモフだが、シベリアのトムスクに流刑され、これにちなんだトムスキーという名となった（Gorelov）。

当初、労働組合大会では、組合活動に深い関係はなかったものの、ジノビェフとリャザノフとが執行会議議長に推挙された。もっとも後者はあまりに独自路線であるとして、結局三月にロシア共産党を名乗るボリシェビキ党からの圧力で、ゲオルギー・ジノビエフが全ロシア労働組合評議会の委員長となった（Pervyi: 63）。逆にリャザノフは、トムスキーの組合運動での役割を、米国の組合指導者サミュエル・ゴンパースと同じであると特徴づけた（Devyatyi: 239）。つまり根っからの組合主義者としてである。しかし三カ月後の第四回労働組合協議会でジノビエフは組合活動に参加しないこともあって解任され、その間労働組合の機関誌編集長だったトムスキーが一〇月に議長に選出されている。以後、一九二九年に解任されるまでの一〇年間にわたり、トムスキーが基本的にはソビエト労働組合の議長となり、一九二二年からは唯一の労働者出身の共産党政治局員ともなった。二〇年代末に共産党内右派として解任されるまで、彼の組合指導者としての時代が続くことになる（下斗米82）。

## 労働組合「国家化」の提案

第一回労働組合大会では、ジノビエフの提案で労働組合を「国家化」するという、その後の論争の基調となる方針が提起された。しかしモスクワの労働組合代表トムスキーをはじめ、主要な活動家は労働組合を国家機関と一体化し兼務するという「国家化」方針には反対であった。しかし決議はジノビエフの「国家化」方針を採択したことから、その後の論争を複雑にする一因となる。この方針には戦時共産主義の雰囲気があった（Pervyi: 61）。当時、レーニンもまた「国家化」には反対を表明したものの、その後の展望は不明で混乱のもとともなった。

その後も戦時共産主義の圧力が深まるなか、経済機関との関係を含め労働組合の役割を規定することは困難であった。実際、全ロ労働組合中央評議会の活動に関与していた当時の活動家は、中央評議会にはストライキの情報を含め、現場の状況をほとんど伝えられなかったという。組合活動が「国家のシステム」に完全に取り込まれており、事実上国家機関であったからだった（Gorelov: 74）。このため、労働組合は赤軍への協力に余念がなかった。組合の活動には国家資金まで投入されていた。

一九一八年三月にロシア共産党と改称した政権党は、革命後の混沌たる状況の中で、いよいよ農村で穀物や馬、兵士の強制調達という戦時共産主義の政策を実行しはじめる。しかしこのことは、革命に期待した農民だけでなく労働者の不満をもかき立てることになった。一九一八年夏以降、体制と大衆との間に緊張が高まり出した。こうなると再び古儀式派のような敏感な集団を抱えた労働者地域では風向きが変わり始める。

一九一七年から一八年にかけての労働者の抵抗運動とソビエト権力との関係について、『革命、国家、そして労働者抵抗』という興味深い著作を書いたロシアの歴史家ドミトリー・チュラコフは、ボルガ河畔の都市ビャトカのイジェフスクやボトキナ等で起きた軍需工場などでの労働紛争について描いている（Churakov: 258）。やや特権的だったこの工場で起きた労働紛争は、夏までに全国的に広まっていた共産党新政権に対する大衆の幻滅と関連していた（261）。ソビエト改選を求める反対派が息を吹き返したが、共産党だけでなく各派への大衆の不信もまた感じられだした。イジェフスクの再選挙でソビエト議長に当選したのは、憲法制定会議支持派のエス・エル系だった。その後、一九二一年に顕在化する「コムニストなきソビエト」運動のはしりだった。

しかしこの著者チュラコフも見逃したことがある。それは、ビャトカ、わけてもイジェフスクが古儀式派の拠点でもあったことである。この地の労働者から組織された「戦線同盟」といった団体が四〇〇〇名近くの支持を集めて、自己利益の擁護を掲げた。いわば赤軍派でも白軍でもなく、制憲議会の開催要求を掲げるいわば「第三勢力」の台頭と思えた。もっとも赤軍と白軍の内戦に揺れる当時の政治状況にあって、この潮流が勢力を維持するのは困難だった。結局、地方的意義を持っただけで弾圧された。

同様な事件は、イワノボ近郊のヤロスラベリ県での反乱にもみられた。古儀式派も労働者も、共産党権力に反抗したのである。しかしこうした運動には、共産党に反対するマルトフらメンシェビキ党も賛成はしなかった(312)。こうした民衆運動の高まりに対して、共産党内穏健反対派もメンシェビキ派らも距離を置くしかなかった(353, 357)。

こうしたなか、一九一九年一月一六日から二五日にかけて第二回全ロシア労働組合大会が開催されると、レーニンなど最高幹部も組合活動に関与した。レーニンらの最高幹部と並んで、「忠実なる反対派」と皮肉られたメンシェビキ国際派など、のちに赤色国際労働組合(プロフィンテルン)の指導者、そしてソ連外交官となるソロモン・ロゾフスキーらも参加が認められた(Vtoroi: 39)。この大会でレーニンは、労働組合の国家化を弁護する演説を行った(54)。これに対して、メンシェビキのマルトフは、民主化こそがプロレタリアの課題であると反対した(57)。ロゾフスキーも、一〇月革命後は課題が複雑化し、労働組合は「工業の調整と組織化」といった経済課題を遂行しなければならないが、ソビエト国家からは中立であるべきだと主張、「国家化」には反対した（41, 52）。

この大会ではトムスキーが、生産組織建設を優先させ、生産原則に基づく組合建設方針を提起した。労働組合の課題をめぐって、複数政党制がなくなったわけではなく、そのこともあって、アナキスト、メンシェビキ派、国際派、そして共産党がそれぞれ決議を出した。いな、戦時共産主義に反対する大衆的な紛争もあって、反対派の活動は一部で活性化した。しかしメンシェビキ派は分裂したことが大きかった。結局、圧倒的多数派は四三〇票を得た共産党であった。メンシェビキ国際派は三七票、メンシェビキ派は三〇票、そしてアナキストは九票であった（97）。共産党の組合内での比重は圧倒的であった。ちなみに一九二〇年四月の第三回労働組合大会では共産党系代議員が七五パーセントとなり、それに次いで無党派が一七パーセント、メンシェビキ系は四パーセントに減少した。一九二一年の第四回大会において共産党系は八一パーセントとなった（Kritsman: 86）。

**最高国民経済会議の登場**

労働組合の「国家化」という方針と相まって、当局はソビエト工業管理における労働組合と権力の協調的関係を実現させようとした。つまり古儀式派企業に関係があった党員、とくにアレクセイ・ルイコフ、ノギンらが進めた繊維工業などでの「シンジケート化」方針である。ロシア革命で権力の性格が変わったとすれば、ソビエト的な意味での企業と労働者、その代表機関である労働組合との協調は、イデオロギー的にはむしろ推進すべき課題となった。

こうした発想の下、一〇月革命以降に、あらたな労働者統制と計画経済を目指す司令塔となったのが、最高国民経済会議（一二月創設）である。このような組織が、第一次世界大戦下の「戦時工業委員会」とどの程度関係したかは興味深い論点である。この「戦時社会主義」化は「戦時工業委員会」が進めていたと、初期ソビエト経済史家の庄野新も指摘している（庄野：58）。実はこの機関は古儀式派の資本家が中心であった。

他方、ロシア革命後の最高国民経済会議の組織化は、当初は農業人民委員のV・P・ミリューチンが進めた。彼の母方は古儀式派であったと伝えられる（下斗米13）。当初、最高国民会議の半分近くが全ロ労働組合評議会によって任命されたというのも、組合がその人員を含め支えていたからであろう（Carr, t. 2, 180）。当時のロシア工業の少なからぬ部分は、実態からいえば古儀式派資本によって作られた工場の関係者によって支えられていた。ちなみに一九一七年に急速に影響力を持った工場委員会は、労働組合の「地元」機関とすることが一九一八年の第一回労働組合大会決議で早々と決められ、次の大会までに統合過程は進展していた（Pervyi: 374）。

ミリューチンに次いで最高国民経済会議を取り仕切ったのは、一九一八年二月に内務人民委員を辞任した古儀式派系穏健ボリシェビキのアレクセイ・ルイコフであった。そこでも繊維シンジケートは、古儀式派との関係が深いノギンが担当した。繊維工業については、一九世紀からサッバ・モロゾフやリャブシンスキーといった古儀式派資本家が運営していたことを考えれば、その

「後始末」を領地管理人の息子、ソビエト政権最初の貿易産業人民委員だったノギンらが担当したのは当然でもあった。庄野新は、一九一八年初頭に国有化されたのはウラジーミル県のリキノ工場であって、これは工場委員会の下からの統制であったこと、資本家に部分的賠償を行ったことを指摘している。かつての古儀式派系工場であった可能性は、その立地からして高いといえよう（庄野：34）。

同様な理由で労働人民委員部もまた、多くは労働組合から派遣された働き手によって構成されることになった。したがって戦時共産主義期には労働人民委員部不要論も提起されることになった。実際、一九一九年一月の第二回労働組合大会において、労働人民委員のV・シュミットは、地方の組合活動家が人民委員部の不要論を主張していると指摘していた。

しかも当時レーニンは、戦時共産主義により極度に軍事化した指令経済をそのまま社会主義経済という形で利用するという考えに浸っていた。このため軍事的な組織形態すら、戦時共産主義の名の下で合理化する傾向があった。クリツマンの回想によれば、一九一八年夏にレーニンは、ルイコフ、トムスキーらが参加した企業国有化の議論で、こうした考えに批判的なトムスキーを激しく論難したという（71）。

これらのことが、一九一九年のロシア共産党（ボリシェビキ）綱領第九八項に体現されたとしても不思議ではない。具体的には、「社会化された工業の組織的装置は、まず第一に労働組合に立脚しなければならない」という形で示された。つまり社会主義生産の組織化は「プロレタリア独裁」期の労働組合の役割だというのである（Bukharin: 332）。この点が、労働組合論争において、とりわけその初期において、ルイコフやノギン、ミリューチン、ブハーリンといった、むしろ国民経済管理にかかわった経済専門家が組合論争に積極的に参加した理由でもあろう。つまりは労働組合論争とは半面では経済管理論争でもあった。

現実には、一〇月革命後の企業を混沌が支配した。「資本家」たちが逃亡した後の企業の状況について労働者反対派のシリャプニコフは、「戦時共産主義期の工場内において、工場管理部と労働者大衆からなる工場委員会との対立の他、党細胞、技術長、組合全権代表といった諸機関が対立しており、しばしば工場委員会が事実上の管理機関として機能している」ことを指摘した。この場合、企業内の紛争は、労働組合でも最高国民経済会議でもなく、しばしば党組織局が解決するとも指摘している（Desyatyi: 366）。一九二二年にロゾフスキーも指摘したように、「我々には組合が経済を直接管理した時期があり、そして常に労働組合と経済機関の二つの機関が、そのいずれもが最終的な責任を負うことなく、存在した」のである（Odinnadtsatyi: 259）。

地方の国民経済会議は、各地の工場委員会が作り上げたものであった。労働者反対派のシリャプニコフもまた、最高国民経済会議が、工場委員会、そして労働組合を基盤に作られたことを指摘している。一九一七年五月の第一回労働者統制会議時から最高国民経済会議の構想ができてきたと主張した（Desyatyi: 365）。最高国民経済会議のクリツマンも、県レベルの最高経済会議は労働者統制機関から作られている、と指摘している（Kritsman: 104）。実際、グラフクと呼ばれる生産部局の統制的役割が強まった。

一九二〇年初めになって、軍事的モデルに代わる最高国民経済会議からの案が、ルイコフとラーリンからでてきた。その実質的な担い手は、旧古儀式派資本に代わる「ソビエト」的担い手によっていた、ということを見ておく必要があろう。ちなみに一九二四年に首相となったルイコフに代わって最高国民経済会議を指導したのは、フェリックス・ジェルジンスキーだった。一八九〇年代には彼は、古儀式派のビャチェスラフ・モロトフの祖父（ネボガチコフ）のタバコ工場で働いた経験がある。

こうして労働組合論争では、軍事モデルを利用したレーニンらの考えと、ルイコフやトムスキーといった労働組合組織主流派の考え、そしてより急進的な金属工を中心とした労働者反対派の三つの構想の間で戦わされることになった。革命前ロシアでの古儀式派的な企業経験は、いずれもこれらの潮流に深く関係したと考えられる。以下ではこの党や政府と労働組合の具体的な問題に、そして労働組合論争までの前史を論究する。

## 「単独管理」か「合議制」か

一九二〇年三月末から四月はじめにかけて第九回共産党大会が開催された時、内戦は終焉に向かうかに思われた。そのような状況下でこの大会で議論されたのは、社会主義企業に対する管理はレーニンら指導部が推進した単独管理になるのか、それとも民主集中派などの党内反対派が主張した合議制になるのか、という問題であった。当然にも労働組合の関与が争われた。この経済管理の形態をめぐる問題は一九二〇年初めから出ていた。この年の一月、全ロ労働組合議長のミハイル・トムスキーは、労働組合幹部会での議論で、工業や運輸での管理に労働者の参与が遅れ、官僚的中央集権的な管理が強化されているという批判を強めていた。これには、民主集中派や経済官僚、とくに最高国民経済会議に移っていたアレクセイ・ルイコフが同調した。民主集中派と同様、経営管理には合議制に基づいた労働者の参加が必要だとする考えであった。ちなみにルイコフは古儀式派の出身で、当時はレーニンの人民委員会議の副議長でもあった。

戦時共産主義の下で、食糧の確保や軍事的な要請もあり、革命当局は権力の末端まで統制を強化する方針で臨んでいた。後述する民主集中派の合議制に反対し、強く単独管理を主張したのは、他ならぬ首相、正確には人民委員会議議長のウラジーミル・レーニンであった。

一月二二日に党中央は、「工業プロレタリアートの動員、労働義務制、経済の軍事化、そして経済的必要のための軍部隊の利用」というテーゼを提起する。そこでは、社会主義の下では「自由労働」といった資本主義の原則を否定し、代わりに赤軍の組織的経験を労働の組織化に利用することや企業での単独管理の原則を目指すことが主張された（Devyatyi: 555）。そのような「計画的社会化された労働」は、「寄生的要素」や「農民の遅れた部分」だけでなく「労働者」に対しても適用されるべきだというのである（556）。なかでも、赤軍のトロツキーが推進した「労働軍」の構想は、レーニンによって高く評価された。一九一八年にロシア共産党（ボリシェビキ）

と呼称を変えた組織指導部によって打ち出された単独管理構想が、労働組合のあり方を含め、その後の展開をいっそう混乱させる原因ともなった。

## 民主集中派の登場

これに対し最も果敢に反対したのがオシンスキー、サプロノフ、マクシモフスキーら、当時の党内反対派、民主集中派であった。この派はレーニンやトロツキーが進める赤軍や企業内での単独管理に反対し、民主的合議制を主張した。そうしたこともあって、単独管理の構想には一月末の第三回国民経済会議では反対派が多かった。ここでは合議制が、アンドレイ・ブブノフら民主集中派の支持を得て、レーニンはいったん敗北する（584）。

すでに述べたように、ブブノフは古儀式派の拠点イワノボ・ボズネセンスク生まれで、一九〇三年からボリシェビキ党員、一九〇五年革命には同地でフルンゼらとともに七二日間のストライキを組織した。ブブノフはモスクワの党組織の一員として、一九一七年一〇月の武装蜂起にも関与している。一九一八年には左派コムニストとしてブレスト講和に反対した。その後、ウクライナの党・政府活動に従事すべく同地に派遣されたが、労働組合論争時には、最高国民経済会議で繊維工業のグラフクの長、つまり繊維工業の政治的監督の立場にあった。党内反対派として民主集中派の指導者だったが、クロンシュタット反乱鎮圧のために同地に派遣されているのも、労働者反対派のシリャプニコフなどと同様である。

こうしてトムスキーら全ロ労働組合評議会は、労働組合が参加した合議制によるテーゼ「労働組合の課題」を三月に提案した（Lenin, 3-izd., t 25, 543）。その骨子は、労働組合が経済機関の構成部分になるべきだということであった。民主集中派と同様、経済管理機関は「合議制」に基づくべきであると主張、レーニンらの批判を浴びる（Devyatyi: 562）。さらにトムスキーらは全ロシアから県といった各級労働組合の指導に関して、共産党のフラクションに対しても全ロ労働組合評議会による一元的指導を要求した（76）。

こうした文脈で一石を投じたのは、三月に出されたトロツキーの「経済建設の当面の任務」であった。このテーゼの特徴は、軍事化を進めた一月の党中央決議をいっそう押し出したことにあった。こうしてレーニン、トロツキー、およびブハーリンら党主流派は、労働組合に対して単独管理を強調したテーゼを三月に提示する。結果としてレーニンやトロツキーら主流派の影響力が強まった。カール・ラデックとブハーリンは、党の指導力強化のため、党中央に対し異端的となった全ロ労働組合中央評議会に派遣された（608）。

他方、民主集中派は「単独管理と合議制に関するテーゼ」を提起した。この派の幹部の多くが古儀式派であることは興味深い。ちなみに、労働者反対派の指導者シリャプニコフは、このとき全ロ労働組合の指示で海外に派遣されており、同大会は欠席していた。

## 労働組合に関する三つのテーゼ

こうして第九回党大会を前に労働組合に関して三つのテーゼが提出された形となった。一つはレーニン主流派のジノビエフによる「現在のロシア共産党の、党と労働組合の経済的・組織的・宣伝的任務にかんする第九回党大会へのテーゼ」であり（Zinoviev: 329–47）、二つ目はトムスキーの「労働組合の課題」であり、三つ目はブハーリンの手になる「労働組合とその組織についての問題」であった（Devyatyi: 562）。

レーニンはこの大会の二週間前に、主流派を支持する考えを労働組合のフラクツィア会議で述べていたが、支持はわずかに二名で、六〇―七〇名が反対に回った（Trotskii, Na proizbodstvenniyi puti, 1921, 4）。このこともあってトムスキーは党大会で反対派的な合議制擁護の副報告を求められたが、結局彼は辞退した（226）。しかし潜在的な対立点は合議制問題だけではなかった。大会を欠席することになる労働者反対派のシリャプニコフも、一九一九年末に「党、ソビエト、および生産組合について」を提示、この中で党が一般的な政治指導を、ソビエトが政治を、そして労働組合が生産をそれぞれ機能分担すべきことを主張した（Devyatyi: 212）。つまりは組合が生産の組織者となるという、のちの労働者反対派の基本的な見解の源流となった。

第九回党大会ではこうして同じ議論が蒸し返された。オシンスキー、サプロノフらの民主集中派の主張は三月末のテーゼ「合議制と単独管理」に体現されたが、反対派の多いモスクワ県委員会も民主集中派の支持の下、第九回党大会へのテーゼで、軍事的方法に対し「民主的合議制」を対置していた（568）。ここで、古儀式派の拠点モスクワの反対派的な独自の性格に注目したい。

反対派はレーニンやトロツキーといったボリシェビキ政権の中枢を握っており、民主的集中派の多くは古儀式派的な急進派であった。レーニンは、合議制を主張しているのはエス・エル派やメンシェビキ派であって、革命派のとるべき道ではないと、合議制に反対した（Lenin, t. 25, 108）。もっとも、合議制を主張した民主集中派も、ルイコフら最高国民経済会議に対して「わが経済の遅れた特徴」があると指摘してもいる（Devyatyi: 121）。その意味では民主集中派も、単純な合議制論者ではなかった。

合議制をめぐるこの議論では、続く第三回労働組合大会（一九二〇年四月六―一三日）において、メンシェビキ系フラクツィアが合議制を前面に出したテーゼを提起したこともあった。この労働組合大会では、大会出席者の中での共産党員の割合は七八パーセントと圧倒的になる一方、反対党のメンシェビキ派などの反対票は、一二〇〇名の代議員のうち五〇名に過ぎなかった（Tretii: 74–77）。こうしてトムスキーの決議は賛成多数となった。反対党のダンは、ロシアは依然として農民国家であり、たとえ国家が社会主義的であろうと、組織労働者の団体は自己利益を守らなければならないと、その後のネップを先取りする論理を展開したものの、多勢に無勢であった（66）。

## トロツキーの「労働軍」構想

こうした中で内戦末期になると、軍事人民委員であったトロツキーが労働組合問題に関与し、とくに赤軍での労働軍の経験を組合に持ち込もうとしたことから、労働組合の「国家化」、経営関与の問題が正面に躍り出た。トムスキーは、労働組合の「国家化」というわかりにくい概念について、①労働人民委員部の役割を組合に渡すこと、②労働組合が労働人民委員部に従属すること、③労働組合を最高国民経済会議の下部機関として再編成すること、とみた（Deyyatyi: 247）。またロゾフスキーも、①組合が全労働者にとっての強制加盟機関となること、②組合機関の決定が大衆にとって法的拘束となること、③組合が独立性を失い、経済管理機関と一体化すること、④組合が生産管理を担うこと、⑤組合がソビエト機関の一部となること、と解釈した（Partiya: 155）。

実際、戦時共産主義期において労働組合は、多くの国家的機能を担っていた。古儀式派に造詣の深い政治史家アレクサンドル・ピジコフが言及している、食糧徴発に労働組合部隊が動員された例は全国で七七九件であるが、このうち七八件がモスクワ市、六七件がペトログラード、モスクワ県が九四件、ウラジーミル県が八〇件、六一件がイワノボ・ボズネセンスク県、ペルミが四一件、トゥベーリが三二件、三二件がコストロマ、ニジニ・ノブゴロドが二件、オロネツ県が二五件、二件がヤロスラベリ県、一二件がアルハンゲリスク県である。これに対し、ウクライナや中央国土州の県からはタンボフ県が五件、オリョール県が四件と、ほとんどなかった（Pyzhikov: 105）。

ピジコフも指摘するように、当時ロシアの北東部は古儀式派、南部はニーコン派というロシア帝国崩壊後の地域による宗派的性格の差異をよく物語っていた。ロシア革命の背景には古儀式派的支持があることを示していると同時に、少なくとも当初は組合が反対派的性格を持っていた理由でもある。依然として不安定な戦時共産主義末期にあって、労働組合をめぐって、いろいろな政策や立場の構想が交錯した。

このような時期において、労働組合をめぐる問題に一石を投じたのは、陸海軍人民委員として赤軍を監督していたレフ・トロツキーが労働組合に関与しだしたことである。一九二〇年を通じて労働軍など、軍事的方法を経済に持ち込んできた彼は、これに抵抗しがちな労働組合指導部の態度に不満であった。この時期になってその組織を「揺さぶり」はじめ、これに抵抗する労働組合活動家を「トレード・ユニオニスト」と痛罵したことが、紛争の発端であった。実際、トロツキーは労働軍制度を敷いて、労働組合へ圧力をかけていた。なかでも彼は、第一労働軍、ペトログラード、ウクライナ、ウラル、カフカーズ、南ウクライナ左岸労働軍などを組織しはじめた(辻訳:184)。一九二〇年四月、第三回労働組合大会に登壇したトロツキーは労働軍構想を提起、労働を軍事化すべきことを訴えた(Trotskii: 375)。

## トムスキーによる批判

これに激しく抵抗したのは、全ロ労働組合評議会のミハイル・トムスキーであった。労働組合内には、ソロモン・ロゾフスキーやリャザノフのように、国家との関係は「中立」であるべきだとか、組合を国家から「独立」させるべきだという考え方もあった。こうして労働組合をめぐる論争が、一九二〇年末までは伏流していた党内対立を表面化させていく。

両者の対立の直接のきっかけは、トロツキーが運輸の労働動員を軍事的方法で統制しようとしたことであった。とくに運輸労働組合中央評議会（ツェクトラン）が、その対象となった。一九二〇年二月、水運と鉄道との労働組合中央委員会を統合することが両中央委員会で決められ、この決定は九月の全ロ労働組合中央評議会でも確認された。トロツキーはツェクトランへの手紙で、労働組合を生産組合に転換すべきことを訴えた。さらに一二月二日の同拡大総会で、組合活動が資本主義から引き継いでいる「トレード・ユニオン」的伝統と決別すべきことを主張する（Trotskii: 852）。

水運業の労働組合が論争の舞台となったことに、古儀式派との関係を見て取ることができるが、そのことに何の不思議もないだろう。ボルガなど河川での水運業は、古儀式派系労働者の組織的拠点でもあった。したがってニジニ・ノブゴロドをはじめ、サマラ、サラトフなどの水運関係者はレーピンの著名な絵画「ボルガの船曳」を挙げるまでもなく、古儀式派的な背景を持っていた。水運労働組合は、ムルマンスクなどいくつかの拠点があり、かなり分散的であったが、とくに注目されたのはボルガ沿岸の組合が統一され、水運労働組合が組織され始めたことであった。その議長となったのはA・イシチェンコ（一八九五―一九三七）であったが、彼は一九一七年からのボリシェビキ、つまり共産党員である。ちなみに彼と古儀式派との関係は不明である。一九一七年にペトログラード水運組合議長、一九一九―二一年に全国水運組合議長であったが、トロツキーの「ゆさぶり」に抵抗した。そのこともあってか一九二三年から左翼反対派となって、一九二七年にいったん党を除名されている。その後、復党するものの粛清されたといわれる。

しかしトムスキーに言わせれば、ツェクトランは全ロ労働組合中央評議委員会に属することなく、独立組織となっていることに不満があった。これは事実上、トロツキー、それにゴリツマン、アンドレーエフら、軍事的「国家化」を支持する活動家が指導していたのである。

## 論争の新たな段階

この問題は一一月に再燃した。二日から始まった第五回労働組合協議会で、再度トロツキーはこの原則を労働組合に拡大すること、労働組合に「非常手段の導入」を図ること（Gorelov: 78）を訴えた。ちなみに一九二〇年の第四回労働組合大会で選ばれた幹部会員は、トロツキー支持のアンドレーエフ、ゴリツマンをはじめ、ブハーリン、イワノフ、コシオール、ロゾフスキー、ルトビノフ、ルズターク、ツィペロビッチ、シュミット、トムスキーである。トムスキーが評議会を担当した。

このうち古儀式派系とみなせるのは、ピジコフの説を取り入れれば、アンドレイ・アンドレーエフ、ユリア・ルトビノフ、ヤ・ルズタークである（Pyzhikov）。アンドレーエフは、スモレンスク郊外生まれの労働者であるが、一二歳でモスクワの古儀式派の拠点、ロゴジスコエ地区の「ディナモ」工場で見習工として働くうちにマルクス主義的サークルに入っている。一九一四年から党員となり、金属工であったが、一九一九年には金属工組合中央委員、そして全ロ労働組合評議会の書記となる（Pyzhikov: 102）。もっとも、政治的には当時はトロツキー系ともいわれた。ちなみにピジコフは、労働者反対派の活動家でもあるルトビノフについて、彼の宗派的背景を確認できない、と言っている（107）。

この頃からレーニンは、労働組合に軍事的手法を用いることに問題を感じていた（78）。こうしてレーニンがトロツキーと意見を異にしたことから、論争は新たな段階に入った。同協議会時に開かれた政治局会議でトムスキーは、労働組合の書記ルズタークとともに、トロツキーによる労働組合への「揺さぶり」に抗議した。この動きにさらに同調した一人が、組合活動を離れていた政治家のジノビエフであった。トロツキーのライバルであるジノビエフは、第九回党協議会の頃から「民主主義」を強調しだした。こうして危機が高まる中、党内の組合をめぐる論争はトロツキーと、レーニンやジノビエフ、それに組合活動家トムスキーとの対立へと変調し始めた。

なかでも一一月労働組合協議会をめぐってトロツキーとトムスキーの対立が先鋭化した。三日のフラクツィア会議に参加したトロツキーは、トムスキー流の労働組合を「揺さぶる」必要があると論じた。これにはトムスキーが「対戦」した（Gorelov: 80）。しかし多くの参加者はまだこの段階では論争に関与していなかった。

こうして一一月八—九日の党中央委員会総会に両者の闘争が持ち越された。この場では、トロツキーがテーゼ「労働組合とその今後の役割」で、レーニンの表現を借りるなら、労働組合を

「揺さぶる」、「ねじを締める」必要があると軍事的手段の適用を主張した。トロツキーによるこのテーゼ「労働組合の役割と任務」の公表は、それまでの党中央対労働組合指導部、あるいはトロツキー対トムスキーという指導系列をめぐる「縦」の紛争の構図を、政綱別によるロシア共産党自体の分極化という、指導方針をめぐる「横」の紛争へと転換するきっかけとなった。レーニンが、トムスキーの立場に立って支援したからである。レーニンは「労働組合の任務とその実現方法」というテーゼを出し、トムスキーを支持し始めた。民主化と大衆組織としての性格を強める必要がある、とも論じた。ツェクトランの方式は必要がないとも指摘した。八日夜の第五回労働組合協議会フラクツィア会議で、この案が通った。

しかし総会では、トロツキーだけでなく、彼を支持したアンドレーエフ、クレスチンスキー、そしてルイコフも反対討論に立った。この時、レーニンの提案により、テーゼを作成する特別委員会が組織され、ここに五名の中央委員、つまりジノビエフ、トムスキー、ルズターク、ルイコフ、トロツキーのほか、金属工労働組合のシリャプニコフ、全ロシア組合中央からはアンドレーエフ、ルトビノフ、ロゾフスキーが加わった。党と労働組合をめぐる紛争を解消する目的であったが、結果的には党内を揺るがす全面対決と分化の様相が強まった。

それまでにツェクトラン（運輸労働組合中央評議会）をめぐって、組合を監督する政治部であるポリトットデルの解体を、水運労働者が主張しだした。政治部とは本来は、共産党が軍隊を政治監視する組織体であるが、これが鉄道業などにも広がり始めた。そうでなくともボルガなどの水運関連労働者は、古儀式派の宗教的傾向・反抗的性格を強く帯びていた。したがって民主集中派や労働者反対派など「下から」の抵抗を主張するグループとの親和性が高かった。トムスキーや労働組合幹部もまた水運労働組合を支持した。しかしツェクトランを強化すべきことを訴えるトロツキーらは、政治部の強化を訴えた。こうして紛争は激化し、一二月までに全ロ労働組合評議会は分裂し始めた。

一二月二〇日になって組合中央は、共産党フラクツィアの名で紛争解決のための拡大総会を招集、ここでトムスキーが、ツェクトランのやり方で組合を運営することに反対する演説を行った。しかしすべての政治家がこのように理解したわけでない。ノギンのように、論争は些細なことだ、と過小評価する動きも見られた。また党内でのアンドレーエフ、ゴリツマン、コシオールらの集団はむしろトロツキー・テーゼの支持に回り、トムスキーらを批判した。

その後、一二月末には第八回ソビエト大会において、トムスキー、ロゾフスキーらとトロツキーとの間で基本原則をめぐる衝突が起きる。レーニンは、トムスキーの組合活動を通じて大衆の声を聞く能力を高く評価していた（PSS, t.42: 209）。彼は大衆との関係を測るバロメーターともいわれた。このため一二月三〇日になってソビエト大会、労働組合中央評議会、それにモスクワ県の労働組合の合同フラクツィア会議が開かれ、ここでも公然と論争がくり広げられることになる。

## 公開討論から分派闘争へ

とくに第八回全ロシア・ソビエト大会（一九二〇年一二月）の最中、一二月三〇日夜に開かれた第八回全ロシア・ソビエト大会、全ロシア労働組合中央評議会、モスクワ県労働組合評議会の共産党グループの合同会議は、共産党中央委員会において意見の一致を見ず、分極化にいたったことを示した。同会議では、ジノビエフ、トロツキーの各報告、レーニンの演説、およびブハーリン（緩衝派）、ノギン、シリャプニコフ（労働者反対派）、リヤザノフらの見解がそれぞれ示された（O Roli）。このときまでに独自のテーゼを発表し、あるいは独自の組織化を図っていたのはトロツキー派と労働者反対派であった。

その後、一九二一年一月三日に開催されたペトログラード全市討論集会は、ジノビエフ執筆による「党への呼びかけ」を圧倒的多数の支持で採択した（Partiya: 69）。そこには、第一〇回党大会に参加する各地の代議員は、労働組合問題に関して、政綱別の選挙によって選出されるべきこと、自己の意見だけでなく、各地方党組織の意見を代表すべきことが規定されていた。ジノビエフは、一九二〇年の第九回党協議会から「民主化」を、反トロツキーの代議員を結集するためにスローガンとして用いるようになっていた。

一九二一年一月一二日の党中央委員会総会はこの提案を検討し、レーニン、ジノビエフらがトロツキー、ブハーリンらの反対をおさえて、政綱の発表の自由と、各組織が自由に意見を選択できること、及び大会での政綱ごとによる選挙のあり方を公認した（Zinoviev: 622）。このことは、来る第一〇回党大会における労働組合問題についての政策決定が、政綱ごとの自由投票によることを意味していた。

翌一三日の最高国民経済会議幹部会のテーゼ、「労働組合の基本任務について」を皮切りに、一六日には民主集中派の「労働組合について」、一七日には党中央委員会労働組合委員会の「労働組合の役割と任務の問題についてのロシア共産党第一〇回大会決議原案」（いわゆる「十人派」政綱）、一九日にはモスクワを中心とする古儀式派系の労働者グループ、イグナトフ派の「労働組合の当面の任務」、二五日には労働者反対派の政綱、そして二月一日にはトロツキー－ブハーリン派による決議原案が、それぞれ公表された。

他にノギン、リヤザノフ、ミャスニコフ、オボーリン、ファインゴリドらが個人的見解やテーゼを明らかにした。一九二〇年一二月末以来、『プラウダ』紙では各派支持者の論文が掲載された（Partiya）。こうして、当時約五〇万人の党員を有した政権党としての共産党は、労働組合の性格と活動をめぐって八つのテーゼによる公開討論から分派闘争へという、「異常な」事態を経験することとなった。

この状況は論争の展開とともにやがて三つの政綱（緩衝派、労働者反対派、そして「十人派」）へと整序され、第一〇回党大会（一九二一年三月）での収拾とともに、労働者反対派をのぞく諸分派は沈黙することになる。このうち「十人派」とは、二一年はじめ『プラウダ』紙に登場したレーニン、ジノビエフ、トムスキー、レフ・カーメネフ、スターリンといったレーニン支持の政治局員レベルの政治家たちのグループである。これに全ロ労働組合指導部のトムスキー支持派が関与し、またミハイル・カリーニン、ペトロフスキー、アルチョム、ルズタークが加わった。ちなみに古儀式派系党員である全ロ中央執行委員会議長のカリーニンは、一九二一年三月一日に、クロンシュタットの反乱兵士による大衆集会に参加することになる（Kronshtadt: 9）。

第一〇回党大会では、このような公開論争とは正反対のベクトルが働き、その後、世界の共産党の規範となる「分派の禁止」が採択された。これになおも抵抗した労働者反対派の幹部は、分派であるとして厳しい処分が待っていた。それにもかかわらず一九二二年にはコミンテルンに対し二二名が抗議を行う。その指導者であるシュリャプニコフが古儀式派系であることは下斗米が二〇一三年の著作で指摘したが、同派の多くの活動家もまた古儀式派系であることはピジコフも指摘している（Pyzhikov）。

## 八つのテーゼ

一九二一年はじめまでに現れた八つのテーゼをはじめとする各種の政綱は、労働組合をとりまく諸制度、そのなかで果たすべき労働組合の役割、また労働組合をめぐる状況認識において、それぞれ異なる規定を行った。なかでも論争の基軸となった、①生産の組織化、生産管理における労働組合の役割、②他の労働組合組織、ことにソビエト国家と労働組合の関係、について基本的な意見の分化が生じたということができる。

第一の問題は、いうまでもなく第二の問題と密接な関係を持っていた。労働組合と経済管理機関の関係は、労働組合とソビエト機関との関係の一部であったからである。しかし経済機関の多くが、労働組合や配下の工場委員会によって形成されたという事情、そして生産を媒介として両者は密接に関係していたという事情により、労働組合と生産管理の問題は、労働組合とソビエトの関係のなかでも特殊な位置をしめた。

なかでも問題は、労働組合の活動の重心が、組織的・経済的分野に移行したという、第一回全ロシア労働組合以後の役割規定と、現実に経済管理機関が確立し、労働組合が直接の生産管理から排除され、疎外されだしたという事情とを関連づけ、どう把握するかということであった。実際、貴族出身のボリシェビキで労働者反対派のA・コロンタイ女史は、社会組織の「国家化」による疎外現象について、こう述べている。

「例えば共産党のある党員が愛鳥派として鳥類保護組織を作ろうとしたら何が生じようか？　考え方そのものは大変有益で国家計画を掘り崩すものではない。（略）しかし突然ある官僚組織が出現し、特殊企画への管理への権利を主張すると、その結果は、結社はソビエト機構に統合され、直接の主導性を圧迫することになりかねない」（Kollontai: 36）。

コロンタイの懸念は現実的な問題であった。第九回党大会では、労働組合は工業を管理する経済機関の基本的基盤であり、生産の組織化に参加する、と述べられていた。しかし単独管理と内戦の重圧下で労働組合は弱体化し、組合の経済管理からの分離が決定的となっていた。労働組合の「国家化」、経営組織との人的・組織的結合を促す「癒着」という状況をこれ以上推し進めるべきか、それともいったん大衆組織として再結集・再組織化すべきか、という論点であった。

このような展開は、労働組合の独立論者をも刺激した。労働組合は管理機構と明確に分割すべきことを肯定したのがD・リヤザノフであった。また当面の分化を承認したのはジノビエフ、トムスキーら「十人派」政綱の支持者であった。彼らは経済管理の直接の主体は経済管理機関であるとして、当面の間は労働組合と経済機関とを区別する分立論（パラレリズム）の立場をとった。

これに対して、労働組合による積極的な生産管理への参加と経済機関との「癒着」を主張したのはトロツキー、ノギン（当初）、緩衝派、民主集中派、労働者反対派、イグナトフ派であった。もっとも、労働組合の解消も辞さないトロツキーと、むしろ「官僚機構」からの大衆の自主性を説く後三者とでは論理の組み立て方が異なっていた。

つまりトロツキーらは、経済運営の直接的な主体は国家機関であるとし、労働組合との「癒着」を考えていた。これに対し労働者反対派は、経済管理の主体を「全ロシア生産者大会」という労働組合組織に託した。「社会化された工業の組織的装置は、まず第一に、労働組合に立脚しなければならない」という共産党綱領がその立論の根拠であった。

これら二つの対立する立場のあいだで、緩衝派、民主中央集中派、イグナトフ派等は、労働組合の経済管理上の権限の拡大、労働組合と経済管理機関の結合をそれぞれ主張した。

第二の問題は、すなわち労働組合と他の労働者組織、ことにソビエト国家との関係であった。これは、諸労働組織のソビエト国家との統合・発展に関する問題として理解された。そもそも、第一回全ロシア労働組合大会以来の「国家化」の規定はその後も踏襲され、一九二〇年の第九回党大会では労働組合の「国家化」が規定されていた。

先述したように「国家化」の考えは、労働組合を、経済機関を含む国家機構の中にひきいれ、労働組合の影響力を拡大することを通じて、大衆と国家を結びつけ、大衆を国家管理の主体とすることを意味していた。この意味において、「もし発展の全般的進化の方向が労働組合と国家権力機関との癒着の方向、即ち労働組合の「国家化」の方向であるとしたら、他方では、その過程は、国家の「労働者化」でもある」と規定された。

労働組合の「国家化」とは、具体的には組合による国家機能（賃銀、労働のノルマ規定、補給等）の遂行をも意味していた。以上のことからもわかるように、この「国家化」という概念が何を意味するかは不明確であり、論者によってニュアンスが異なった。

労働組合の「国家化」を支持していたのは、分化がみられるものの「十人派」、トロツキー派、のちの緩衝派であった。これに対して労働者反対派は、労働組合の「国家化」は党綱領と両立できず、誤りであるとした。「十人派」でもロゾフスキーはこの方針に反対した。さらには労働組合の即時廃止を主張した民主集中派のオボーリンらの立場もあった。労働組合の「国家化」をめぐる論争の激化は、当然にも「プロレタリア独裁」の下での労働組合、ソビエト、さらには党の相互関係という問題をも争点化した。

*

一九二〇年一二月末から翌年一月にかけて出てきたテーゼや見解を、以上の二つの問題と対照させることで、以下のように分類することが可能であろう。第一に、経済管理機関と労働組合の結合、労働組合の「国家化」を積極的に図るケース。トロツキー、緩衝派、当初のノギン、さらにはこの変種として労働組合の廃止を主張したオボーリンが、このグループに属す。

第二に、生産管理機関と労働組合との分立論。ここには「十人派」、リヤザノフが入ろう。第三に、生産管理機関と労働組合の結合と、労働組合の「国家化」への反対という立場。労働者反対派、イグナトフ派、民主集中派がこのグループに入るであろう。

## 「国家化」是認論

一〇月革命後にボリシェビキは、労働組合による生産の掌握と組織化、労働組合とソビエト機関との協力と結合を主張してきた。やや異端的なリヤザノフ、ロゾフスキーらをのぞけば、この意味での労働組合による生産の組織化、その「国家化」は、一九一八年以降は全党の了解事項であった。そして問題は実はその点にあった（Odinnadtsatii: 237）。

### A　トロツキー派

一九二〇年一二月二五日に公表された「労働組合の役割と任務」でトロツキーは、自己の労働組合論を展開した（Desyatyi: 393, Partiya: 244-65）。一一月九日段階のテーゼにおいて、組合と経済行政機関とが分離する傾向と、与えられた課題からの労働組合の逃避、「トレード・ユニオン主義」の台頭という、トロツキー特有の状況認識が示された。その後のツェクトラン拡大総会と二四日の討論では、これに加えて生産的視角と、それに基づく労働組合と経済機関との「癒着（sraschivanie）」という課題設定がなされた。これらを踏まえたトロツキー・テーゼでは、労働組合が経済機関と癒着するという方針に基づいて、全ロシア労働組合中央評議会と最高国民経済会議では、互いに二分の一から三分の一は「共通の成員」とすべきこと、この方法が下級機関にまで応用されるべきことが強調された。

労働組合の生産組合への転化に反対するものがあれば「それは大衆ではなく、労働組合の官僚の最も保守的部分である」と、トムスキーら労働組合指導部への強い批判も加えられた。労働力の配分、賃金ノルマの調整については労働組合が行うものとした。労働組合による生産機能・国家機能の遂行は、労働組合の「国家化」、その生産組合への転化への重要な契機となったからである。

### B　緩衝派

緩衝派として登場したのは、当時共産党の理論家にして、綱領の執筆者でもあったニコライ・ブハーリンのほか、プレオブラジェンスキー、セレブリャコフ、ラーリン、ソコリニコフ、V・ヤコブレフらであった。緩衝派の多くは、最高国民経済会議と関係した経済学者・専門家か、当時の党中央委員会書記（プレオブラジェンスキー）であった。プレオブラジェンスキーはブハーリンとともにロシア共産党綱領の解説（『共産主義のＡＢＣ』）を書いた論客としても知られた経済学者である。

かれら緩衝派のテーゼ「労働組合の役割と構造について」は、労働組合の役割について、「プロレタリアートの権力が獲得され、しかし大衆が経済管理には慣れていない時期での労働組合は、不可避的に二重の役割を遂行している。一面では「共産主義の学校」、党と非党大衆の媒介、広いプロレタリアート大衆を生産活動にひきこむ装置であり、他面では、経済装置の構成部分であり、全体として国家権力の装置である度合がますます増加している」と規定した（Desyatyi: 826）。これらは党綱領から導き出された考えであったが、ブハーリンらが共産党綱領を書いたのであるから不思議ではない。

「過渡期には労働者階級の間に種々の層が存在することにより特徴づけられる」（O Roli: 48）。もしすべての労働者が全ロ労同組合評議会のトムスキーのような水準の活動家なら、行政技術装置には完全な民主制が存在しようが、プロレタリアートには「ピョートル、イワン、シドール達」のような、つまり種々の一般的な層が存在し、その成長層に対しては教育を行わなければならない。そこから労働組合の教育的役割が結論づけられるのである」、とテーゼは指摘した。

その時点での組合の基本的任務については、経済の重点の移行に伴う、経済機関との癒着、国の経済の回復のための生産教育、生産アジテーション、生産プロパガンダの強化、及び「揺さぶり」的な態度や、任命制の否定と選挙制の拡大が挙げられた。また、「組合内の民主主義活動の方法は、組合内の生産民主主義の形態をとらなければならない」とし、「共産主義の学校は、なによりもまず、共産主義的生産関係の建設の学校とならねばならない」と述べ、トロツキーの生産的視角との共通性をも明らかにした。そして、この論理を通じてトロツキー派との接近が図られるのである。ちなみにブハーリンはこの頃まで左派の論客とみなされていたが、ネップ期になると右派に転じることになる。この論争でも、理論と現実を架橋するという議論の仕方が垣間見えた。

緩衝派のテーゼを最も特徴づけた規定は、労働組合と経済機関の結合の方法についてであった。第九回党大会の決議は、労働組合より推された経済機関への各候補（の働き手）は、グラフク（生産部局の統制的役割）、ツェントルの関係する機関と一致させたうえで決定されるべきとしていた（Desyatyi: 829）。緩衝派テーゼは、「現在はこの候補を義務的としなければならない」とした。このことは経営人事についての労働組合の決定が、経済活動やソビエト機関を拘束することを意味していた。この規定は、工業管理を非党組織にゆだねる「サンディカリズム」だと、レーニンから批判されている。

C　ノギン（当初）

トロツキーらよりも強く労働組合の「国家化」論を主張したのは、実は穏健派の党中央委員候補のノギンであった。この人物もまた実は典型的で代表的な古儀式派系の党活動家である。父親は司祭派の巨頭サッバ・モロゾフの領地管理人として、トゥベーリでモロゾフ工場に二五年間勤めた（P:101）。このモロゾフ王朝に仕えていたことを父は誇りに思っていたという。ビクトル自身もモロゾフ系の拠点であるボゴロドックに育ち、一五歳の時から、サッバ・モロゾフのボゴロドック工場で働き始める。一八九六年から首都の工場（現在、ノギン名称工場）で働き始め、ここでマルクス主義サークルに参加、これが社会民主主義系のサークルに成長している。やがて古儀式派の資本家モロゾフらも援助して社会民主労働党の機関紙『イスクラ』紙の刊行が始まると、編集者となった。レーニンとモロゾフとを結びつける役であった。一九〇三年には同党の中でレーニンに近い存在で、革命活動と流刑を繰り返した筋金入りでもあった。一九〇五年以後は古儀式派など宗教を利用すべきと言うルナチャルスキー、ボグダノフ、ゴーリキーなど、社会民主労働党内の建神論に近い立場に立ち、無神論者レーニンに反対した。

このことは一九一七年のノギンの活動の特徴ともなった党内穏健派として、ソビエトおよび組合活動に従事するようになったことと無関係ではない。四月に帰国したレーニンがソビエト権力樹立を掲げたとき（四月テーゼ）、ノギンはカーメネフや、同じく古儀式派系のルイコフとともにソビエト活動自体に積極的であった。しかし帰国後のレーニンが唐突に言い出した権力奪取と社会主義建設には明確に反対した。モスクワ・ソビエト関係者には古儀式派系労働者が多かったが、一九一七年九月にはその代表的人物として、モスクワ・ソビエトの議長ともなった。

一九一七年一〇月のソビエト権力が、ボリシェビキと左派エス・エル党の連立となったとき、最初の政府＝人民委員会議で、つまりソビエト政府の初代貿易産業人民委員となったものの、そこでは全社会主義者による政権を主張した。この提案は中間派の鉄道労働組合が推進していたものである。のちにこの行動を自己批判するが、モスクワの労働担当に格下げとなる。やがてノギンはソビエトロシアの労働人民委員代理となる。その後、ルイコフらとともに最高国民経済会議で繊維シンジケート全体の管理者となる。つまりは革命政権の繊維部門の管理者であり、最高責任者である。そこではかつて彼の主人であったモロゾフ財閥の息子セルゲイ・モロゾフを迎え入れてもいる（101）。古儀式派に特徴的なボリシェビキ版労資協調路線と言えるかもしれない。労働人民委員部から繊維工業全般の社会主義的指導者へというノギンのキャリア・パターンほど、古儀式派が革命後に占めた役割をよく示すものはないだろう。

したがってノギンの労働組合に関する主張は、経済組織化に責任を負うべき立場にあるボリシェビキの旧来の主張の論理を、そのまま展開したもののように思われる。彼の論拠となったのは、第五回党大会（一九〇七年）でのメンシェビキら中立論者（Neitralist）に対する労働組合の党派性の主張であった（Partiya: 311）。

ところがこの中立論が、今回はジノビエフ、トムスキーらによって再び主張されている、と彼は述べた。現在の中立論は、ソビエト国家に対する中立論、党派性に対する中立論として表れている。前者は、「即時の」労働組合の「国家化」、経済機関との癒着に対し反対するという議論に表れており、後者は、党中央が、全ロシア労働組合中央評議会フラクツィアの自主性を尊重し、それに介入するべきではないというジノビエフの議論に表れている、とノギンは指摘した。並立論は非効率的であり、「我々の精力を倹約するために」、労働組合と経済機関との「癒着」により、労働組合の「国家化」を図らなければならない、というものであった。もっとも彼はその後、一九二一年一月末には「十人派」支持に転換した。このあたりに穏健派としてのノギンの特徴が出ている。

D　ミャスニコフ、オボーリン

最も強硬に労働組合の即時的解体を主張したのは、G・ミャスニコフ、オボーリンら急進派であった。彼らの提案は、労働組合の活動に二元性と非能率とをみるソビエト機関の活動家の実感の反映と見ることができよう。なかでも、かつてウラルの県執行委員会の代表であったミャスニコフは、労働組合よりもソビエトの方が、生産組織として強力であると述べていた（Partiya: 286）。このG・ミャスニコフ（一八八九―一九四五）も古儀式派の拠点、重工業地帯ウラルのペルミ出の活動家であった。労働者の多くが彼の立場を変わらず支持している、と研究者A・ピジコフは述べている（Pyzhikov: 110）。

彼によればミャスニコフ、宗教的にはフェドセーエフ派であったセルゲイ・メドベージェフ、またモスクワのエフィム・イグナトフら同派の幹部の多くは古儀式派出であったという。総じて彼らは、レーニン、スターリンら中央集権的傾向に対する党内反対派であった。なかでもウラル出のミャスニコフは、一方では強硬な反皇帝主義者で、皇帝ニコライ二世の弟ミハイル・アレクソンドロビッチを殺害した張本人であったが、表現の自由にはこだわり、レーニンに対し、君主主義者を含む全党派に表現の自由を保証するよう求めたほどの人物である。ちなみに彼は一九二八年にフランスに亡命したが、戦後スターリンに帰国を願うものの、ソ連に戻ったら牢獄送りとなった（下斗米 17: 65）。

現在の労働組合の積極的な存在理由は、「全世界の労働組合の革命化は、今のところ労働組合の旗のもとで、最も成功裏に実現される」という点のみであり、「わがロシアの労働組合には（略）代表ソビエトの任務と原則的に異なった、なんの特別の任務もない」とした。オボーリンも、労働組合の即時解体論を展開した。この両者には、労働組合への状況認識やその役割に対する考察はなく、「文書的価値」（ジノビエフ）はなかった。

### E　最高国民経済会議幹部会

労働組合論争は半面で産業管理論争でもある、という本書の主張からも明らかなように、工業管理組織もまた労働組合の活動に無関心ではありえなかった。なかでも最高国民経済会議幹部会によるテーゼは、労働組合の体制への中立性を否定し、労働組合は工業労働者の生産組合に転化しなければならない、と主張した。それとともにソビエトは、労働組合と重複する機関へと機能を集中させることで、プロレタリア独裁の機関から、共産主義の恒常的管理機関に転化できるとした。具体的には、労働組合の賃金、ノルマ（基準作成）部、及び経済部をソビエトに移管すること、さらに「国の一定の経済分野を把握する各経済機関には、ただひとつの組合が対応する」べきであるとして、グラフク（生産部局の統制的役割）による生産部門の分割を再検査し、組合をグラフク別に再編成するべきであると述べた。このことは、最高国民経済会議、グラフクの体系に一切の管理機能を集中し、そのうえで組合をこの体系にそって再編成することを意味した（Partiya: 342）。もっとも、最高国民経済会議支持派は論争の過程で、ミリューチンが「十人派」支持へ、ラーリンはトロツキー、ブハーリン派支持へ回り、ルイコフが中立の立場をとるといった分化が生じていた。

## 「十人派」政綱による「国家化」批判

労働組合の「国家化」、生産への参加は、すでに述べたように、ほぼ全党の了解事項となっており、これに反対して労働組合の生産管理からの分離を主張していたのは、独立派に近いリヤザノフのみであった。しかし一九二〇年末までに労働組合は事実上、経済機関および生産の組織化から分離していた。そのことが、トロツキーによる「揺さぶり」的な労働政策への反発と重なることにより、国有化への懐疑論、ないしは労働組合と経済機関との分立論を生むこととなった。

こうして一九二一年一月一七日には、レーニン、ジノビエフ、トムスキーらの署名による党中央委員会付属労働組合委員会の「労働組合の役割と任務についてのロシア共産党第一〇回党大会決議原案」（いわゆる「十人派」政綱）が発表された。この支持者はトムスキーら全ロシア労働組合中央評議会幹部会の多数と、アパラチキと呼ばれた党機関職員とからなっていた。「十人派」は、全ロシア労働組合中央評議会フラクツィアとトロツキーとの対立状況において、レーニン、ジノビエフらが前者を支持したことに由来する。つまりは組合活動家と党活動家の連合体であったといえよう（Desyatyi: 832）。それゆえトロツキーの労働政策への批判は共通していたものの、組合と生産管理、党と組合、労働組合の「国家化」等の理解は必ずしも一致していなかった。なかにはロゾフスキーのように、労働組合の「国家化」への原則的反対者も含まれていた。この政綱自体は、理論面はジノビエフが、実践面は、組合活動家を中心とした委員会が作成し、党中央委員数名による審議・編集をへたものであった（Zinoviev: 439）。

以上のように「十人派」政綱は、トロツキー派や労働者反対派の、労働組合の役割イメージへの対抗軸として形成された。したがってその理解の仕方も、レーニンからメンシェビキ的なロゾフスキーまで多様であった。しかし、いくつかの共通した特徴を挙げることができる。

第一に、トロツキーのいう「労働組合の危機」は存在せず、組合においては、「眼前に提起されている膨大な諸任務とは対照的に、組織的に極度に弱体化している」が、それはソビエトおよび党などすべての労働者組織を覆う困難の一部であるとした点である。しかも当初、これは、「危機でも、凋落でもなく、成功の兆候である」とまで述べられた。

第二に、一九二一年の農民反乱、クロンシュタット反乱にみられた労農同盟の危機への対応という観点から、労働者の統一組織としての労働組合の政治的役割が改めて評価されている点である。こうした観点からすれば、ジノビエフの理解した「共産主義の学校」論は、労働組合の存在価値を合理化するものとして、状況に適合的であったといえよう。この側面からの労働組合の役割への注目は、第一〇回党大会時に極点に達したといえる。ジノビエフは同大会報告のなかで、「我々は、労働者階級と農民との相互関係について語った」と述べている（Desyatyi: 341）。

なお、この論争で、生産管理からの労働組合の分離を主張して独自の立場をとったのは、「組合運動の古い一匹狼」と評されたD・リャザノフであった（O Roli: 64）。実際、彼は一九一八年以降共産党員でありながら、労働組合を「国家化」することには反対だと主張した。第一〇回党大会で彼が、党綱領から労働組合の生産掌握の項を除くべきであるという、従来からの主張を述べたあと、「十人派」政綱における「健全な要素」を支持したことは、「十人派」政綱の立ち位置を逆照射しているといってよい（339）。つまりは組合自治の尊重である。

## 反対派の古儀式派的背景

トロツキー派、緩衝派、および「十人派」は、ともに第九回党大会以来の労働組合方針を支持したという意味では主流派であった。これに対して、民主的集中派、労働者反対派、イグナトフ派は、第九回党大会での労働組合の規定を否定した。とりわけ単独管理導入後、労働組合が生産から疎外されていることは、「社会化された工業の組織装置は、まず第一に労働組合に立脚しなければならない」という党綱領に反している、と映った。それゆえ労働組合の生産および生産管理上の役割を強化しなければならないとする点において、これら三者は共通していた。労働組合の危機は、単に組合だけでなく、党やソビエト、すなわち革命の危機であり、その責任は、とりわけレーニン、トロツキーら党中央の指導の責任にあるとされた。

この反対派的な三派がともに、宗教的背景として古儀式派系の、しかも無司祭派の系譜をひく人々からなっていたのは偶然ではないだろう。労働者反対派のシリャプニコフやミャスニコフ、民主集中派のブブノフ、そしてイグナトフ派のイグナトフは、いずれも無司祭派系古儀式派出身であった可能性が高い。ピジコフは、このような背景を持つボリシェビキが社会的下層として位置づけられたのは、より急進的な公平と自由の実現を狙ってのことであったと指摘する。そしてそれは、主張の上ではクロンシュタットやシベリアなどでの反乱、「コムニストなきソビエト」を主張する農民・兵士の反乱運動とも通底していた。であれば、レーニンとトロツキーら党主流派がこれに非和解的な立場で臨んだのも不思議ではない。

## 民主集中派の見解

第九回党大会前からレーニンら党中央の方針・政策に反対してきた民主集中派は、労働組合の深刻な危機も、直面しつつある全般的危機の一部にすぎない、との見解を示した。労働組合の危機の基本的な原因は、内戦と官僚主義と、「労働組合の生産的任務と権利の極端なあいまいさ、全ロシア労働組合中央評議会指導集団の政策の結果と同様に、労働組合の生産活動からの体系的乖離」とに由来していた（Desyatyi: 823）。その基本的な責任は、レーニンやトロツキーなど共産党中央委員会にあった。そして、労働組合の即時「国家化」を主張するトロツキーも、特別な組織としての労働組合の維持を図ろうとするジノビエフも、「実際は、以前の経済の軍事化論者の同一集団の二つの潮流」を体現するにすぎず、その間には原則的な意見の相違はない、と映った。これに対する民主集中派の処方箋は、労働組合の経済管理上の役割を強化するために、労働組合の推薦した人間によって経済管理機関である国民経済会議の系列の機関を構成することであった。

こうした労働組合の危機が、革命全体の危機の一部であり、労働組合だけの問題ではないとしたことは、「十人派」の状況認識、ことにレーニンの危機意識と類似していた。とりわけレーニンが論争の収拾を企図した一九二一年一月以後、両者の認識はきわめて類似してきた。第一〇回党大会において民主集中派の代表は、三つの政綱のいずれも支持せず、自由投票を訴えるとともに、同派の主張がレーニンに継承されたことに注意を喚起した（Desyatyi: 367）。

ちなみにこの指導者でイワノボ古儀式派出のアンドレイ・ブブノフは、一九二二年からは党宣伝部長、一九二四―二九年には共産党書記（候補）、兼務で赤軍の政治管理部長という重職に就いている。反対派的な彼が赤軍での政治教育という職に就いたということは、古儀式派系人脈と赤軍との深いつながりを示している。彼はその後、ルナチャルスキーの後を襲って三〇年代に教育人民委員を務めたが、一九三七年に逮捕され、翌年八月に死刑判決を受けた。典型的な古儀式派、イワノボ・ボズネセンスクでの活動家、そして反対派活動を経て赤軍の政治教育から、スターリンによって粛清されるというパターンである。ブブノフの娘が古儀式派の拠点であるシベリア・アルタイのバルナウルに追放されたことも、また現在もイワノボ、サマラという古儀式派の拠点でブブノフという名称の博物館や街路が存在するということも、古儀式派とこのような潮流との深い結びつきを示している。

## 国家の「組合化」――労働者反対派の主張

金属労働組合の指導的活動家であったアレクサンドル・シリャプニコフは、古儀式派のなかでも無司祭派出身の労働者党員を代表する存在であった。彼はロシアのモスクワ近郊ウラジーミル県ムロメの鉱山工を父親にもつ鉱山労働者出身であって、両親はポモーリエ派である（Pyzhikov: 106）。この潮流自体はプレオブラジェンスキー墓地を基盤とした無司祭派の流れを汲んでいた。彼は革命前からボリシェビキ党内でも一目置かれる人物となり、一九一七年にロシア革命が起きた直後、スターリンがシベリアから中央に戻るまでは、社会民主労働党中央委員会ロシア・ビューローを指導している。その直属の部下には、両親ともに古儀式派だが、とくにビャトカ（現キーロフ）における有力な古儀式派の流れをくむモロトフがいた。シリャプニコフは、一〇月革命後はしばらく労働人民委員を経験している。

もう一人の指導者セルゲイ・メドベージェフ（一八八五—一九三八）も、研究者ピジコフによれば古儀式派で、モスクワ郊外のコルチノ村で生まれた無司祭派フェドセーエフ派の出身である。首都近くのオブホフで一九〇一年に起きたストライキに際し、フェドセーエフ派系の労働者二〇〇名とともに、一三歳の若さで警察と対峙したという。革命後の一九一八年九月には、赤軍第一軍の軍事革命委員会に属し、レーニンに対し軍規律を守るべきだという手紙を書いている。彼は旧軍の将校を採用すべきだという、当時は少数派の考え方を支持していた（Frunze: 98）。一九二〇年から金属工労働組合中央委員であった。労働者反対派として活躍する。二〇年代末には重工業人員委員部に属するが、一九三二年に党内右派のリューチン綱領事件で弾圧を受ける。三五年には政治犯収容所に送られ、三七年九月に処刑。一九七八年に名誉回復されている。

アレクサンドル・キセリョフも、古儀式派での労働者反対派の指導者の一人であったが、生まれはイワノボ・ボズネセンスク市近くであった。若いころ、周囲から才能を見込まれて宗教学院に進むことを勧められたが、父親が反対したという。一四歳から仕上げ工となり、一九一四年に海外に出てレーニンと会っている。革命後は全ロシア中央執行委員会（VTsIK）幹部会のメンバーから書記となった（Pyzhikov: 106）。

この間、ペルミ党組織は、労働組合論争も含め労働者反対派のミャスニコフを支持し続けた。とくにモトビリヒン地区党委員会は、一九二一年の第一〇回党大会後も、三〇名の党員が県委員会に対しミャスニコフ支持を表明していた（43）。

なかでも彼を有名にしたのは、労働組合論争の直後にレーニンと出版の自由をめぐり論争したことである。党大会後の五月に彼は、党内で君主主義の自由を含めた表現の自由を主張した。このため、一九二一年八月に除名された。それでも抵抗を止めなかったため、一九二二年二月には政治局が党の除名を確認している（43）。その後も反対運動を続けたため、海外の大使館に送られるが帰国後も反対活動をして逮捕され、一九三〇―四四年までフランスで労働者として働く。一九四四年にソ連政府の要請で帰国するも、四五年一月に逮捕され、一一月に処刑される。二〇〇一年に名誉回復したという（https://en.wikipedia.org/wiki/Gavril_Myasnikov）。

金属労組の指導的活動家であったシリャプニコフは、先に経済分野の全機能を労働組合に渡す旨のテーゼを公表していたが、論争が展開された一九二〇年一二月末の討論において「国民経済の組織化と組合の任務」というテーゼを読みあげ、自己の立場を明らかにした。これをもとに一九二一年一月末には労働者反対派の政綱が、三月にはA・コロンタイの『労働者反対派』という小冊子が発表された（Kollontai）。ちなみに彼女は貴族の娘であるが、古儀式派との直接の関係は証明されていない。それでも、ロシア貴族の中にニーコン派正統教会と異なる流れがあったことは歴史的経緯からして十分考えられよう。

こういった労働者反対派は、労働組合と経済管理機関の分離・並立という、トロツキーに類似した状況認識から出発した。「革命の過去三年のあいだ、職業労働組合は、漸次、しかし不断に確固として、その基礎が組合と工場委員会とによってつくられたところの機関にとって代わられた。その名は最高国民経済会議である」(Partiya: 298)。この下で労働組合は単なる技術的付属機関となり、たえず紛争の種となった。最高国民経済会議には雑多な層、ことにブルジョワ専門家や官僚などが入り、労働組合および労働者階級は生産や創造的活動から押しのけられた。「集団から切り離された、無制限的な、孤立した個人の自由意志」による単独管理はその極点であった。

だが正しくも党綱領は、労働組合の「国家化」とは反対に、国家の組合化を規定している。すなわち、「労働組合は単一経済総体としての全国民経済の全管理を、事実上自己の手中に集中する状態に達しなければならない」(Desyatyi: 680)。党は共産主義建設の要である経済管理を、生産と密接な絆で結びついた労働組合が受けもつべきか、それとも直接肝心な生産活動から分離されているソビエト機関に任せるべきなのか、決定しなければならない。労働者反対派は、「国民経済の管理組織は、共和国の全国民経済を管理する、生産的労働組合に統一された、全ロシア生産者大会に属する」べきことを主張した(820)。労働者反対派、とくにコロンタイは、「事実われわれの著名な指導者による議事録、演説をめくってみると、彼らの意外な教育的性癖にはおどろかされる」と述べている(Kollontai: 24)。レーニンらが労働組合を「共産主義の学校」といって教育面に封じ込める意図を皮肉ったものであった。

モスクワを中心とした反対派的労働者グループであるイグナトフ派（A・オレホフ、M・ブロビツェフ、N・マスロフ、フォンチェンコ、クラノバ、リダク、スミルノフ、G・コルジノフ）にとって、労働組合の問題についての相違点は、「綱領的原則ではなく、労働者階級の組織化の方法と、生産の事実上の掌握への接近」であると映った（Lenin, 3-izd, 26: 576）。同派は短いテーゼのなかで、選挙制を上から下まで実施し、労働者民主主義を拡大すべきことを述べた。また国民経済を指導する機関の選挙は、労働組合大会で実施され、全ロシア中央執行委員会により批准されるとした。労働組合を素通りして誰も経済管理機関の指導的ポストに任命されないようにすることが目的であった。一九二一年二月には労働者反対派に統合された。

労働者反対派のなかでモスクワを拠点とするイグナトフ・グループを率いたのはエフィム・イグナトフであり、一九一二年からの党員で、カルーガ県の出身である。出生地は、古儀式派の反乱の指導者で一七世紀に処刑された貴族モロゾワ夫人の出身地に近かった。革命後はモスクワ党委員会から離れていた。彼は一九二〇年秋のモスクワ党組織内での反対派組織者でもあった（108）。一九二〇年代には反対派活動家から身を引き、教育活動に専念したが、弾圧は免れ得なかった。

このイグナトフ派が、モスクワ固有の古儀式派的雰囲気を反映した急進的潮流であったことは、一九二〇年一一月の党モスクワ県党協議会で、知識人を委員会の候補に挙げようとした時、主流派のレーニンらに対して、イグナトフ派が頑強に抵抗、協議会が流れたことにも示されていた（Pyzhikov: 108）。一九二一年一月にモスクワ党委員会で行われた、労働組合論争に関する政綱別投票では、レーニン派支持が五七名、トロツキー派が二〇名に対し、民主集中派は七名、イグナトフ派は実に二二名、そして労働者反対派（シリャプニコフ）支持が四名であった。反対派の中でもイグナトフ派への支持がモスクワでとくに大きかったことがわかる（Daniels: 112）。イグナトフ派のメンバーでは、グロビツェフ、フォンチェンコ、スミルノフ、コルジノフの名が、一〇月革命直後のモスクワ・ソビエト執行委員会のメンバーに載っている。ノギン議長との関係も深かったことをうかがわせる（ウィキリークス・ロシア版のノギン参照、二〇一七年七月二五日閲読）。

同じ古儀式派の影響が強かったトゥーラ県でも、一九二〇年に労働者反対派のN・コピロフを中心に県委員会の多数を占めたという。このため民主集中派のN・N・オシンスキーとともに弾圧され、党委員会のメンバーは半減するほどだった（109）。革命時において、古儀式派が強い地域での共産党のメンバーは激しい流動性の中にあった。

## 三つの政綱への収斂

論争の展開とともに、三つの政綱に収斂していったが、焦点は地方党組織への支持と代議員獲得をめぐる政治的対応へと移った。この間、一九二一年一月三日のペトログラード全市討論集会をはじめ、各地で討論集会、代議員集会が開かれ、『プラウダ』紙には、各派支持の論文やテーゼ・見解が発表された。組合問題での討論特集までが発行されたほか、演説等のパンフレットも配布された（Shapiro: 281）。例えば一月一七日のモスクワ党委員会拡大集会では、八つのテーゼ、すなわち、トロツキー派、緩衝派、「十人派」、リヤザノフ、労働者反対派、民主集中派、イグナトフ派、およびノギンの見解がそれぞれ討論された（Zinoviev: 611）。古儀式派の精神的総本山でもあるモスクワでこのような分極が生じたのは偶然ではなかった。革命の危機に際してモスクワの党委員会は分裂した。次の課題は、論争の過程で結晶化した三つの政綱の位置と対抗の構造を検討することである。

前節でもみてきた各派、個人によるテーゼの噴出は、論争の展開とともに三つの政綱に収斂していった。すなわち、一九二一年一月一七日の「十人派」政綱、一月二五日の労働者反対派政綱、三月一日のトロツキー＝ブハーリンの決議原案であった。こうした過程は、一九二一年に入ってからの党内外の環境変動に規定され、ダイナミズムをはらむものであった。それは、①トロツキー＝ブハーリン派の成立、②「十人派」の微妙な分化の開始と、トロツキー＝ブハーリン派との紛争の制御の模索、③労働者反対派と他派との差異の拡大、という形をとって表れた。

なかでもペトログラード党組織による「党への呼びかけ」と、これをめぐるモスクワ党組織、トロツキーの反論の展開によって、党中央内の意見の分裂が公然化した。やがてそれは、地方党組織のヘゲモニーをめぐる政治的対抗に発展した（Zinoviev: 619）。この過程で八つのテーゼといくつかの見解のうち、あるものは消え、別のものは妥協・吸収されることにより、三つの政綱にまとまっていき、第一〇回党大会決議案へと収斂されていった。

ちなみに第一〇回ロシア共産党大会は、一九二〇年はじめには、翌年二月六日にペトログラードで開催すると確認された。ソビエト政府と違って、党大会会場まで古儀式派色の強いモスクワへ移すことはレーニン時代にはありえなかった。したがってペトログラードでの開催が当初は自明であった。もっとも、開催には膨大な準備が必要となるにつれ、またこの論争を契機として、次第に党大会も首都での開催へと移ることになる。その意味ではクロンシュタット危機を前に、党の危機を訴えるレーニンの主張はかなり現実的でもあった。こうして第一〇回党大会は、ペトログラードでの最後の大会となる。危機対応のため、一二月の論争公開時に三月六日開催に延期され（**Kronshtadt: 245**）、実際は同月八日に開催されることになった。

この間、主要な党組織のうち、一月二六日の党中央委員会総会は、「十人派」支持を一〇対八で決定し、また二八日の全ロシア労働組合中央評議会フラクツィア会議では、同会議としての意見を出すことはひかえたが、「十人派」支持が七〇名おり、トロツキー－ブハーリン派の一三名、労働者反対派の二一名を上回った。

二月三日の革命軍事会議細胞一般集会では、激しい討論のあと、「十人派」支持六〇名、トロツキー－ブハーリン派四〇名の結果となった。なお同細胞ビューローは、「十人派」六名、トロツキー－ブハーリン派六名であった。単一経済計画・ゴエルロ計画をめぐって党中央と対立していた最高国民経済会議幹部会のうち、ミリューチンは「十人派」へ、ラーリンはトロツキー－ブハーリン派へ回ったことは先述した。ルイコフは中立を保ち、ノギンは、労働組合の国家論者から「十人派」へ転向した。古儀式派系のこの大物党員の沈黙と転向が政治的雰囲気の急変を示している。

各個人および小分派のうち、リャザノフは、第一〇回党大会で「十人派」支持に近い発言をした。危機の中心が労働組合ではなく、ソビエトおよび党にあるとした民主集中派は、同派の主張がレーニンによって受容されたことを述べたのち、自由投票を呼びかけた。イグナトフ派は三月一九日に、労働者反対派のテーゼと自派のそれとが一致したとして、労働者反対派支持に回った。

こうして最後に残った三つの政綱のうち、「十人派」政綱の基本的立場は、すでに述べたレーニン、ジノビエフらの見解につけ加えるものがほとんどなかった。この政綱全体の軸となったのは、労働組合の最も重要な、共産主義の学校としての役割であった。これは労働者のさまざまな層を、国家建設および共産主義へとひき入れ、それらを労働者階級の先進層、党の側へと提供する役割としてのみ理解された。労働組合の急激な「国家化」は、この役割から見て「大きな政治的誤謬」とされた。労働者民主主義を拡大し、ツェクトランを一般の労働組合組織にかえるべきことが主張された。「共産主義の学校」という理解は、「十人派」が労働組合と独立行政機関との二元主義をとっていたことと関連する。

これに対してトロツキー＝ブハーリン派の形成とその政綱の完成は、一九二一年一月末になってからであった。一月一七日のモスクワ委員会拡大集会でトロツキーは「上からの揺さぶりのスローガンを拒否する」という「進歩」(カーメネフ)を示したのち、一月二三日には緩衝派と合同した(**Pravda, 21 Jan., 1921**)。同年一月二六日の党中央委員会総会には、同派の統一提案が、「第一〇回党大会での「労働組合の役割と任務について」の決議案」として提出された(**Desyatyi: 674**)。この政綱は、生産的民主主義という言葉を外し、「共産主義の学校」の項を入れ、また強制ではなく説得こそが労働組合の手段であるというところは「十人派」政綱を借用し、組合への上からの揺さぶりといった姿勢を否定するなど柔軟化し、ジノビエフによって、「外見上はたいへんなめらかで礼儀正しい」と評されたほどであった。

しかしながら基本的状況認識と政策方針については、依然として「十人派」政綱とは異なっていた。「労働組合主義者に対して生産的であるところのわが政綱は、労働組合が遭遇している深い危機認識から出発するが、その原因は、この間発生した労働者民主主義の方法の極端な狭隘さだけでなく、なによりもまず、労働者国家における労働組合の極端に不明確な地位、組合機関の経済機関との結びつきの異常な弱化、そして生産の組織化に対する労働組合の影響力の極端な不足である」(**Desyatyi: 675**)。

労働組合と経済機関の分立主義は、経済の組織化における、生産的に統一された労働者の影響力の増大という意味における労働組合の「国家化」によってのみ、克服できるのである。「組合での労働者民主主義の増大だけでなく、生産での組合の影響力の増大、なによりもまず大衆とその全権代表の生産的教育の意味での「共産主義の学校」、そして組合と経済機関の組織的結合・

癒着と、大衆組織としての労働組合のますます増大する役割を基礎とした経済装置の労働者化、これらが我々の要求する方針であり、十人派政綱にあらわされる、労働組合主義者的無定見とも、労働者反対派のサンディカリズムへの、ますます増加しつつある傾向とも異なるゆえんなのである」(676)。

つまり労働組合の活動・組織が、生産の増大・拡大に奉仕することが要求されたのである。これらは、ツェクトラン、グラフポリトプーチの成果への肯定的評価とともに、疲労した労働者に対して「素晴らしく濃厚な一杯の酢をすすめる」(ジノビエフ)ことをも意味していたのである。

これら主流系二者に対し、労働者反対派の政綱全体を特徴づけたのは、共産党綱領の「社会化された工業の組織装置は、まず第一に労働組合に立脚しなければならない」という規定であった(KPSS: 51)。彼らはこの規定を、現存するソビエト経済管理機関への批判と結びつけた。そして「生産組合を通じた国民経済の組織化と、管理体系の運営」と指導の統一性を保障し、大衆と専門家との対立を止揚すると述べた。「この二年間の党中央と国家機関の実践は、労働組合の活動の幅を体系的に縮小し、ソビエト国家での労働組合の影響力をほとんどゼロにしてきた」。この下で労働組合には、調査や職業紹介所の役割程度しか与えられなかった。「我が国の生産力の回復と工場とは、組合に組織された生産者の創造的イニシャチブと、自立性とを排除しているが、全国民経済管理の組織は、生産的労働者に統一された全ロシア生産者大会に属する。それは共和国の全国民経済を管理している中央機関を選出する(略)」。

労働者反対派の提案は、ソビエト、党、労働組合の、プロレタリア独裁における地位に関する通念、ことに第九回党大会決議に表される見解とは異ならざるをえなかった（Zorkii: 75）。こうした点は、「十人派」、ブハーリン派との対立を深め、妥協を困難なものにしたのである。

労働組合論争における労働者反対派のアプローチと関連して注目されるのは、ソビエトおよび党の官僚主義化に対して、同派が提起した闘争についてである。労働者反対派の状況認識と政策方針からすれば、経済機関での官僚主義との闘争が不可避的に導き出されよう（Kollontai: 36）。同派は官僚主義との闘争を党組織にまで拡大した。具体的には、①党内での官僚主義の排除、選挙制への復帰、②党内での表現の自由、③党員、ことに一九一九年以後入党した非労働者大衆の粛清、④党とソビエト双方に兼務することの制限、を提案した。

## 論調の変化

以上三つの政綱を要約してきたが、いずれも各派の提出した第一〇回党大会決議案原案をもとにしている。だが、一方では一九二一年に入ってからの政治的・社会的変動に、他方では、論争の急な展開に規定されて、政綱公表後の三者の論調にはいくつかの変化がみとめられた。それは、トロツキー派、労働者反対派との対抗を強いられ、最も早く政綱を提出した「十人派」において著しかった。

その第一は、「十人派」、ことにレーニンが労働組合の問題を、次第に労働者階級と農民との関係の問題の一部として、把握したことであろう。これはいうまでもなく、農民反乱が広がる中、食糧税導入問題が最重要課題として登場してきたことによるのである。しかし食糧税導入を必然としたところの労農同盟の危機への対応という観点から、レーニンやジノビエフは労働組合の問題を、労働者と農民との関係の問題のサブカテゴリとしてとらえるようになってきた。食糧税の問題が、体制の存在そのものにかかわる重大な問題であると認識されるにおよんで、労働組合の問題は、大会の論議の中心的主題から次第にしりぞけられたのである。第一〇回党大会でのこの論争の展開が平板となった理由はここにある。なかでもレーニンがこの大会で、労働組合論争は「法外なぜいたく」であり、「われわれは疑いもなく客観的条件からいって第一位に立つことのできないような問題を、この討論では第一位に押しだしたことに気づかないで誤りをおかした」と述べたのは、このような背景からであった（Desyatyi: 28）。

第二に注目されるのは、論争の過程で「十人派」が、労働組合の「国家化」、経済機関との癒着を否定することによりもたらされる「中立主義」的傾向に対して、党の指導のあり方の問題を次第に強調し始めたことである。論争当初、党と労働組合との関係は直接的には問題化していなかった。一九二一年はじめに書かれた「十人派」政綱では、全党に対し、「労働組合の当面の活動に対してどのように些細な後見や過度の介入」をすることも禁じていた。しかし、危機が進行するにつれ、なんらかの統制の回路が必要となった。大衆の体制への不満が亢進し、体制に対する遠心力的圧力が強まっていくなかで、さらに論争の過程で労働者反対派をはじめとする異端ともいえる立場が、とりわけ組合内部で拡大し始めることにより、この必要性は倍加した。

こうして「十人派」は、共産党と労働組合の関係を争点化していった。労働者反対派が「サンディカリズム」という批判を受けただけでなく、ブハーリンまでが、労働組合による義務的候補者の選定を主張したことを理由に、同様の批判を受けたのは、主としてこうした事情にもとづいていた。このサンディカリズムは、共産党の必要を無視していると指摘された。また、レーニンは、緩衝派、民主集中派、労働者反対派を批判した小論を「党の危機」と名づけた。彼は労働組合の危機など存在しない、と述べていたのであるから、問題を党のほうにシフトさせた感は否めない（665）。

「十人派」、トロツキー＝ブハーリンの緩衝派は、第九回党大会での労働組合の役割イメージを承知していた。そのうえでトロツキー＝ブハーリン派は、理念上にとどまっていた労働組合と経済管理機関の結合・癒着を現実化しようと試みた。トロツキー＝ブハーリン派は、党およびソビエト、ことにソビエト機関の活動家層に支持者が多かった。これに対して労働者反対派では、「組合に組織された労働者大衆と生きた結びつきを失わず、官庁、施設に分散しなかった、プロレタリアートの先進部分」と自称したように、中堅以下の労働組合活動家層が多かったこととも関連しよう。つまりは、本章の主題で言えば、古儀式派における無司祭派の支持基盤と重なっていたのである。

また、この三つの政綱の関係を、労働組合内の民主主義の問題としてみるとき、最初、「十人派」、労働者反対派が、労働者民主主義に対する「揺さぶり」として、トロツキー派との対抗軸を設定した。これに対してトロツキー・緩衝派は、生産民主主義という表現をうちだした。やがて、トロツキー＝ブハーリン派は、上からの「揺さぶり」を否定し、生産民主主義のスローガンを取り下げ、かわりに労働組合の方法として「説得」を承認するなど、この点での対立はあいまいになった。しかものちにみるように労働組合論争に対するレーニンとジノビエフとの共通意見が分化していくことにより、問題が複雑化したのである。第一〇回党大会では、もはや労働組合論争は重要争点ではないとするレーニンが「論争の本質は民主主義ではない」として、この点でトロツキーと一致したのに対して、ジノビエフは「大衆に近づく」立場から、トロツキー＝ブハーリン派への批判を行った（Desyatyi: 373）。

三つの政綱は、したがって論理的には可能であった選択肢が顕在化したことを示すものであった。それゆえ党にとって紛争の収拾は、急進化する政治状況、とくに農民の戦時共産主義への不満の亢進という当時の政治的・社会的状況の下で、そしてこの状況に規定された選択肢どうしの対立が収束する過程なのであった。それは当時の政治的・社会的状況によって固定化・狭隘化された紛争解決の枠組みのなかに、論理的には可能であった三つの選択肢が、相互に対抗・競合しつつ収斂していく過程でもあった。

## 収束へのストラテジー

全党の、三つの政綱への分極化が、可能な選択肢の顕在化を意味したとすれば、論争の収拾は全党による選択の過程であり、労働組合をめぐる新たな役割イメージへの了解が確立する過程であった。「さまざまなグループが（とくに大会前に）ブロックを結ぶことは許される（また票あつめに奔走することも）」こととなった（Lenin, 5-izd., t. 42: 243）。

こうして状況の規定をめぐる諸集団間の統一と、半面での分離化が図られる。そして論争が、労働組合の役割イメージを固定化し、全党の了解を確立する試みであった以上、統一の過程で主導的でない分派は、組織的・理念的な同一化を、多かれ少なかれ強いられた。理念的に新たな役割イメージの枠内で一致できない集団は、組織的にも異端視され、排除された。レーニンが述べたように、「だがそれは（ブロックを結ぶこと：引用者）、共産主義の枠内で、つまりサンディカリズムでなく、行うこと」なのであった。この「サンディカリズム」とは、共産党の関与抜きの組合国家を作る考えの謂である。

この差別化の可能性は、当時の党内外の政治的・社会的状況に規定されて、現実的なものとならざるを得なかった。統一の過程の特徴は、論争後の党と労働組合との発展にも、組織的・理念的な影響を残すこととなった。党支配の危機が深刻化する中で、それは新たな危機管理への道に他ならなかった。前節との重複も省みず、レーニンを中心とする収拾のストラテジーを解明する理由もここにある。

論争の初期の展開において、分化は「労働者民主主義」という象徴への賛否をめぐって、「十人派」、労働者反対派対トロツキー派という形態をとって表れた。しかしペトログラード党組織の「党へのよびかけ」以後、一方で諸集団のテーゼが噴出し、他方でトロツキーが上からの「揺さぶり」というスローガンを捨て、生産民主主義を主張するにおよんで、分化は鮮明でなくなった。他方で、論争の亢進は、「いまや党は労働組合の役割と意義の問題だけでなく、労働組合についての論争の役割と意義の問題をも、審議に付さなければならない」(プレオブラジェンスキー)といわれるまでになった(Pravda, 22 Jan., 1921)。言い換えると論争自体が問題となってきた。

このような事態の進展に際してレーニンがとった手段は、まず第一に、問題設定の枠を固定化し、論争の局地的な解決を図ることであった。一九二〇年一二月三〇日の討論で、彼は「彼(トロツキー)のテーゼでは「一般原則」の見地から問題が論じられている」とトロツキーを批判し、意見の相違は一般原則に関係がないことを繰り返した(Lenin: 205)。そして、第九回党大会方針の枠内での実現方法および手段の問題に、論争を局限しようとしていた。

この点はジノビエフが、労働組合を「共産主義の学校」と規定し、ここから一切の任務を帰結させることにより、原則論に近づいたこととは異なっていた。しかし、トロツキーとトムスキーとの論争が全党に拡大したこと自体、局地的な解決が不可能となったことの証左であり、この方法には明らかに限界があった。

こうして、一月一九日に執筆された「党の危機」においてレーニンは、トロツキーへの直接的な批判は行わず、またツェクトランの活動家に対して、「将来は尊重すべき貴重な有用な活動家」と述べ、宥和的な態度を示した。これに対してブハーリンを、「これまでの闘争の「主役」はトロツキーであった。いまやブハーリンがトロツキーをはるかに「追い越し」、完全にトロツキーの「名声を奪ってしまい」、闘争のまったく新しい相互関係をつくりだした。というのも彼はしゃべりすぎてトロツキーの誤りを全部一緒にしたよりも百倍も大きい誤りをおかしたからである」とまで酷評した（**Lenin: 244**）。

さらにこの論文で、緩衝派とともにサプロノフ派（民主集中派）、イグナトフ派、シリャプニコフ派を批判したことは、トロツキー派に対し沈黙を守ったことと好対照をなした。当時、トロツキー派に近いプレオブラジェンスキー、セレブリャコフ、そしてクレスチンスキーが次第に政策決定で重みを増した党書記であったことを念頭に置くべきかもしれない。レーニンによるトロツキー派との和解のこころみは、しかし無根拠になされたのではなかった。

「共産主義の学校」論によって一定の方向転換を図ろうとしたジノビエフと異なり、レーニンはトロツキーと、第九回党大会決議およびそれ以後の労働政策の制度イメージを共有していた。また、任命制や「プロレタリア的強制」の必要も認めていた。生産管理機関と労働組合との分立論に対する態度は異なったにせよ、生産上の労働組合の役割を増大させる点において、レーニンとトロツキーは、現実の政策で大きく異なる点はなかった。レーニンは「党の危機」が掲載されたのと同じ日付の『プラウダ』紙上に、労働組合の生産的役割に関する第五回労働組合協議会でのルズタークのやや曖昧なテーゼを再録させた（Partiya: 114）。ちなみにその理念を出したアンドレーエフは、トロツキー派には珍しい古儀式派系であったが、スターリンの粛清を生き延びて、ソビエト最高会議議長（一九三八―四六年）、閣僚会議議長代理（一九四六―五三年）となる（Lenin: 238）。

こうしたことがあっても、トロツキー派とレーニン派とのブロックの結成にはいたらなかった。二六日の党中央委員会総会は、トロツキーとブハーリンとの合同反対派が成立したことを明らかにした。しかし同派によって公表された党大会決議原案は、生産民主主義や義務的候補者など、争点となっていた項目を取り下げ、「共産主義の学校」論を追加するなど、「十人派」に近似していた。とりわけ「労働組合での説得の方法と強制の方法」、「党と労働組合」は、「十人派」とほぼ同じであり、「党と政治部」のところでは強制的手段を持つ交通政治管理総局（グラフポリトプーチ）の解消を認めるなど、結論は同じであった。これらは、「我々は形態のためにではなく、実質のために、名ではなく、実のために戦う」ための、トロツキー・ブハーリン派の戦術であるとともに、紛争の制御のためのレーニン派とトロツキー・ブハーリン派との暗黙の了解が成立したことの証拠でもあった（Desyatyi: 675）。

こうした事情は労働者反対派によっても観測されていた。反対派の活動家は「近づく党大会において、あいまいになった経済政綱の作成者が労働者反対派を唯一の例外として、相互の譲歩と妥協によって一致していることはなにも驚くべきことではない。彼らの論争には何の本質的相違もない」（Zorkii: 85）との反対派の認識を示していた。

論争を鎮静化させるための暗黙の了解は、トロツキー－ブハーリン派と「十人派」との「党と労働組合」の理解がほぼ一致することで、さらに前進したといえよう。理解の一致とは、トロツキー－ブハーリン派の政綱が、「十人派」政綱の労働組合での党の活動方法の記述を部分的に採用したこと、さらに「十人派」政綱が第一〇回党大会決議となる過程で、トロツキー・ブハーリン派政綱の党に関する記述の一部を採用したことであった（KPSS: 232）。この結果、「党と労働組合」に関する両派の記述と思想はほぼ同一となった。

こうした党に関する理解の一致は文面以上の意味を持っていたということができる。第一〇回党大会で「党建設」について報告を行ったのはブハーリンであった。こういったトロツキー－ブハーリン派と「十人派」との一定の了解の成立は、半面において労働者反対派との差別化の拡大の過程でもあった。生産管理上の労働組合の役割、全ロシア生産者大会など、問題の多かった論点に加えて、労働者反対派が党の粛清と健全化の問題を提起したことは、党の枠内の強化、統制の強化によって危機を克服しようとしていたレーニンらとの対立をいっそう拡大した。

### クロンシュタット反乱

このような共産党内の危機を全国的な政治危機へと押し上げたのは、二月から深刻化していたペトログラードの食糧事情の悪化と、労働者のストライキ運動であった。つまりは革命の本拠地が権力に異議を唱えたのである。二月までにペトログラードの一〇〇もの企業が燃料不足で閉鎖され、ストライキの波が広がった。「全ロシア非常委員会」の特別全権代表ヤ・アグラノフが四月初めに反乱事件調査に関して出した報告では、三月一日から一七日まで続いた反乱が、市内産業地域で二〇日から始まった労働者ストライキ運動の「論理的展開」であると認めた（Kronshtat: 230）。燃料不足で企業閉鎖が続き、食糧配給も乏しくなった。これに拍車をかけたのが、「共産党内での熱中的な党内論争」であった。中には憲法制定会議という要求も、「遅れた労働者」から出されたが、多くは「共産党独裁の廃止と自由なソビエト権力の樹立」を求めるものであった。とくに党内分派の出現が、規律の崩壊を加速させた。

もっとも、当時クロンシュタットの司令官が、古儀式派系のフョードル・ラスコリニコフ（分裂主義者の意）であったのは皮肉である。モロトフとは学生運動の仲間で、一九一七年のクロンシュタット・ソビエト副議長を務め、一九一八年には海軍人民委員代理、そして二〇年六月からバルト海司令官であった（Nikonov: 24）。クロンシュタットの飢えた水兵たちに厳しい態度で臨んだため、兵士の反乱を引き起こした。三月には反乱派から最も嫌われた（三月一〇日のレーニン宛情報、Kronshtat: 161）。ちなみに彼はその直後に外交畑に異動となり、一九三〇年代には党員への抑圧に抗議し、三九年にスターリン批判の手紙を書くことになる。

三月一日のクロンシュタット・ソビエト議長ワシリエフ某が司会をした集会には、カリーニンらが登壇した。この夜のペトロパブロフスク集会では、カリーニンらを人質にという要求まであったが、これは退けられ、彼はクロンシュタットを去った（234）。つまりは「ソビエト権力」に対し、革命の本拠地のソビエトが反乱を起こしたのである。もっとも、一九一七年の水兵は四〇〇〇名のうち一〇〇〇名もおらず、多くは新兵であった（253）。この間、第一〇回大会では、反対派系と軍関係者を中心に「特別全権代表」が動員された。とくにフィンランド湾南部政治グループの軍事政治委員としてボロシーロフらが任命され、民主集中派という反対派でもあるブブノフら一五名も派遣された（176）。状況は、一七日の軍事的掌握後にも政治関係者の動員が指示されるなど、収まらなかったことを示している（339）。

それより重要であったのは、クロンシュタット反乱が中央工業地域に及ぼした影響であった。クロンシュタット反乱の宣撫と鎮圧には、主として労働者反対派のような反対派が動員された。しかしソビエト民主主義を掲げたこの反乱労働者の党権力との対立は、深刻な動揺を党内の一般党員にもたらした。反乱を起こした多くの労働者や水兵は、アナーキストなどの極左派に同情的だったといわれる。この時、クロンシュタットの党委員会には一〇〇〇人もの共産党員がいたが、そのほとんどは党籍を放棄し、四一あった組織もなくなった（Kronstat: 10）。党員五〇〇名が逮捕された（253）。

おそらく古儀式派系の労働者も例外ではなかった。一九二一年四月、この鎮圧に動員されたウラジーミル県委員会から深刻な情報がもたらされた。戻ってきた党員たちは「この歴史的事件に参加して、大変深刻な印象を持った」。戻ってくると党活動に無関心となり、意気消沈した。大衆蜂起には全労働者だけでなく、かなりの層の共産党員が参加し、彼らは白軍との関係はまったくなかっただけでなく、フィンランド軍の食糧支援も断っていた。共産党がこういう大量抑圧に参加したことは、必要性を超え、秘密裡に実施されたテロに関与したというショックを与えた。

## 十人派の勝利

リヤザノフは、第一〇回党大会の欠点は分派だけでなく、政綱主義にも見て取れると皮肉っている（Desyatyi: 400）。この政綱ごとによる地方代議員の選挙は、労働者反対派が勝利したサマラのような労働者反対派の拠点をのぞけば、党中央からの圧力もあって、おおむね「十人派」の勝利に帰していた（Zorkii: 50）。

ボルガでの労働者反対派の拠点であるサマラは、宗教的には古儀式派の拠点でもあったことで有名である。一九二二年の第一一回党大会で報告したモロトフによれば、この県委員会だけが反対派の拠点であった。第一〇回党大会代表二五名のうち一六名までもが労働者反対派であった。モロトフによれば、一〇月革命時にこの地の権力掌握を指揮した「同志クイビシェフ」を派遣して「正しい」方針を伝えたが、それでもこの党組織を指導できず、その結果三五パーセントもの党員が脱落、同組織は崩壊したという。ちなみにこの県の牢獄内には党員が六パーセントもいた（Odinnadtsatii: 57）。

トロツキー派が優位だった典型例として、ウラルの中心都市エカテリンブルクを挙げることができる。エカテリンブルクでは、党県委員会の多数派をトロツキー派が占めていた(Katorgin: 56)。一九二一年二月にはトロツキー、ジノビエフが度々おとずれて自派へのテコ入れを行ってきた(Zinoviev: 482)。この結果、第五回エカテリンブルク県党協議会で選出された代議員の内訳は、「十人派」支持一七名、トロツキー＝ブハーリン派支持四名、労働者反対派支持一名であった。このような状況は多くの党組織で見られた。こうした政綱ごとの代議員選出によって、第一〇回党大会の結果はあらかじめ予想できた。しかもトロツキー＝ブハーリン派とレーニンとの了解が成立していたことも、同大会の討論内容を希薄なものとしていた。

重要な地域は、言うまでもなくイワノボ・ボズネセンスクである。そうでなくとも労働組合論争は、「ソビエト」の都市の労働者の動向を探る意図もあって、大物政治家、なかでも主流のレフ・カーメネフ、ラーリンや、繊維工業で労働人民委員代理を務めた大物ノギンが、イワノボ・ボズネセンスクを訪れている。

一月二七日には党員一〇〇〇名が参加して全市党会議が開かれ、なかでもカーメネフは、労働者はロシアに七〇〇万人だが、農民は一億二〇〇〇万人いると、農民への妥協を迫った。当時この市の党を指導したI・コロリョフも、労働者反対派に配慮しながら十人派の妥協的立場を支持した。他方で労働者反対派のキセリョフは、一九二一年二月一五日からの第一三回県党協議会に際して、自分の権力基盤であるイワノボ・ボズネセンスク党組織に足を運んで、労働者反対派への支持を訴えた。もっともここではレーニン支持の十人派が九九票、トロツキー派が一二票に対し、シリャプニコフの労働者反対派は七票にとどまった。同県の郷組織党委員会でも、レーニン主流派は五割を超えた。（以上はイワノボ国立大学ユーリー・イリイン論文）

イワノボでもキネシマ、ビーチュガ等の労働者たちは、党への切実な要求を強めつつあった。一九二一年一―六月にかけて実質賃金は平均の二三パーセント、七月にはなんと七パーセントに低下していた（20）。それでも「先進県」の「伝達ベルト」としてクロンシュタット抑圧やタンボフの「アントノフ反乱」抑圧には七〇名、後者には一一名の党員が割り当てられた。とくにシューヤ党組織には深い不満が残ったとイリイン論文は指摘する。このことが一九二二年の同市での反乱に結びつくことになる。政策転換は不可避であった。

一九二一年三月の第一〇回党大会の討論では、「十人派」からジノビエフ、トロツキー・ブハーリン派からトロツキー、そして労働者反対派からシリャプニコフが、それぞれ各派の報告と結語を述べた。さらに「十人派」のトムスキーとレーニン、緩衝派のアンドレーエフとブハーリン、労働者反対派のクトゥゾフ、メドベージェフが各派の支持討論を行った（Desyatyi: 351）。他にリヤザノフ、ドロブニス（民主集中派）が加わった。討論内容に新たな展開はなかったものの、労働者と農民の関係についてトロツキーは、「我々は今、労働組合の問題について明確な決議を採択しなければならないのであって、労働者階級と農民との関係についてではない」と述べた。トロツキーの報告は、総じて自己の提案を擁護するよりも、「十人派」政綱への注文、労働組合に関する最終的な決議を作成することとなる小委員会への実践的提案という側面が強かった。

これに対するジノビエフの報告は、労働組合論争がいまや世界労働運動の焦点となっていると述べ、おそらくレーニンを念頭に置いて、重要な問題でない労働組合の問題にわざと引き留められているとする論者は誤りだと批判した（Desyatyi, 370）。やや平板なその報告において、農民への譲歩が不可避となっている現在、この面からも労働組合は国家から自己の利益を擁護しなければならないと述べたことが注目された。

政綱ごとの代議員による採決の結果は、「十人派」支持が三三六名、トロツキー＝ブハーリン派支持五〇名、労働者反対派支持一八名であった（Desyatyi: 337）。労働者反対派はクロンシュタット紛争の鎮圧に送られた。

ブハーリンも第一〇回党大会で、労働者の前衛党が五〇〇万人の労働者と対立した、と率直に認めた。実際、第一〇回党大会では、クロンシュタット反乱と労働者反対派とを結びつける批判が繰り返し行われた。レーニンは、「私はいまでは反対派が提供するテーゼと論争するよりも「銃をとって論争する」方がましだ」とまで述べた。この派に対するレーニンの基本姿勢は「労働者反対派のなかにある健全なものと、不健全なものとをふるいわけること」であった。そしてイワン・クトゥゾフら前者は党中央委員に選ばれた。

クトゥゾフは一八八五年にスモレンスクの農村に生まれ、一九〇〇年からモスクワの繊維工として働き、一九〇六年から革命活動に入る。繊維工労働組合活動の中心人物で、一九一七年からの党員。二月革命後はモスクワ・ソビエトのメンバーで、一九一九年から二一年まで繊維工労働組合の中央委員会議長であった。一九二〇―二一年には労働者反対派でもあった。レーニンによって党中央委員に抜擢されるも、翌年は再選されていない。一九三七年に粛清される。彼の古儀式派との関係は調査できなかったが、否定する理由はなさそうに見える。いずれにしても、頑強な後者の中核であるシリャプニコフらに対しては、党の組織的・理念的統制が強化されることとなった。

## 論争の真の勝利者とは？

第一〇回党大会が開催されたときの対立の構図は、こうして論争が開始された時とはかなり異なっていた。問題はもはやソビエトの体制のなかでの労働組合の位置や活動方法ではなくなっていた。争点を、食糧税導入に見て取れる労働者と農民の関係の問題、電化計画等を押し出すことで、党の枠組を強化し、労働組合論争を収拾させることが、レーニン派とトロツキー－ブハーリン派の共通の了解となっていた。トロツキーも自叙伝『わが生涯』のなかで、「この論争は肝心の主題を対象としてとらえていなかった。（略）（食糧税導入により）組合論争はたちまちにして、まったくその意味を失った。大会での問題では、レーニンは何の役割も演じないで、ジノビエフに、発射されてしまった鉄砲玉の空薬莢を嬉しがってもてあそぶにまかせたままでいた」と述べているのも、このような事情を裏づけている（トロツキー）。

この論争の勝利者は、いうなれば「党」であった。より正確にいえば、論争がもたらしたのは、レーニン派とトロツキー－ブハーリン派との了解を基礎とした、労働者反対派など組合内左派への党規律の強化、そして労働組合全体に対する党の回路をとおした統制の拡大、であった。同大会で可決された決議、「党の統一について」、「わが党内のサンディカリスト的、アナキスト的偏向について」は、党の組織的・理念的枠組が強化されたことを公にした。分派を禁止する対象として、労働者反対派と民主的集中派とが挙げられたが、こうしたなかでトロツキー派は分派行動への沈黙を守った。

この頃から労働組合での活躍が始まるニコライ・シュベルニクもまた古儀式派から出た労働組合官僚である。父親は首都の工場で働き、母親も織工であった。彼自身は一九〇二年から旋盤工として働き、社会民主主義運動に関与、金属工労働組合メンバーとして活躍する。とくに一九一七年前後には古儀式派の拠点サマラやサラトフでも活躍し、全ロ砲兵工場労働者委員会委員長として活動している。一九二一年に労働組合の仕事に戻った時に、忠実なレーニン－スターリンの路線をとったものと思われる。彼は工業化の支持者であって、一九二九年から金属工労働組合の委員長であった。やがてカリーニンの後を継いで一九四六年から最高ソビエト幹部会議長、つまり国家元首となる。他方、党の民主化を求めたトロツキーの四六名宣言に署名して反対派となるA・ブブノフや、反対にスターリン支持を表明したA・アンドレーエフなど、古儀式派的な組合官僚の将来は、なおも多様であった。

## 労働組合への統制強化

第一〇回党大会決議「労働組合の役割と任務について」自体は、トロツキーの「揺さぶり」的労働政策への批判を媒介とした全ロシア労働組合中央評議会幹部会と、ジノビエフら共産党機関の活動家との合作であることをみてきた。それは労働組合と国家経済機関との連携を図る第九回党大会決議からの一定の転換を合意したものであった。しかしながら表現上の転換が自動的に政策転換を含意するのではないことも、とりわけ一九二一年のような急速な転換期には自明であった。そうでなくとも、すでに国家化しつつあった共産党の回路を通じた労働組合への指導・統制強化は、第一〇回党大会後のいくつかの例でもみられた。

その第一の表れは、紛争のそもそもの原因でもあったツェクトラン（輸送労働組合中央評議会）が廃止されることなく維持されたことであった。少なくとも論争の当初は、一九二〇年一二月のツェクトラン拡大総会、その後の党中央委員会総会は、交通政治総局、水運政治総局の解体と、ツェクトランの一九二一年はじめの改組、一般労働組合への転化とを課題としていた。ところが党大会後に開催された運輸労働者大会は、かろうじて存在していた他党派のメンシェビキ、エス・エルの反対を押しきってツェクトランの復活を決定した。またグラフポリトプーチ（交通政治管理総局）に類似した政治グラフクも、共産党中央委員会による運輸部門での党活動の指導・統制を目的に一九二一年秋に創設されることになった。党の機関として、であった（**Shapiro:**

323)。

共産党による労働組合への統制強化という第二の措置は、金属労働組合の人事に関してであった。一〇月革命の拠点でもあったこの労働組合の執行部は、シリャプニコフ、メドベージェフらの指導の下に労働者反対派を支持していた。第一〇回党大会後、党中央委員会は統制委員候補の名簿を金属労働組合に渡したが、金属労働組合の共産党フラクツィアは圧倒的多数でこれに反対した。党中央委員会は、しかし抵抗を押し切って、自派だけからなる金属労働組合中央委員会を任命した。これに抗議したシリャプニコフは共産党中央委員を辞任しようとしたが、受理されなかった。

## 労働者反対派の抵抗

シリャプニコフら労働者反対派の問題は、第一〇回党大会後も党内を揺るがす問題であり続けた。彼は第一〇回党大会で二五名の中央委員の一人に選ばれた。しかし八月になって党中央委員会は、中央委員からの彼の除名を二二日の会議で提起する。中央統制委員会委員を含めた会議では、半分のメンバーが除名に賛成した。しかし第一〇回党大会で決められた三分の二という除名要件を満たすことはできなかった（42）。

シリャプニコフよりも共産党にとってより大きな脅威となったのは、同じ労働者反対派でもあったG・ミャスニコフの問題であった。彼は、五月の党中央委員会あての「報告ノート」や「病んだ問題」という論文において、労働者反対派からの共産党中央批判を繰り返した。さらにミャスニコフは、一九〇五年段階での党の要求であった「農民同盟」の創設まで求めた。たしかにその時期ボリシェビキは、労働組合（Soyuz）と農民同盟（Soyuz）の創設を綱領的要求として提起していた。一〇月革命後も農民同盟創設の要求は、当の農民をはじめとして、少なくとも二〇年代末まで繰り返しなされていた。さらにミャスニコフは八月二二日の党除名決定に対し、ペルミ県での党会議に、三一名のモトビリヒン地区の党員とともに押しかけて抗議した。このため一九二二年二月一五日になって党中央委員会書記のモロトフは、彼のロシア共産党からの除名を決定した（Pyzhikov: 43）。二〇日には政治局も彼の除名を確認した。

ひるむことのない労働者反対派の二二名は、一九二二年二月に、建前上はロシア共産党の上級組織であるはずのコミンテルンに抗議声明を発する。その際、ロシア共産党には非労働者が六割で、労働者は四割しかいないことをも明らかにした（59）。その労働者反対派の中には非ロシア的な名前は一人（G. Bruno）しかいなかったことは、いかに労働者反対派の基盤が古儀式派的ロシア人にあったかを物語る。この大会でコロンタイは果敢に、党内少数派としてネップへの移行は「資本主義への後退」に他ならないと指摘した（91）。

古儀式派環境から出てきたこの「労働者反対派」の「下からの」、そしてロシアからの異議申し立ては、しかし成功しなかった。一九二四年にレーニンが亡くなる後のロシア－ソ連共産党では反対派に転じたトロツキーもまた敗北、二五年にはジノビエフ、カーメネフも反対派となるものの、弾圧されるという運命をたどった。

## トムスキーが陥った逆説

このような党内の状況と同じような事態が労働組合でも進んだ。共産党官僚による労働組合への指導・統制の、最大の、そして逆説的な例は、全ロシア労働組合中央評議会幹部会議長トムスキーを、組合活動からしばらく追放したことである。今やトムスキーが署名し、支援した党決議の下で、他ならぬ彼自身が処分されることとなったのである。

一九二一年五月一七日から開かれた第四回全ロシア労働組合大会は、いわゆる「新経済政策」が次第にその姿を表しつつあるなか、しかし労働政策については旧来の方針の下で行われた。トムスキーは初日の全ロシア労働組合中央評議会幹部会議長の演説のなかで、「党大会は、新しくつくりだされている事情、新しい状況のもとでの労働組合の役割と任務だけでなく、その他その活動方法をもさだめなければならない」とその目的を述べた（Chetvertyi: 263）。同日夜の党フラクツィア会議で、トムスキーはツィペドロビッチとともに労働組合の役割と任務に関するテーゼを提出し、可決された。

リャザノフの修正提案に個人的には賛成しなかったトムスキーだったが、修正決議を通したこと、リャザノフの関与を党中央に報告しなかったことを理由として、翌日、レーニンやブハーリン、スターリンらによって、党中央委員会の労働組合への代表という役割を解かれ、同労働組合大会への参加は停止された。トムスキー、および連座したルズタークは、この責任をとってしばらくタシケントに派遣された（Shapiro: 324）。またリヤザノフは労働組合での活動を停止された。全ロシア労働組合中央評議会の活動報告と役割・任務の提起は、トムスキーに代わって、シュミットとロゾフスキーとが行うこととなった。こうして全ロシア労働組合中央評議会幹部会議長トムスキーは、党中央委員会からの党フラクツィアへの指導のみで、労働組合大会に諮ることなく、その職をしばらくではあるが、追放された。

結局、彼が労働組合指導部に戻ってくるのは一九二一年一〇月になってからである。第四回全ロシア労働組合大会決議は、「労働組合の即時の「国家化」と同様、中立主義の観念の誤謬」を指摘した（Chetvertyi: 67）。

労働組合の役割イメージが、ネップの政策枠組みに転轍されたのは、一九二二年一月以降であった。大衆の利益を労働組合が擁護する権利は、第四回全ロシア労働組合大会においては、外国への利権の供与、およびクスターリ工業に制限されていた。しかしネップによる私的商業、経営の全面的復活によって、この権利は大幅に拡大されることとなった。資本主義下での契約当事者関係に類似した行動様式が、組合と企業との間にみられるようになった。さらに組合は「全員加盟制」から「自由加盟制」へと、その組織原理までを転換した。こうした条件の下で労働組合は、プロレタリア独裁と党への支持を要求されることによって、以前とは異なった問題をかかえこむこととなる。

## レーニンを頂点とする「無神論者の教会」

労働組合論争とクロンシュタット反乱を受けて第一〇回党大会で、レーニンは突然「党の危機」を訴え、「プロレタリア独裁は共産党を通じて以外はあり得ない」と断定し、党内分派、グループを作ることを禁止した。中央委員ですら三分の二の支持で除名されるという規定を設けたことは、党内多元主義への痛打となった。書記局からトロツキー派が一掃された。代わってレーニンが党中央の強化のために頼りにしたのは十人派で、なかでもモロトフは筆頭書記、政治局員候補へと、またたく間に抜擢された。

なおも抵抗した労働者反対派の幹部は、分派であるとして党からの厳しい処分が待っていた。同時に、この第一〇回党大会が、共産党組織におけるトロツキー派や労働者反対派の没落の始まりであったことを指摘することも重要であろう。

ヒエラルヒー（位階制）という言葉は、もともとギリシャ語である。hierosとは聖職者、archeとは権力を意味する。つまり教会の秩序である。下級聖職者の人事を介した人事の連鎖の頂点に、法王や総主教が位置した。皮肉にも、無神論の共産主義者がこの論争を通じて作り上げたのは、異端を排した巨大な党位階制であった。まさに無神論者の教会である。その頂点にレーニンが位置したが、実際には党書記局と組織指導員部が人事権、つまりノメンクラトゥーラを握り始めた。第一〇回党大会では党書記局からクレスチンスキー、プレオブラジェンスキー、そしてセレブリヤコフといったトロツキー派が一掃され、代わりに古儀式派系のモロトフが筆頭書記となった（下斗米17: 68）。

モロトフこそ古儀式派系共産党の中心、真のリーダーといっても過言ではない。一九一七年のペトログラードの最初の指導部にシリャプニコフらとともにいたからだ。その後、ニジニ・ノブゴロドで働いた彼は、レーニンの仲介で最初の官房長官ボンチ＝ブルエビッチとも親しくなり、戦時共産主義末期にはクレムリンで労働組合論争などを論じた（Chuev 02: 235）。このこともあってレーニンは新書記に対し、書記とは政務担当であるべきで、事務長であってはならないと語った。これには伏線があって、スターリンが彼を推薦したとき、レーニンは「モロトフはロシアで一番の書類係の書記だ」と言ったことがある。党書記としてのモロトフの最初の仕事は、農村危機対策、なかでもタンボフの農民反乱、クロンシュタット反乱鎮圧のために労働者反対派などの党員と赤軍を動員することであった（下斗米 17: 70）。

さっそく新書記モロトフは三月半ばに、クロンシュタット反乱抑圧という党指示を非常委員会のゼルジンスキーに示した。ポーランド貴族でビャトカに流刑され、モロトフの祖父の工場で働いた経験のあるゼルジンスキーとモロトフは、国内危機が深まっている状況に対応して、党の力を非常措置機関に投入すべきことを訴えた（同 :69）。当時レーニンも、革命の危機に際しモロトフを通じてゼルジンスキーに、夏から秋にかけての非常委員会の活動計画策定を求めた。ゼルジンスキーの非常委員会の党政治局の窓口はモロトフだった。

## 党内右派の勝利

第一〇回党大会から第一一回党大会にかけて、共産党最高指導部内では赤軍とフルンゼの役割が強まった、とそのモロトフは回想している。フルンゼは一九〇五年当時のイワノボ・ボズネセンスクでのボリシェビキ指導者で、古儀式派ではないがその後トロツキーの後継として陸海軍人民委員を務め、一九二五年に亡くなる。レーニンの病気もあって、政治局員内での役割は低下していた（Chuev 02:282）。政治局員について、レーニンは従来通り五名とすべきだと述べたが、フルンゼは、ルイコフとトムスキーを追加すべきことを主張して通った。モロトフはこの人事を党内右派の勝利とみた。

フルンゼが台頭する中で注目すべき人事は、一九〇五年の盟友だったブブノフの一九二二年四月からの党書記局への登用であった。彼は古儀式派的視点からしてもユニークである。古儀式派拠点のイワノボ・ボズネセンスク生まれの初期ボリシェビキ党員、一九〇五年にイワノボでフルンゼらとともにストライキを組織した。一九一八年に左派コムニストとしてブレスト講和に反対、労働組合論争時には、最高国民経済会議で繊維工業のグラフクの長、つまり繊維工業の政治的監督を務めた。党内では民主集中派の指導者だったが、クロンシュタット反乱鎮圧のために同地に派遣されているのは、労働者反対派のシリャプニコフなどと同様である。

ネップへの転換と、本格的な市場経済への転換に際して、赤軍と農民を束ねる役割が、レーニン没後のブブノフに任されることになった。こうして一九二二年から二四年二月まで、共産党中央委員会書記局員兼宣伝部長として、赤軍の盟友フルンゼらとともに党の方針を宣伝する役割を担った。もっとも一九二三年秋には他の民主集中派とともに、トロツキーらの四六名の反対派の声明に名を連ねている。このこともあってか、一九二四年からは書記局候補に格下げとなった。その後、軍への政治的お目付役でもある赤軍政治管理部長兼『赤星』編集長として二九年まで、党の軍への指導にあたった。

ちなみに、一九二六年から党書記局組織配員部勤務となって、三〇年代から人事政策に関与、その後三六年九月から内務人民委員となり大粛清を担当したのはニコライ・エジョフだが、内戦時にトゥベーリの古儀式派工場で働いていたとして、彼も古儀式派ではないかと推定しているのは歴史家ピジコフである。ほぼ同時期に党中央委員会書記として三二年から組織配員部長となるのは、イワノボの古儀式派系のポストイシェフである。

このことからしても、古儀式派との関係は最も深いと考えられる。しかもレーニンに対する単なる反対派ですまされない重要性が、イワノボ出身のこの共産党活動家には与えられた。事実、全ロ労働組合議長、政治局員となるミハイル・トムスキーに対し、最高国民経済会議に移っていた古儀式派系のアレクセイ・ルイコフが同調している。ちなみにレーニンの後継首相となるルイコフ、そしてトムスキーは、一九二〇年代末まで政治局員、左派コムニストから転向するブハーリンとともに、一九二〇年代の共産党「右派」を構成し、政治局で主導権を握る。一九二九年にはスターリン、モロトフらの党主流派から追放されることになる。このルイコフ（在任一九二四—三〇）の後任ビャチェスラフ・モロトフ（同一九三〇—四一）もまた古儀式派系で、しかもビャトカの古儀式派が強い同じ村の出身、隣家の出でもあったことは先述した。

## ネップの下での指導部と古儀式派

ネップはこうして一九二一年春に、農民反乱やクロンシュタット反乱を背景として緊急措置として導入されたが、最高指導部の間では、依然としてこれを臨時的措置と考え、一刻も早い「社会主義」導入を推進したいレーニンやトロツキーの路線と、これに対しより穏健に農民との合意や社会との和解を図りながら進めたい古儀式派系のルイコフ、カリーニンらとの路線対立が存在した。

さらなる展開は一九二二年の第一一回党大会で、トムスキーが政治局員としてカムバックする、というどんでん返しがあった。また古儀式派系の共産党右派とみられたルイコフも、政治局員として復活した。どうやらこの政治局での新人事は、赤軍のスターになりつつあったイワノボ・ボズネセンスクの指導者で赤軍を指導したフルンゼが、レーニンの反対を押し切って推薦したことによる（下斗米 17:84）。こうして、一九二二年以降、この右派路線が強まり、さらに二四年一月のレーニン死後の第一三回党大会でこの路線はいっそう積極的に推進されることになる。

ここまでがレーニン、トロツキーの一〇月転換から続いた最後の強硬策であった。あるいはそう思われたかに見えた。しかし一九二三年を通じて、民主集中派のサプロノフも指摘したように、「ルイコフやカリーニン」らの右派的な農業重視路線が勝利したことは、ソビエト体制と大衆、とくに古儀式派との関係を再確認することを意味したともいえよう。一九二四年からのソビエト活発化は、農民ソビエトとの架橋を試みる動きであった。労働組合の活発化も、繊維工など古儀式派世界との和解の試みであるということもできる（下斗米 82）。何より一九二五年もまた、イワノボ・ボズネセンスクの繊維工が始めた抗議活動がきっかけであったことは旧著で示した（下斗米 82）。

共産党右派の政治家は、こうしてロシア人で古儀式派系の革命家が総じて多かったといえよう。なかでもミハイル・フルンゼは、自身は古儀式派ではないが一九〇五年以降イワノボ・ボズネセンスクに派遣されて以降立場を強めたボリシェビキ党指導者で、とくに古儀式派と赤軍の関係を担当し、とりわけ、内戦を勝利に導くことで急速に支持を集めた。第一一回党大会ではレーニンと対立してでも、ルイコフやトムスキーといった右派を政治局員にしたとモロトフは見ていた（下斗米 17: 87）。スターリンの赤軍に対する硬直した指導とは対蹠的であるとして、将来の指導者の呼び声も高かった。このことは、当時の右派とジノビエフら左派、そしてスターリンのような中央派の関係を微妙にしていた。

ところが一九二五年一〇月の手術中にソルダテンコフの病院（現ボトキン病院）で急死し、その死をめぐって疑惑を呼んだ。そもそもフルンゼ自身そのような手術は不要だと妻に書いていたほどであった。この急死をめぐるクレムリンでの噂は、著名な作家ボリス・ピリニャークが翌年四月の『ノーヴィ・ミール』誌で「消されない月の話」で「軍司令官の死」と題するフルンゼの手術死にまつわる醜聞を書いたために、回収騒ぎにまで発展した。ピリニャークはその直後に日本に旅行したが、一九三七年に「日本のスパイ」として銃殺刑となる。当時ミコヤンは、党内対立のなかキーロフとともにスターリンと接触している関係であったが、回復祈願の手紙を書いたという。そのような事情通であるだけに慎重ながら「フルンゼの死は偶然ではなく」、スターリンはフルンゼのような「独立して権威ある政治指導者」よりは、自己により忠実な赤軍指導者を求めていたと書いている（Mikoyan: 285）。国家元首で古儀式派系のカリーニンも、二〇一一年に刊行された『歴史の諸問題』に収録された日記の中で、「最近功績ある」赤軍軍人たちが、「謎めいた状況下で」亡くなっていることに注意を払っていた（VI: 11: 4: 101）。

この論争がある意味で思い起こされるのは、一九二八年以後になって、右派路線がスターリンら主流派から否定され、工業化の名のもと農村への大攻勢が始まる一九二九年の過程である。その中でルイコフ首相が解任され、スターリン派の若いモロトフが任命されるのは一九三〇年末となる。スターリン革命において、首相クラス以外でも古儀式派系と目される政治家、革命家、労働組合関係者の運命は大きくわかれることになる。

スターリンの上からの革命に抵抗する指導者たちの中には、モスクワの共産党右派、繊維関連企業の活動家がいた。古儀式派金属工であったシリャプニコフはレーニンをも批判する立場であって、早い段階でスターリン体制に批判的な反対派であったが、お決まりの運命をたどった。労働者反対派やイグナトフ派、さらには民主集中派の指導者もまた抑圧される運命を免れなかった。ブブノフの場合、イワノボの古儀式派系赤軍関係者との関係があった。それでも抑圧の運命を免れ得なかった。しかし他方では、ボロシーロフなど軍人としては無能であったがスターリン支持の重要な柱となって生を全うした人物もいる。

古儀式派系の労働組合活動家の中には、カリーニンやアンドレイ・アンドレーエフ（最高ソビエト幹部会議長、一九三八―四六）のように、労働組合論争の中から存在感を増した異端的「偏向」にもかかわらず、ある意味で国家元首的統合の役割を期待されて生き延びたものもいた。革命前のボリシェビキ、繊維や金属といった労働者出身、古儀式派という宗教上の立場が喧伝されることはなかったとしても、ロシア人であることは大衆にはわかる存在であった。

# 第5章

# 革命権力と「神」、そして「崇拝」

## 「無神論」権力と宗教

文化という角度からロシア革命やその後の社会主義建設を考える時、そこでの宗教のあり方についても考えざるをえないのは当然であろう。宗教は文化の中で最も重要な要素のひとつである。この点でマルクス主義は無神論の立場をとり、「宗教は阿片なり」といったスローガンでもって「革命」を目指したと信じられてきた。

しかしすでに述べてきたように、ロシア革命以前から革命党の中でも「無神論」と「建神論」の葛藤は存在した。他方で一九〇五年にも一九一七年にも、多くの労働者兵士、そして党員たちが福音書を手にし、宗教的スローガンを掲げて革命を推進していたというロシア革命の実像が次第に浮かび上がってきた。

そうしたなか、あるいは歴史を先取りすれば、ソ連時代をへても消滅することのなかったロシアの宗教や教会とならんで、革命権力が好んで推進した権力や指導者への「崇拝」があったこともまた事実だ。なかでも一九二四年につくられたモスクワの「レーニン廟」は、ソ連共産党の創始者レーニンの遺体を保存した聖廟として、その後の毛沢東廟やホーチミン廟、さらには金日成廟などのモデルとして存在してきた。キリスト教のような宗教からは自由になっても、「信仰」や「崇拝」そのものからは必ずしも自由になれないことは、フランス革命での「理性」信仰にも現れていた。本章では、この共産党権力の「神」とのたたかいをめぐる政治指導部の矛盾と葛藤を考える。

その場合、レーニンの最初期からの秘書で、ソビエト政府最初の官房長官、正確には事務管理部長（在任一九一七―二〇）であったウラジーミル・ボンチ＝ブルエビッチを通じて考察したい。彼は一九〇二年の社会民主労働党第二回党大会において、同党で最初に宗教にかかわる決定である「宗派間の活動」を起草した人物であり、なにより一九二四年のレーニン廟の建設にも深く関わった。無神論者にして共産党権力者らの、宗教との意外な接点を彼の事績を通じて検討してみたい。

すでに述べてきたように、農村内の反体制的な古儀式派などの宗教集団と社会民主労働党、とくにレーニン派とは微妙な同盟関係を維持しようとした。こうした背景の下、一九一七年のロシア革命では、農民や兵士たちが急進化した。彼らから見れば敵は「アンチ・クリスト」のツァーリ体制であった。これを宗教的理由から敵視した古儀式派出自の大ブルショワジー（グチコフ、リャブシンスキー、モロゾフ、コノバロフらの一族）は、二月革命に際して権力側となった。皇帝ニコライ二世が三月に退位し、グチコフ国防相、コノバロフ貿易産業大臣らがリベラル派の臨時政府をつくるものの、その後も体制崩壊の力学は止まらなかった。

一九〇五年革命時にイワノボ・ボズネセンスクやモスクワ、サンクトペテルブルクで生まれたソビエトという組織が、一九一七年の二月革命でも再活発化しだした。この組織も一部は古儀式派、とくに無司祭派系の信徒集団のレプリカであり、歴史的にはソボールノスチといわれた、かっての集団主義的な組織体の再生でもあった。元来、無司祭派では、鉄道などの交通手段から映画等にいたるまで、新奇な事物を取り入れるべきかは、信徒集団の会議を開いて決めていたというが、これらはしばしばソビエトとも呼ばれた。

古儀式派とソビエトの起源が深い関係にあったことは、第3章で議論してきた。ソビエトが生まれたイワノボ・ボズネセンスク市で、古儀式派の労働者が三分の二を占めたことでも分かる。一九〇五年と一七年の革命では、いずれもこの組織体がモスクワや首都で、そして農村や工場で忽然と現れることになった。レーニンは、彼らの社会的爆発の結果として権力を握った。ここでは一九一七年の二月から一〇月までの、権力と宗教の関係は割愛するが、当時宗教的であることと革命的であることは矛盾しなかった。

## 無神論者レーニンと宗教

一九一七年一〇月革命後、レーニンが率いる人民委員会議という政府が、ソビエト権力の下で生まれた。この最初のソビエト政府には、内務人民委員のルイコフや貿易産業人民委員のノギンのように、古儀式派と深い関係があったボリシェビキ党員が参画していた。彼らは党内でしばしば右派と呼ばれ、レーニンやトロツキーのような革命派とは一線を画し、戦時共産主義体制において辞任したのは偶然ではない。いな、最初の教育人民委員となったルナチャルスキーは、レーニンには忠実だが建神論者であったことは明らかであった。こうしたなかで、レーニンらの無神論的な原理主義者と、多くの古儀式派系党員の柔軟な宗教利用の「右派」との間で微妙な舵取りを行ったのが、初代官房長官となったウラジーミル・ボンチ＝ブルエビッチであったことは言うまでもない。

ロシア革命において最大七〇〇万人はいたといわれる農村出の革命兵士の多くは、「キリストのもとへ」というブロークの詩「一二」が示唆するように、農民歌や宗教歌を唱うことができ、農村のキリストの歌「キリストのマルセイエーズ」等を唱いながら行動した。このような変化の時代では、伝統主義者が革命的であることは決して矛盾しなかった。ちなみに最近の研究では、エイゼンシュテイン監督の映像とは異なって、一九〇五年の戦艦ポチョムキンに翻っていたのは赤旗ではなくウクライナ・コサックの旗であったことが分かっている（Politicheskii klass, 2009: No.6,7）。コサックたちも古儀式派、とくにネクラソフ派などの熱心な信徒であった。

一〇月革命後、ソビエト権力になってからの宗教についての最初の重要な決定は、国家と宗教、つまり正教との分離であった（Leninskii Sbornik, XX1, 1930: 109）。これはフランス革命と同様、民主化の当然の要請でもあった。一九一八年二月、教会と国家の分離に関するロシア革命政府の決定には、首相のレーニンと事務局長ブルエビッチの署名があった。この結果、国家から切りはなされたロシア正教会は、ピョートル大帝以来禁止されていた総主教座を一九一七年二月革命後に再興し、同年末にはティホンを第一一代の総主教の地位につけていた。

もっとも、ティホン率いる正教会は、ただちにボリシェビキ政権との間に対立をきたした。少なくとも、厳しい無神論者としての姿勢を崩さなかったレーニンは、宗教と国家との分離にとどまらず、潜在的に敵対勢力である正教会に厳しい態度で臨んだ。これによってレーニンは、教会の持っていた力、とりわけ経済的実力を削ぐことを目指すようになる。

もっともこれは、レーニンが宗教に関心がなかったことを意味しない。レーニンは、クレムリンにあっても一八－一九世紀のモロカン派の手稿などを読んでは、どうしてこのことを研究しなかったのだろうかとブルエビッチに話したという（Klibanov 73: 74）。モロカン派とは霊的キリスト教系の宗派であるが、元来テクストを持たなかった同派の聖歌を、ボンチ＝ブルエビッチが記録したものであった。大祖国戦争が終わって、宗教への抑圧が減じた一九四五年にボンチ＝ブルエビッチは、弟子のクリバノフにこのことを想起させ、科学アカデミーからこの論集を出すことをすすめた。しかしこのことは、レーニン自身が建神論のゴーリキーやルナチャルスキーなどに示したように、党内できわめて厳しい無神論的態度を取ることと矛盾するものではなかった。

彼とレーニンが行った決定のひとつは、古儀式派信徒にとっての「第三のローマ」にして聖都のモスクワへと首都を移転することであった。一九一八年三月に革命政府がこの決定を下したのは、ドイツが革命に介入するのを回避するためだと言われてきたが、実は宗教的背景も見逃せない。古儀式派農民からいわせれば、「ペトログラード」とは、宗教敵であるピョートル大帝が作った「アンチ・クリスト」の町なのであり、それに対してモスクワはルーシの聖都なのである。

レーニンらの革命権力と農民革命との同床異夢も、先に述べたように一九一八年頃から暗転し始める。コムニストとは農民にとって、自分たちを赤軍兵士に駆り出し、馬と穀物をとりあげる、仮借なき革命権力を意味していた。実際、この頃からタンボフやヤロスラベリなどの地域で、古儀式的要素を含む農民とコムニストとが衝突するようになる。ましてや革命権力が無神論的立場を強化すれば、古儀式派信徒も態度を硬化させる。

こうした古儀式派も絡んだ反共産党蜂起は、一九一八年半ばまでに目立ち始めた。なかでもイワノボ・ボズネセンスクに近接するヤロスラベリでの七月の攻防では、無司祭派が白軍のペルクロフ大佐を支持していた（レーニン図書館手稿部 fond. 369, op.38, delo. 15, l. 10, 以下 f369/38/15/10）。武装した君主主義者や白軍による反革命闘争は七月二日から二一日まで続き、モスクワ近郊の歴史的都市で起きたということが、革命派権力を驚かせた（Yarosravskoe vosstanie）。このとき二〇〇名以上の革命派が殺害された。その後、赤色テロ、つまり革命派による暴力の行使も広がっていった。古儀式派にも造詣の深い、戦前からの歴史家でもある議員で、人民社会主義党のセルゲイ・メリグノフはこうしたテロの犠牲者数が五〇〇〇人に達したと書いた（メリグーノフ：69）。

内戦末期には、一九二一年のクロンシュタット反乱に見られるように、ソビエトと共産党とが正面から衝突した。内戦期前後の暴力や教会をめぐる略奪には宗教戦争の色彩もあった。古儀式派からすれば正教会は、長い憎しみの対象であった。もっとも古儀式派の教会や施設も、革命権力によって抑圧されたり閉鎖されたりした。

## 宗教的コムニズムとブルエビッチ

それでもなお古儀式派やその流れを汲む各宗派は、レーニンやブルエビッチから見れば、帝国と一体化したロシア正教会の「敵」である。つまりは革命の潜在的同盟者であった。鞭身派、新福音洗礼派、またドゥホボール派等、正式には霊的キリスト教とよばれた急進派は、宗教上の理由からであったが私有財産を否定し、共同生活を奨励していた。これこそがコムニズムではないだろうか。彼らと共闘することで、そして彼らに土地を提供し指導することで、社会主義へといたることができる——。一九一八年三月にロシア共産党と改称したきっかけの一つとしては、このような楽観論があっただろう。

ちなみに共産党機関誌となった『コムニスト』は、もともとは一九一五年からボンチ＝ブルエビッチが経営してきた社会民主労働党の『生活と知識』誌が、首都移転後に『コムニスト』へと統合されたものである。したがってその編集関係者は、トルストイ派の影響のある『レスナヤ・ポリャーナ』との関係が深かった（f369/168/55）。この意味ではコムニズムという言葉には、少なくともロシア共産党へと改称した当初は宗教的な含意すらあった。

もっとも、ブルエビッチのこのような親宗教的な思想傾向には、共産党内での無神論、とくにトロツキーら反対派からの反発があった。一九一九年三月五日、ロシア共産党中央委員会ビューローでは、ブルエビッチが「コムニスト」という協同組合を立ち上げ、人民委員会議事務局の協力でこれを指示していることへの警告を、レーニンを通じて発することが決定された。これ以上、政府官房の職務を利用して宗派を援助した場合は解職するという警告であった（Vladimir 75: 577）。

戦時共産主義の下でこのようなブルエビッチ的な意味での「コムニスト的協同組合」をめぐる状況が悪化する中、ブルエビッチは政府の事務局長としてではなく、今度は農業人民委員部と組んで、私有財産を否定している宗派や古儀式派農民をこの「コムニズム」に導く計画を進めた。彼らの間にオプシチナ（自発的共同体）、手工業者のアルテリ（組合）、コンムーナ（共同体）建設への強い潮流が生まれていた。ヤロスラベリ県ダニロフ市では、古儀式派系遍歴派の製粉アルテリがうまれた。このような例を挙げてブルエビッチは、ツァーリ政府に不服従だった数百万の遍歴派や逃亡派の人々が今や定住し、権力を人民のものと見ていると書いた（f369/35/29）。

宗派といっても当時は二つの潮流があり、ロシア＝東の出自としてはモロカン派、ドゥホボール教徒、去勢派、鞭身派、さらにはトルストイ派などがあった。これに対して、西欧出自の福音派、洗礼福音派（新旧）、再臨派などもあった。帝国主義期には反軍的だった彼らも、ソビエト権力に対し軍務拒否をする派とそうでない派がある。福音派などは武器を持つことを原則拒否したが、「新イスラエル」派のように「階級敵との戦い」に参加した派もあった。モスクワの禁酒派やドゥホボール教徒は分裂していた。

ザカフカーズのドゥホボール教徒は、二三のコンミューンに六〇〇〇名が働いていただけでなく、カナダの同胞にもコンミューン運動への参加を呼びかけている。帝政期の抑圧を逃れて南アメリカに渡った新イスラエル派やカリフォルニアのモロカン派も、ロシアへ復帰しようとしていた。彼らはブルエビッチに手紙で、「コムニストの原則で」戻ろうと言ってきたという（f369/35/30）。とくに新イスラエル派は全国大会でコンムーナ作りを決議した。こういった人々は、革命ロシアでキリスト教コムニズム、宗派のソフホーズを打ち立てようとしているとブルエビッチは歓迎した。「正教からは容易にコムニズムを作ることができる」とまで彼は主張した。飢餓もあって、ソフホーズも集団農場も、いな個人経営が崩壊の危機に瀕している。農業人民委員部に特別部を作って、集団的創造力で農業コンムーナを全国家的なものにしなければならない、彼はこう締めくくっている（f369/35/33）。

このような共産主義と宗派との協力という計画を、共産党の外で支えていたのはトルストイ派であった。かつてレーニンとも親交のあったトルストイ主義者のパーベル・ビリュコフは一九二〇年に亡命先スイスから戻ってきて、この宗派の「共産主義」作りに協力した。彼は帰国と相前後して当局に対し、雑誌『宗派のコムニスト』を発行する提案をした。この中で彼は、ソビエト国家では今や、良心の自由と、宗教と国家の分離の原則に基づいて、「農民の間に新たな真剣なコムニスト運動」が起きているとしたが、このコムニズムとは集団主義農業のことを指した。このような運動が、異端的で秘密主義的な宗派の活動と結びついているとして、農業的コムニストであるトルストイ派、モロカン派、新イスラエル派、福音派等を挙げた。その上で、そのような運動を展開するには雑誌は有効だと主張した。ただしコムニストといっても、共産党のそれではないし、宗派だからといって、新しい宗派を作るのではないとも念を押した。彼はこれにより、農民とコムニズムの問題は解決できるだろうと楽観的に述べた（f369/377/18/29）。

同じ趣旨で、一九一九年の第七回全ロシア・ソビエト大会でイワン・トレグーボフ（一八五八―一九三二）は、「宗派・コムニスト」と称して、両者の協力を訴えた。彼は聖職者の家に生まれ、革命前から宗教家で、非暴力主義者であったが、ブルエビッチと同様、当局による宗派追放がきっかけで古儀式派などの宗派と深い関わりができた人物であった。トルストイ派の反戦主義者であった彼は、ロシア革命後の一九二〇年には農業人民委員部に勤務し、宗派信徒集団の指導員として、彼らのコンムーナ作りに協力した。もっともビリュコフは、一九三〇年前後に再び亡命することになったし、トレグーボフは一九二〇年代末の集団化に反対して逮捕され、一九三一年六月にカザフスタンに追放され、墓標もない非業の死を遂げる。

## 信仰と兵役拒否のジレンマ

こうしたなかで出てきた新しい問題は、古儀式派を中心とした宗派とソビエト権力との関係、宗教的理由での赤軍への懲兵拒否であった。ツァーリ時代には、宗教上の理由で徴兵拒否をすることは、メノン派とドゥホボール教徒以外は許されていなかった（f369/38/15/9）。一〇月革命後の一九一八年二月にトロツキーらの主導で赤軍が組織されたが、そこで問題となったのが、平和を求める農民の反戦・反軍感情であった。以前は戦闘意欲の高かったバプチストまでもが、兵役拒否に転じだした。

一九一八年二月にレーニンらは、ソビエト国家と宗教との分離を宣言したばかりだったが、ソビエト権力にかかわる指令の当初案でも、「誰も宗教的観点の理由を根拠として、市民的義務を遂行することを断ってはならない」と規定された。しかし、一九一七－一八年の思いがけない革命は、キリスト教正教の中からも、トルストイの影響を受けた「禁酒派」のような宗教的反戦派を生みだしていた。一九一七年末、彼らは指導者Ｉ・コロスコフの下に、「真のイエスの教え」、反戦、そして「理性へ」という集会をモスクワで開き、五〇〇名程度が参加した。彼らはツァーリの下で苦しめられ、追放されていた人々であったが、ブルエビッチの紹介でレーニンの下にやってきて、あらゆる兵役からの解放を求めた。彼らと話し合いの場を持ったレーニンは、その強い信仰と兵役拒否の意志に打たれ、彼らの生涯に興味すら持ったという。この宗派では「キリストのマルセイエーズ」といった歌まで唱われた（f3369/69/17/3）。彼らの訴えが奏功したのか、その後レーニンの提案で、兵役義務の部分は削除されることとなった。良心の自由と兵役義務とのジレンマは、旧体制の下でも問題化していたが、革命権力にとっても問題となってきた。

赤軍指導者のトロツキーとボンチ＝ブルエビッチとは、この問題で対立した。というのも一〇月革命から一九二〇年まで、宗教問題の専門家として政府の宗教対策を担当していたのは、事務局長のボンチ＝ブルエビッチであったからである。ブルエビッチは、宗教上の信念で赤軍に従事することができない場合、この市民的義務を別のものに替える代替勤務がレーニンの考えだと主張した（Klibanov, 69: 188）。これは一七年革命の中で軍務拒否を進めたレーニンと一致するかに見えた。実際、一九一八年の最初の一〇カ月で三〇〇―四〇〇名がこの理由でもって軍務を拒否した。一九一八年一〇月二二日付革命軍事ソビエト指令一三〇は、①自己の信仰の証明を司法機関に示すこととし、②軍務に代わってただちに衛生業務に就くこと、を決定した。

とくにトルストイの考えを信奉する「キリスト教アナーキズム」の流れを汲む人々は、革命権力の国家防衛を一切拒否する態度を取った。一一月一八日、できたばかりの宗教組織・集団（これは宗派を革命政権が言い換えた呼称であった）合同会議は、当局に対しこの指令を再考するよう求めた。このため一九一九年一月四日、人民委員会議は「宗教的信念による軍務拒否」に関する決定を出し、人民裁判所は限定的理由がある場合には代替任務へ振り替えることを認めた。クバンでは福音派がこの決定を理由に兵役義務を拒んだ（f369/35/29/24）。もっとも、この宗派の合同会議は「反革命的」な性格があるとして一九二二年に解散させられ、二六年には一九年指令も廃止された。またニジェゴロドなどでも、一〇月革命に肯定的であったトルストイ派の軍務参加拒否をめぐる裁判などが報告されているが、先の一九年指令などの精神で解決されたようである（Obshchestbo 2002: 114）。

他方で、革命権力と宗教的理由に基づく良心の自由、ないし兵役拒否に関して、ドゥホボールやモロカン派のような古儀式派系、もしくは霊的キリスト教の宗派や福音派のようなプロテスタント系宗派でも問題が生じた。なかでも一九二〇年代の全ロシア福音キリスト教同盟は、指導者イワン・S・プロハノフ（一八六九―一九三五）が中心となっていた。プロハノフはモロカン派から福音派に転じ、革命前は国内で迫害を受けたため、英国で福音派の教育を受けた人物である。軍内部での福音派の軍事活動拒否を通じて、彼は勢力を伸ばし、旧帝国崩壊に一役かうことになった。

一〇月革命後もプロハノフは、福音派や再臨派を基盤とした全ロシア福音キリスト教同盟を指導し、同盟員が二〇万人に達するほど成功した。だが、一九二三年になって福音派教徒の間では、赤軍の軍事活動を拒否すべきかどうかの問題がさらに深刻化する。多くの信徒は心情的・宗教的な軍役拒否派であった。ところがこれを拒否すべきでないと言いだしたのが、このプロハノフであった。それもあって福音派は二三年の大会で分裂し、キリスト教反対派全体の勢力を失い、「道徳的崩壊」にいたった。この顚末をプロハノフは当局にも報告していた。

このような宗教・宗派に対する政策は、ソ連の政治警察の重要な活動ともなっていた。一九二四年、ソ連の政治警察である統合国家政治保安部（ＯＧＰＵ）秘密部のツチコフ第六課長は、副議長メンジンスキーに対し、宗教団体における政治工作の報告をしているが、この第六課が宗教対策の要となっていく。レーニンの死後、政治力を持ったこの機関はゼルジンスキーの下で急成長を続けたが、次第に無神論を重視するようになる。プロハノフ自身はその後も宗教的協同組合活動を続けたものの、スターリンの集団化が迫る中、活動ができなくなり、一九二八年に出国し、三五年にベルリンで亡くなっている。ちなみに一九六〇年代末から『イズベスチヤ』紙で中ソ対立をあおって以来プーチン体制の今日まで、クレムリンで右派愛国的潮流を代表する評論家アレクサンドル・プロハノフは彼の孫である。

## トロツキーと宗教的異端派

話をブルエビッチに戻す。こうした圧力もあって、一九二〇年末にボンチ＝ブルエビッチは、人民委員会議事務局長、つまり政府官房長官という要職を去る。その背景には、宗教問題をはじめとする彼の論敵であるトロツキー、クレスチンスキーといった共産党内のユダヤ人系政治家の存在があった。彼らは宗派との協力にも、その「コムニズム」建設にも興味がなかった。一九四五年六月のブルエビッチの回想では、トロツキーらがレーニンに圧力をかけ、「陰謀によって」解任させたとある（f369/36/3）。もちろんこの回想は公表されなかったし、この系列の人々の多くは粛清された反対派であったので、回想の評価には慎重であるべきだが、あとで見るように根拠は存在する。党内での彼の敵がいずれもユダヤ系無神論者であったのは興味深い。そしてこの問題はその後も続く党内での思想的伏流ともなる。

トロツキーも、このような宗教的異端派と革命との関係、古儀式派など「ムジーク（百姓）」が一〇月革命に果たした役割を十分承知した上で、批判的な態度を示していた。実際、一〇月革命とこれを支持した作家を論じた『文学と革命』などで彼は、このような潮流を代表する作家たち、ピリニャーク、ブローク、セラピオン、さらにはクリューエフらロシア・シンボリズム系の作家を強く批判していた（トロツキー 75: 3）。一九二四年に書かれたこの本のなかでトロツキーは、ブルジョワジーを引きずり下ろす革命を起こしたのは実は「農民」であったこと、その中で「労働者」なるものも実はこの「百姓」的な人民という原形質から分離していなかったことを認めた上で、これを賞賛した作家たちを批判したのである。

なかでも、一〇月革命に関する革命兵士が「イエス・キリスト」の下に向かうことをうたったブロークの詩「一二」について、これは「革命詩ではない。（略）個人芸術の白鳥歌」であると批判的にコメントした（トロツキー 75: 108）。ブロークが一九〇五年にはリャブシンスキーの支援で『黄金の朝』を出したり、一九一八年にはルナチャルスキー教育人民委員のもとで働いたりすることも関係したかもしれない。実はブロークのいう革命的農民兵士とは、古儀式派的な兵士のことであった。さらにトロツキーは、ムジークの精神から革命を讃えた革命の同伴者で、自ら古儀式派であることを隠さなかったクリューエフを「ムジーク」だと切り捨てた（トロツキー 75: 49）。労働者なるものの実像が、このような農民的・古儀式派的要素と親近性があることに、トロツキーは嫌悪感をいだいた。その背景には、スターリンやジノビエフらもトロツキーと共闘した政治局において、共産党右派の存在感が一九二四年には強まっていたこともあると見るべきであろう。こうしてブルエビッチの宗派的・キリスト教的共産主義とは正反対の立場に近づいた。そしてそれは、トロツキーと古儀式ブロックとの次の戦い、教会との闘争、そしてレーニンの死をめぐる闘争の伏線となっていく。

### 穏健派と強硬派の対立

それでもブルエビッチは矛を収めたわけではなかった。一九二一年一〇月、彼は農業人民委員部を説得して「宗派と古儀式派」に対するアピールを行い、彼らこそ共通の労働、いな古くから「共通のコムニスト的生活」への志向が高かったとして、姿を現しつつある彼らがソフホーズを作り、アルテリやコルホーズを作るよう呼びかけた。このような呼びかけが、かつて海外へ追放された宗派の人々にも向けられていたことが、特徴的である。このため農業人民委員部には宗派組織委員会（orgkomsekt）がつくられ、土地を宗派の組織に提供することになった（f369/36/39）。

その契機となったのが、一九二二年春のイワノボ・ボズネセンスクでの教会の財産をめぐる教会対決であった。この事件が、他ならぬ同県で生じたことは実に象徴的であった。この事件自体については日本では廣岡らが紹介している（廣岡）。その後の展開としては、紛争の舞台となった『全ロ飢餓救済委員会』の史料集がでて、この運動を行った側の事情が明確になり始めたことがある。この運動は非共産党側の最後の市民運動とでも言うべき性格を帯びていたこと、そしてレーニンらが、それに連なる無党派や旧反対派政治家、知識人を追放したことに注意を払いたい（下斗米13, 17）。何よりも再びこの危機が、他ならぬイワノボ近郊のシューヤでの市民への発砲事件に端を発しているという点に絞って記述を進めよう。

革命後の食糧危機と戦時共産主義期の調達問題、そしてクロンシュタット反乱に代表される農業危機は、一九二一年の新経済政策での圧力緩和をもたらした。それでもボルガを中心とする地域での飢饉をめぐる状況は依然として危機的であった。二二年初めの段階の飢饉の規模についてOGPUは、「飢えたもの二二〇〇万人、一〇〇万人が餓死し、二〇〇万の子供が孤児となった」と、政府内の非公開文書で伝えていた（Sovershenno1922/1: 7）こうした状況を見ていた立憲民主党系で臨時政府の食糧大臣でもあった農業学者で共同組合運動の指導者、プロコビッチらは同年六月末に、作家ゴーリキーを通じて政治局に願い出、「飢餓救済委員会」を作った。それに対して、「一〇月以前」の政治勢力の社会的台頭につながることを懸念した非常委員会などの反対があった。当時の政治局では、レーニンやトロツキーが強硬派であり、カーメネフやルイコフは柔軟派であった。結局ソビエトのカリーニンが許可して、七月にモスクワ・ソビエト議長のカーメネフを議長にし、ルイコフらを中心に発足した。

ロシア正教会の総主教ティホンや国際赤十字がこの運動に関与しだしたことから、一大スキャンダルとなりだした。一九二一年秋にかけて飢餓救済に動いたボリシェビキ政府にならって、ボルガでの飢餓に対する救援支援を独自に呼びかけたのである。この運動に亡命聖職者たちの独自の運動が加わった。

教会を含めた民間の救援活動を推進したい政治局穏健派と、「反宗教」キャンペーンをすすめたいレーニン、トロツキーらとの根本的な哲学の違いが再度表面化した（下斗米13）。レーニンらは教会の資産を没収するという指令をだした。ところが、一九二二年二月、飢餓対策のために教会財産を没収し海外に売却するべきという提案をめぐって指導部内で対立が生じた。急進的なトロツキーが正教会の反革命性を糾弾し、なかでもレーニンは、僧職が抵抗すれば弾圧も辞さないと主張した。この動きが、ロシア正教会の豊かな経済力を狙い撃ちにしたことは明らかであった。これに対し、古儀式派系のルイコフら共産党右派から反論があった。

一九二二年三月半ばにティホン総主教がこの点にかんする呼びかけを行ったことから、問題はエト権力の指令実施に対する断固拒否であったが、ソビエト代表への「自己裁判（リンチ）」を「極度に政治的性格」を帯びた（三月のロシア内政状況概観）（Soversenno1/1: 121）。当初は、ソビへて武装抵抗にいたり、当時のソビエト政権は経験がなかったほどの規模にいたりはじめた。ペトログラード、シューヤ、スモレンスクなどで聖職者などの「騒動」が起きて、地方ＯＧＰＵは反革命行為と見た（同 129）。

## シューヤの宗教弾圧

新経済政策への移行に伴うこの時期の宗教的な反乱は、その後も続いた。

食糧危機救済のためにレーニンら政府がとった政策は驚くべきものだった。一九二二年に彼らはロシア正教会の保有する聖像や金銀の装飾品といった財産没収を強行する。このことは全国的な正教徒の批判を招いた。三月半ばには、当局と教会・住民との衝突がイワノボの正教会で発生する。当局に対し、女性信徒たちが抗議にたちあがり、そのあおりを受けて繊維工場の操業が止まった。この地の反対運動の組織者に元共産党員も加わった。だが労働者までもがこの抗議活動に参加したことを各報告はひた隠しにしてきた。イワノボ・ボズネセンスク県党委員会の秘密会が一九二二年三月一六日に開かれ、事件の調査委員会を作ったが、この間も聖職者や信徒の逮捕が続いた。四月にかけて抗議活動は、近隣のテイコボなどの工場にも広がった。どの報告書も、飢餓救済の目的で教会の財宝を奪うことに司祭たちが反対していることには触れなかった。

一九二二年三月半ば、イワノボ・ボズネセンスク県シューヤのボスクレセンスキー教会前に集まった民衆に対し、赤軍当局が発砲したとき、危機は頂点に達した。人口二万少しの町だったが、シューヤで起きた正教会の財産没収に抗議した僧侶らへの発砲事件である。のちに中央執行委員会の調査によると、集まった民衆は三〇〇〇名であったが、五〇〇〇－六〇〇〇名（ＯＧＰＵ）説もある。シューヤは、古くから繊維工業の中心地であったと同時に、九つの教会が革命前から存在した宗教の町でもあった。両者の結び目は古儀式派である。

この時の抵抗は、必ずしもシューヤだけでなく、モスクワのハモブニキ（織工地区、現フルンゼ）でも、同年四月はじめに、一二の教会（このうち二つはシナゴーク）を対象とする赤軍による没収に対し、五〇〇〇名の信者が赤軍に抵抗し、投石さわぎとなり、騎兵が出動する事態となった（**Sovershenno, t.1, ch. 1: 2001: 156**）。

このときレーニンは、断固とした手段を取るべきだ、「教会が共産党権力に数十年抵抗できないように「黒百人的司祭」を可能な限り射殺すべきだ」と、モロトフを通じて政治局員に伝えた。このこともあって政治局は、部隊を送って財宝の徴収を続けた。二四日の『イズベスチヤ』紙は、教会との戦争を公言し、必要なら「強い手」を使うことをためらうな、と書いた。この危機対応が、グラスノスチという情報公開が全盛の一九九〇年に明るみに出たことで、それまでスターリンとは区別されていたレーニンの歴史的権威が失墜し、ソ連崩壊が加速されることになった。

これと関係して聖職者に死刑判決を下すべきかをめぐって最高指導部内の意見は完全に割れた。ソビエト幹部会議長のカリーニンらは死刑判決に反対した。古儀式派に関係した政治局員ルイコフとカリーニンは、レーニンの強硬路線をめぐり政治局で対立したことが、九八年に出た資料集『政治局と教会一九二二―二五年』からわかる（下斗米 13: 268）。なかでも聖職者への死刑判決をめぐり、一九二二年五月二日の党政治局は意見が割れた。この問題で最強硬派はトロツキー、レーニンであった。トロツキーが銃殺刑を主張し、レーニンとスターリンとが支持した。これに対しルイコフ、トムスキー、そしてカリーニン最高ソビエト議長らのような政治家が反対した。穏健派が、一九〇九年の党内闘争でもレーニンに反対した建神論者であったことに注目したい。議論は八日も続き、カーメネフは慎重さを求めた決議を支持したものの押し切られた。古儀式派系だったモロトフも動揺していた。

レーニンはネップの下で次第に正常化する政治と経済とが、教会の力をも復活させるのではないかとおそれた。このこともあって正教会の総主教ティホンへの攻撃を強めたのである。モロトフが回想の中で、スターリンよりレーニンの方が峻厳だとした理由はここにある。その権力のシニシズムは、レーニンの作ったソ連国家の正統性を疑わせ、それを崩壊させるインパクトを持っていた。とりわけ、ゴルバチョフ政権末期にこの事件をめぐる関連資料が『ソ連共産党通報』（一九九〇年四月号）誌に出たことは、それまでレーニンとスターリンとは異質だと思っていた人々に大きな衝撃を与えた。事件は、ソ連を崩壊させる上で重要な伏線となった。それでもレーニンの病気と死とが、この時は穏健派に幸いした。

## 「レーニンは生きている」

ソビエト権力と宗教という観点から見て重要な転機は、一九二二年から最晩年にかけて厳格な反宗教・反正教会の姿勢を保ってきたレーニンの死であった。彼の死はこの問題での盟友であったトロツキーの政治力の低下をもたらした。

首相として後を継いだのは、共産党内右派の政治局員で、両親が古儀式派のアレクセイ・ルイコフであった。クレムリンでのレーニンの部屋は彼が使うことになり、そのことと合わせて、政治権力をめぐる布置が変わった。共産党右派と組んだスターリンは、ジノビエフ、カーメネフとともに反トロツキー同盟を結んでいたが、共産党書記長の力は当時、まだそれほど大きくはなかった。そのことは、政治と宗教をめぐる状況を変えることになった。

ネップの力がピークに達した一九二四―二五年には、農民との協調をとなえるルイコフ、ブハーリンら共産党右派の立場が強まることになった。ブルエビッチの立場も同様であった。経済建設への宗教の参加を主張するルイコフ人民委員会議議長やカリーニン幹部会議長らの方針に答えて一九二四年にブルエビッチは、一九世紀末のソ連には古儀式派の各派を合わせて二五〇〇万人、これに宗派のメンバー一〇〇〇万人がいると計算、現在ではさらに増加していると主張した(f369/36/3)。ネップ期にこのような調査はなされなかったが、しかし農民の三分の一近くが彼らの影響下にあることになる。

こうした状況が、当時の政治動向に反映した。レーニンは一九二四年一月二一日に亡くなったが、その後も「レーニンは生きている」という、彼の弟子たちによる「継承」と、後継権力の正当化という課題とが結びついて出てきた。

一九二四年一月二三日に統合国家保安部は、レーニンの死に関する各層の対応について方針を示したが、そこではこれに伴う党内の分裂について注意が向けられた。労働者たちは花輪を送ることを議論したという。モスクワのオレホボ・ズーエボの繊維工場の党内議論では、トロツキーの病気と並んで、彼の肖像画を撤去すべきこと、トロツキーが労働者を抑圧し、コムニストを抑圧していることが報告された（**Neizvesnaya, t.4: 12**）。

ユダヤ人のトロツキーやプレオブラジェンスキー、民主集中派のサプロノフが新経済政策を終わらせ、戦争を望んでいるといった噂も流れていた。レーニンが解散した憲法制定会議再興の噂もあった（14）。イルクーツクでは、レーニンは生きており、トロツキーとともに逃亡したとか、モスクワでは反ユダヤ人の虐殺があったという噂が立った。ウラジーミルやプスコフなどの農民の間ではその死を悼む姿が広く見て取れたという(18)。トヴェーリでは、共産党が当時推進した教会刷新派の信仰者と反動派との対立があり、多くの信仰者集団ではレーニン供養を求める声が上がっていると、二月一一日の報告は語る。ここは古儀式派のカリーニンの出身地でもあった(21)。

何よりも、死んだレーニンを聖化し、革命のシンボルとする壮大な実験にかんする議論が、党内右派、つまり、かつて古儀式派との共闘や建神論に傾いた勢力を中心に展開された。レーニン自身は無神論者であったにもかかわらず、ボリシェビキ幹部の間には、指導者の不死への探求といった死生観、いな死者の復活という理念が、革命神話と重なり合って息づいていた。一九〇七年以降の宗教と社会主義との共生といった建神論的発想を持つ幹部たちが、ひそかな想いを深めつつあった。

端的にはレーニン廟という、彼の遺体保存の問題である。

そのような動きは、事実上彼が倒れた一九二二年春から起きていた。レーニンの大病と死とは革命体制下での新たな政治と宗教の問題を浮上させた。一九二二年五月の発作以来レーニンは、卒中に三度おそわれ、亡くなる以前から、政治的にはすでに生と死の境にあった。一九二一年七月には建神派で政敵のゴーリキーへの手紙で「疲れて働く気がしない」とこぼしていた。二二年五月末になると、言語能力も失われかけた。年末には病状がさらに悪化する。スターリンやブハーリンなどは、レーニンとの対話は一日五－一〇分と制限され、しかも政治について彼と話すことは禁じられていた。晩年のレーニンは、テロ対策の名目で古儀式派の村レーニンスキエ・ゴルキの別荘（古儀式派の富豪サッバ・モロゾフ未亡人の館）にかくまわれたに等しかった。

より正確に言えば、一九一八年夏にテロにあって以来レーニンは、この古儀式派村に隠れ住むようになった。ちなみにこの村が古儀式派のそれであり、教会も古儀式派教会であることを、法政大学の小林昭菜が確認している（下斗米 16: 180）。クレムリンのボディガードで、モロトフと同郷のマリコフの回想録によると、一九一八年九月二四－二五日に、政治警察のゼルジンスキーがレーニンにふさわしい住居を探した結果、クルプスカヤ夫人などの隠れ里に決まった。その事実を知っていたのは、官房長官でもある古儀式派研究のボンチ＝ブルエビッチら、ごく一部の幹部にかぎられていたという（Mal'kov: 207）。

しかしレーニンの病状は一九二二－二三年を通じて悪化し、最高幹部の間ではレーニンの死は既定の事実となり、党政治局はレーニンの遺体保存について非公式な議論を始めていた。ズバルスキーによれば、この時の秘密会合に出席したのは、後継を争っていたトロツキー、スターリンのほか、カーメネフ、カリーニン、ルイコフ、そして政治局員候補のブハーリンであったという。

このなかで最初にレーニンの葬儀を、「世界が見たこともないように盛大に」行うことを提案したのは、国家元首である全ロシア中央執行委員会議長のミハイル・カリーニンだった。党書記長スターリンも、「レーニンはロシア人であるので、それにふさわしいように」葬儀を行うべきで、死体の焼却などもってのほか、という考えであった（ズバルスキー：16）。元グルシアの神学生であった彼は、「地方の同志の関心」を理由に遺体保存に賛成した。

死体を防腐処理して保存することは「マルクス主義科学と相容れない」と反対したのはトロツキー、カーメネフ、それにブハーリンといった政治局員であったという。トロツキーは「聖セルゲイ・ラドネジスキーや聖セラフィム・サロフスキーのような聖遺物にするのか」と指摘した。いずれも正教の聖人たちであった。サロフスキーは、ニコライ二世の指示で聖列に序せられ、その骨は保存されたという。レーニンの遺体保存を決めたとき、反対しなかった残りのルイコフ、カリーニンは、いずれも両親が古儀式派であることに注目したい。

レーニンが一月二四日に亡くなると、ゼルジンスキーが葬儀委員長となり、葬儀委員会は、母親が古儀式派系のモロトフ、同じく東ウクライナの古儀式派系のボロシーロフ、それにボンチ＝ブルエビッチらで構成された。その中に、左翼反対派とみなされていた民主集中派のテモフェイ・サプロノフもいたことが興味を引く。ゼルジンスキー以外はいずれも、ボリシェビキ党において古儀式派と何らかの関係があった。サプロノフ自身とのつながりは不明である。

ゼルジンスキーは流刑に処された時、古儀式派の拠点ビャトカで古儀式派の富豪であったネボガチコフ家で働いたが、彼はスターリンの前に首相および外相となる革命家モロトフの母方の祖父であった。

## レーニン廟の意味

レーニンの遺体を保存するという決定は、党内の宗教問題の最高権威で古儀式派にも詳しいボンチ＝ブルエビッチ、エヌキッゼ、同じく一九〇八年前後のボリシェビキ党内の論争でレーニンと対立した建神派のレオニード・クラーシンらによって具体化されることになった。

レーニン廟の問題は、一九世紀からの思想・哲学と関係を有していたことも、指摘しておく必要があろう。なかでも重要なのは、ドストエフスキー、トルストイをはじめ、マルクス主義者から宗教に宗旨替えしたベルジャーエフ、S・ブルガーコフなどに影響を与えたニコライ・フョードロフ（一八二八?―一九〇三）の死生観である。フョードロフの本名はガガーリンで、ロシアのソクラテスと言われたこともある哲学者にして思想家であった。司書のような仕事をしながら歴史哲学、宇宙論などの思索を深めたことで知られていた。彼は東方神秘主義に根ざす死生観ではなく、あくまで正教徒として思考した。死者を復活させるという彼の死生観は、ロシア人の死生観と深く関わっており、キリスト教への信仰と結びついていた。

レーニン廟とフョードロフの思想との関連を指摘したのは、米国で『レーニンは生きている！』を書いた宗教学者のニーナ・トゥマルキンである（Tumarkin 97: 19）。彼女は、レーニンのこの埋葬の決定に、エジプトの王家の谷で一九二二年にたまたま発掘されたツタンカーメン王墓からの影響を見ている（Tumarkin: 180）。そうでなくともロシア人には、旧約以前からの不死伝説に関心が深かった。これにキリスト教の復活思想、そして革命指導者への「カルト」が絡み始めた。レーニンは弟子たちにマルクス主義と古儀式派などとの接点を模索させながら、他方で厳格な無神論者であった。しかしこのような指導者はもはやこの世を去っていた。

もっとも、その廟のクレムリンの壁を隔てた反対側に、イワン雷帝などの遺体が聖人として安置されていることを想起することの方が、レーニン廟の真の意味を理解できよう。これが設置された場所は、一九一七年のモスクワ市での内戦の舞台であり、クレムリンで死んだ兵士の墓でもあった。「革命戦士」の死者を弔うことが、それ以降常態化した。レーニン廟を訪れた米国の革命派のジャーナリスト、ジョン・リードに対し、案内役は「歴代ツァーリの墓があるこの場に、我々のツァーリ、つまり人民が眠るのです」と応えた（メリデール下：107）。

## 冷凍保存か化学処理か

彼と同じく「建神派」であったルナチャルスキー（教育人民委員）が、廟の案をコンペで審査した。コンペで採用されたのは学者のズバルスキーの案であったが、彼はユダヤ系であるにもかかわらず、古儀式派の下で七年ほど遺体保存を体験したという（ズバルスキー：18）。二二日のレーニンの死後、臨時の遺体保存措置が早速施され、溶液が注入された。二三日の葬儀には、外交官から労働者、農民にいたる五〇万もの人々が、別れを告げに訪れた。地方からの弔問を求める電文が殺到したため、二五日にソビエト中央執行委員会幹部会は、クレムリンの地下納骨所にレーニンの棺を保存することを決定した。二七日にはレーニンの遺体が、脇にある組合会館の柱の間から、スターリン、モロトフ、カリーニン、ゼルジンスキーによって納骨所に運ばれた。

二二日にレーニンの死が伝えられると、レーニンの死体を永久保存することを求める手紙が殺到したといわれてきた。だがこれは作り話だと指摘したのは、レーニンの遺体保存について書いた歴史家ユーリー・ロプーヒンである。二四日に届いた手紙をみると、せいぜいレーニン記念建築物を作れという内容だった（Lopukhin: 63）。ゼルジンスキー委員会は、初めの数週間は遺体の長期保存について論議してはいなかった。

しかしこの遺体保存問題は、春になってから政治指導部の間で議論されたようだと、ロシアの研究者は推測している。外国貿易人民委員であったクラーシンは、一月二八日に遺体の永久保存を提案した（Lopukhin: 67）。彼こそ一九〇五年以前に古儀式派の巨頭、サッバ・モロゾフとの間で、社会民主労働党との連絡にあたった人物であった。こうして二月はじめにはクラーシンの案に従って、モロトフ、クラーシン、ボンチ＝ブルエビッチらからなる、レーニンの遺体問題を処理する委員会ができた。そのために巨万の富が投じられた。二月七日にモロトフが委員長になったこの委員会は、冷凍保存のための装置を輸入することなどを決めた。しかし冷凍案は二月末までにうまくいかないことが判明する。

次に浮上したのが、遺体に化学的な腐敗防止措置を施して永久保存する案で、提起したのは化学研究所副所長のB・ズバルスキーであった。彼は一九一一年にスイスのジュネーブで大学教育を修め、しばらく当地で人民の意志党系だった化学者バフの下で働く。その後彼は、古儀式派の大富豪サッバ・モロゾフの未亡人マリア・フョードロブナから、ペルミの化学・鉄道工場などの管理を任されることになった。革命に際してズバルスキーは、帰国したアカデミー会員バフが設立した化学研究所で働いていた。

古儀式派のモロゾフ一族とも親しいクラーシンはズバルスキーのことを知っており、その関係で彼はレーニンの冷凍保存に関与することになった。これに協力したのが、ハリコフ医科大の学長を務めるウラジミル・ボロブーエフという医学者で、レーニンの遺体保存はできないという『イズベスチヤ』紙の報道に対して彼は異を唱え、二月末にはボロブーエフを招いて、ズバルスキーと協力することになったという（ズバルスキー：72）。

この間にも、冷凍保存か化学処理かをめぐり、クラーシンとゼルジンスキー、そして医学者や化学者たちの間で討議が行われた。遺体保存について反対の論陣を張ったのは、レーニン夫人クルプスカヤであった。ズバルスキーに対して彼女は、遺体維持には違和感があると訴えていた。

しかし三月末には化学的な遺体保存の方向で意見が集約された。ズバルスキーとボロブーエフの案が実施に移された。建築家シチューセフに依頼された木造の廟も六月には完成した。ちなみにこの廟が石造りとなったのは一九三〇年になってからである。

## レーニン廟の完成

六月一八日のコミンテルン第五回大会に参加する代表が、レーニンを訪れる際に間に合うよう遺体処理が進められ、結局七月に完成した。ゼルジンスキーとその委員会がこの間の動きを監督した。二六日の開所式には、スターリンこそ用務でモスクワにはいなかったものの、ゼルジンスキー、モロトフ、クラーシンら政府委員会関係者が参加した。同席した赤軍のボロシーロフも古儀式派系であった。正式には八月一日から一般に公開され、以来七〇年間で七〇〇〇万人以上が訪問したという（同：107）。一九四一年から四五年にかけてドイツ軍による爆撃を警戒し、聖廟はシベリアのチュメニに疎開された。この計画の立役者であったズバルスキーは、一九三九年にはレーニン廟研究所長に就くなど厚遇されたが、悲劇に終わった。粛清の嵐が吹き荒れる一九五二年に逮捕され、翌年のスターリン死後に釈放され名誉回復されたが、一九五四年には亡くなった。

ブルエビッチ自身は戦後になって、東欧への政治的支配という冷戦の要請もあってスターリンが宗教政策を緩和したとき、宗教博物館長となる。間近に見た一九一七年前後のレーニンなどの回想は数多いが、一九五〇年前後には『回想』を書いて、スターリン没後の一九五五年に亡くなる。一九四七年一二月に老ブルエビッチは、一九世紀前半のニコライ一世の独裁下の古儀式派に関する未公表に終わった論文を、次のように締めくくった。

「こうしてロシアからツァーリ政府は、これらロシア固有の民を意図的に絶滅させ、追放した。彼らは人民のどのような集団の自由の表現をも寛容することができなかった。というのもあらゆる人民大衆の組織は、どのような基盤の上にそれが立とうとも、ロシアの専制体制の存在にとってきわめて危険であるからである。自己とその支配階級を守りつつ、政府は国民を窒息させ、自発的創造性や、自らの固有な生活を自主的に組織することにいたるどのような試みをも一掃し、自発的な思考の表れをなきものにした」(f369/37/124)。彼はどのような気持ちでスターリン統治下の宗教や「自発的思考の表れ」をみていたのであろうか?

しかしレーニン廟問題はこれで終わったわけではなかった。なかでも興味深いのは、反対派的傾向を持つ党員と廟との関係である。共産党内で右派とされた政治局員ミハイル・トムスキーは、一九二九年に全ソ労評の議長職を解かれ、一九三四年の第一七回党大会には発言の機会が多少は与えられたが、その頃に生じたリューチン事件との関係などを疑われた。一九三六年八月、ジノビエフやカーメネフらへの政治的粛清を察知した彼は、スターリンへの抗議の意味を込めて自殺した。スターリンは右翼反対派であったトムスキーの葬儀を警戒し、クレムリンの壁での彼の葬儀を禁じた。だが、ノボデビッチー修道院で葬儀を行うこともまた危険であった。スターリンは、エジョフをトムスキー未亡人の下に遣わして、どこかに葬るはずであった。少なくとも一九八八年まで息子のユーリー・トムスキーも、その埋葬場所を知らなかった。しかしトムスキーの友人たちはひそかに、その遺体を修理中のレーニン廟に運び入れ、レーニン廟で遺体処理を行った上、赤の広場の墓地に埋葬することに成功していたという(Tomsky: 236)。

このような事情は、一九八八年四月にトムスキーの業績の再評価を知らせる『トルード(労働)』紙論文が掲載されたあと、あるシベリアの関係者が一九四四年に聞いた話として、知らせてきたという。トムスキーの宗教観は不明であるが、しかし赤の広場の横の革命聖人にこうして列せられることになった。ピーテルの印刷工の出身で、シベリアのトムスクという、本人の名と似た地へ流刑に処された、労働者出身の政治局員トムスキーの過去は、労働組合を通じたロシア人の「崇拝」観を物語る。

## 「個人崇拝」批判

一九五三年三月五日には独裁者スターリンが亡くなった。スターリンも、レーニン廟に葬られた。一九五三年から六一年まで、そこは「レーニン・スターリン廟」という名称となった。葬儀の場においてでスターリン追悼を述べたのは、五日に閣僚会議議長となったマレンコフであった。もっともその実権は、彼と組んだ内相のベリアにあるかにみえた。ドイツ統一から、コルホーズ解体、そして何よりも収容所の解体に向けたベリアの構想が動き出すかにみえた。

しかし、まもなく権力の配置が変わった。軽視された共産党の比重が見直された。九月に共産党中央委員会第一書記となったフルシチョフは、一九二三年までトロツキストといわれた経歴を持つが、南部出身でもあった。無神論者で共産主義を信奉するという意味では原理主義者でもあった。そのフルシチョフは、三〇年代当初からモスクワ・ソビエト議長として台頭していた古儀式派系、ニジニ・ノブゴロド出のブルガーニン国防相と組んでいた。集団指導下でベリアを三カ月で失脚させ、五三年一二月に処刑させた。ベリアと組んでいたマレンコフは、五五年一月に核問題で「人類が滅亡する」危険を警告したとして失脚させられた。さらには、五五年七月に中央委員会で大物モロトフ外相を攻撃し（和田：263）、八月に解任した。しかし幹部会（政治局）にはまだ席が残っていた。党における影響力の排除には、彼らのスターリンとの関係を明らかにする必要があった。

こうして浮上した新たな課題が「個人崇拝」批判であった。

一九五六年二月の第二〇回ソ連共産党大会でこの方針が確認されたが、フルシチョフも改めて第一書記に選任された大会終了直後、突如として秘密会議を召集、「スターリン個人崇拝」批判を行って、世界を驚かせた。彼の故郷グルジア（ジョージア）では反乱すら起きた。なかでもモロトフやカガノビッチらはその制限を目指し、党内は大混乱に陥った。この点については和田春樹の『スターリン批判　一九五三〜五六年』が、ソ連歴史家の運命を含め同時代人として紹介している（和田：16）。しかし彼が問題にしていない点にこそ、注意を向けなければならない。

というのもこのスターリン「崇拝」（カルト）批判には、モロトフ、マレンコフ、そしてブルガーニンといった古儀式派系の実力者に対する権力闘争という側面があったからである。一九五三年のベリアは関係がないが、マレンコフ首相の失脚（一九五五年二月）、外相モロトフの失墜（五五年七月総会）、そして最終的にはブルガーニン首相（一九五八年三月）やクリメント・ボロシーロフ最高会議幹部会議長の解任にいたる過程は、古儀式派系指導者の地位が下がっていく過程でもあることに気づく。ここに挙げた人々のすべてがスターリン体制を支えたという意味では同根であったが、それでもスターリンの死後は集団指導体制を支えるかにみえた。

一九五六年のスターリン「個人崇拝」批判から翌年の反党グループ事件にいたる過程こそが、フルシチョフによる、マレンコフ、モロトフ、カガノビッチ、ブルガーニン、それにシェピロフなどのスターリン時代のエリートを一掃する機会であった。革命期の大物モロトフなどの保守派だけでなく、マレンコフ、フルシチョフの盟友と思われたブルガーニンといった古儀式派系幹部も一掃され、最高ソビエト幹部会議長から首相にいたるまで、多くの政治家が失脚した。

こうして一九五七年にフルシチョフは、残りの古儀式派・改革派を含む幹部会（政治局）員を解任するという挙に出た。一九五八年にフルシチョフが首相を兼務することで、それまでロシア系古儀式派が掌握してきた首相職をウクライナ系が握ることになった。盟友のアルメニア系のミコヤンを除けばブレジネフら南部の非古儀式系が台頭した。軍人としてのボロシーロフは、古儀式派として国家元首の役割をかろうじて担ったが、それも一九六一年の第二二回党大会における第二次スターリン批判で自己批判の声明を読み上げる。そこで彼は、一九五七年の反党グループ陰謀事件で、個々の政治家の発言に賛成するという「誤った、有害な」発言を、少なくとも当初は行ったが、それは彼らの「反党グループ」としての活動を知らなかったためである、と弁明した（22 s'ezd: t., 2: 553）。こうしてボロシーロフは除名という最悪の事態を免れたものの、中央委員会の立場を追われた。もっとも彼は、ブレジネフ体制下になると中央委員として返り咲くという離れ技も演じた。明らかに軍の中に庇護者がいたのであろう。

南部出身のフルシチョフは、ある意味で確信的な無神論者でもあった。モロトフは回想で、一九二三年までフルシチョフはトロツキー派であったと指摘したが、その真偽はともかく、北東部出が多い古儀式派系との体質の違いは明らかだった。そのこともあって、結果的には古儀式派系の革命幹部はモロトフからブルガーニンまで一掃された。つまりフルシチョフのスターリン「個人崇拝」批判は、ロシア革命後の不文律でもあった北東部の古儀式派系政治家、そしてソビエト権力論を葬り去る絶好の機会となった。しかしソビエト権力とは、ロシア北東部の古儀式派世界と不可分に結びついた労働者代表制に他ならなかった。実際、レーニン流のソビエト権力論からすれば、これは革命独裁の機関となるので、執行と代表機能とを兼任することになる。

しかし現実には、とりわけ一九二九年以降のソビエトの実態は、党支配の実権のないお飾り機関に過ぎない。したがって、これを議会機能に特化させればすっきりするのではないか。一九五六年以降の「政治改革」派はむしろ、このような角度からソビエトの「議会化」を慎重に提起し始めた。なかでも一九五六年に、若い政治学者であるフョードル・ブルラツキーとゲオルギー・シャフナザーロフが、このような考えを提示した。フルシチョフ第一書記は、ソ連最高会議を列国議会同盟に加える考えを示した。彼の同志でフィンランド系のクーシネンも、ソビエトでなく「全人民国家」論という形で、ソビエトばなれを示唆し始めた。

こうした中で一九六一年秋の第二二回党大会は、このようなフルシチョフによる個人独裁と

「共産主義」へ向けた「全人民国家」の最終的な仕上げと思われた。スターリンの遺体は「レーニン廟」から外され、その他の政治エリートと同格で、レーニン廟のわきに並べられた。

もっとも一九六四年一〇月のフルシチョフ失脚劇は、スターリン個人崇拝の名の下で行われた、古儀式派エリートを含めた粛清への意趣返しのようなものだった。フルシチョフの「個人支配」には、生きたままではあるが、終止符が打たれた。

一九八二年に書記長レオニード・ブレジネフが亡くなったとき、KGB出のユーリー・アンドロポフが書記長になったが、彼の周辺はグロムイコ、ウスチノフなど古儀式派で固められていた。アンドロポフ本人の古儀式派説もでているが、ボルガ沿岸の水運関係の経験から見ると可能性はあろう。彼らの危機意識は大きかった。宗教に寛容な彼らは、ダニロフ修道院改装など宗教解禁策も打ちだし始める。チーキン編集長の『ソビエト・ロシア』紙は、ロシア農村の荒廃と退廃を批判しだした。もっとも、アンドロポフの政権は四〇〇日で挫折し、チェルネンコが書記長になると、第二書記のゴルバチョフがグロムイコなどの支持もあって台頭した。

ペレストロイカを始めたミハイル・ゴルバチョフもコサック系で、ウクライナ的要素を含んでいた。そのゴルバチョフが始めたペレストロイカが、ウクライナでの民族意識を刺激した。その契機となった一九八八年のキエフ・ルーシ受洗一〇〇〇年祭は、実はペレストロイカ以前、ユーリー・アンドロポフ書記長時代から予定されていたもので、アンドレイ・グロムイコ外相の主導的役割が大きかった(下斗米13)。グロムイコは外務省出版社からでた回想録で、古儀式派の一族に生まれた経緯を書いている。

この間、政治学者の説く脱ソビエト化も進行した。ブルラツキーやシャフナザーロフはソ連の政治のなかの改革派であり、一九七七年憲法に「政治体制」といった用語や「世論」「グラスノスチ」といった項目を挿入させることに成功した。また、体制改革の理論的根拠やその方法についての議論がなされた。このような潮流は、一九八六年末からのゴルバチョフの政治改革でさらに勢いがついた。大統領制導入による「脱ソビエト」がキーワードとなった（下斗米：政治学会年報一九九八）。それでもソビエト権力と大統領制との矛盾は、ソ連崩壊後の一九九三年のエリツィン大統領による最高会議ビル、つまり白亜宮殿攻撃事件まで続くことになる（下斗米 98）。

この間、レーニン廟はソ連崩壊後四半世紀がたつが、エリツィンなど「改革権力」もその撤去を試みてきたにもかかわらず、ついに改革派はその撤去に成功しなかった。二〇〇八年三月、メドベージェフ大統領の選挙時にも撤去論の噂があったが実施されなかった。その意味でも「レーニンは生きている」。いなプーチン大統領にいたっては、二〇一二年になって、共産主義そのものが「信仰」だった、レーニンのような聖人の遺体保存はギリシャ正教に由来する「ロシアの伝統」だという説すらたてて、正当化したほどである（下斗米 16: 178）。それらの起源といえるソ連の指導者レーニン崇拝の施設には、いかなる背景があって、どのような潮流がこれを進めたのかは、ソビエト体制の発生と関わる特異な問題の存在を暗示している。

# 第6章

# スターリン体制と「永遠の反乱者」

市場経済への移行というネップの枠内で、ソビエト活動という回路を通じた国民統合、とくに異端的ではあれ、重要な体制の支柱でもある古儀式派労働者や農民への対策について、共産党権力は敏感であった。赤軍のフルンゼに代表される勢力は、農民兵の政治的動向と、その背景にある農民との市場を介した関係改善に熱心であった。このような政治の状況は、イデオロギーという名の「理論戦線」にも反映された。

## ポクロフスキーの「商業資本」論

レーニン死後のネップの相対的安定期は、ルイコフ首相やブハーリンら共産党右派指導者のイデオロギーが頂点を迎えた時期と重なった。歴史解釈では、共産党の理論部門である赤色学院院長となった歴史家ミハイル・ポクロフスキー（一八六八―一九三二）の「商業資本」論が一世を風靡した。一九二〇年末にレーニンのお墨付きをもらった『簡略ロシア史』は、プガチョフの乱などボルガの民衆反乱に古儀式派が参加したことと並んで、事実上古儀式派資本と重なる「商人資本」が果たした革命的な役割を高く評価していた。彼の古儀式派論は、こうして二〇年代はマルクス主義の観点から書かれた最初の公認ロシア史として、教科書扱いだった。

他方、党内左派のトロツキーは、レーニン死後の一九二四年には党内での政治力を急速に失った。「一九〇五年」論をめぐっても、ポクロフスキー批判を展開したものの、むしろ無力さを示すだけに思えた。トロツキーら左派は、西欧の社会主義革命から支援が得られないため、ロシア社会主義による建設は難しく、したがって「指令、命令、行政的圧力」によるべきだといった「誤った議論」に陥っていると、ポクロフスキーは批判した。このとき党内外では、労働組合論争でのトロツキーの労働組合への「揺さぶり」的な主張が想起されたであろう（Istoricheskii Arkhikh, No.4, 1993: 200）。

こうして事実上、古儀式派などの資本から社会主義への移行を説くポクロフスキーの「赤色教授学院」での権威は、「商業資本」論というロシア資本主義の解釈とともに不動であるかに思われた（Barber: 60）。一九〇五年革命から二月革命時のモスクワでのリャブシンスキーやグチコフ、イワノボでのコノバロフの古儀式派「資本家」政府の役割は、一〇月革命直後には、レーニンやルイコフなどソビエト政府にとって代わられた。ちなみにポクロフスキー自身も一九一八年の一時期、モスクワ州人民委員会議の議長を務めていたことがある。

つまりポクロフスキー学派は、この商業資本が産業資本に転化したとして、一九〇五年革命を境に「相対的に発展した資本主義」が、ロシアで産業資本が生まれた根拠とみた。この議論は形を変えた古儀式派資本と、それと交錯するソビエト革命擁護でもあった。商業資本があればこそ、「我が国で外国のプロレタリアートの支援なしに」社会主義を作ることができる。ポクロフスキー学説は「永続革命」を説くトロツキーの論敵でもあり、一〇月革命での武装蜂起から労働組合論争までのその歴史解釈は、トロツキーら左派への批判ともなった。古儀式派も関与した商業資本を前提にロシアの内在的な資本主義発展があったゆえに、社会主義もまた独力でできるというのが、ポクロフスキーの議論であった（205）。これは形を変えた「一国社会主義論」である。一九二〇年代のポクロフスキーが、ルナチャルスキー教育人民委員の代理であったのも、そういう党内の政治的背景があろう。

もっとも、共産党内でルイコフやカリーニンといった古儀式派系と重なる右派が、ソビエト政権で主導権を握っていた一九二四年頃から工業化論争が本格化する二〇年代末までが、その全盛期であった。その後ポクロフスキーの議論に対する批判が出始める。なかでも一九二九年四月にはロマキンという歴史家が、キエフ・ルーシから一七年革命までのロシア近代史を、この商業資本だけで説明するのは不可能だという批判を行った（61）。こうして一九三二年にポクロフスキーは亡くなるが、その前後に理論状況は急速に変化していた。

ちなみに一九九三年になって、ポクロフスキー批判の裏側を示す彼の党指導者宛書簡が公表されている。一九三〇年三月付のモロトフ書記宛の書簡では、ポクロフスキーは確かに反対派のトロツキーなどと論争を繰り返したが、いまは、党中央機関がポクロフスキー批判者に対し、「緩衝者」的立場をとっていると批判を漏らしていた（195）。一九三〇年末にポクロフスキーは、党中央に対し、「歴史戦線」にも「政治戦線」の状況が反映しているとして、トロツキー的な左派的歴史理解が広まりだしたことに警戒感を示していた。彼の「宗教戦線」での庇護者的な元建神派のルナチャルスキー教育人民委員もまた、スターリンの「上からの革命」的な無神論的雰囲気が強まる中で、一九二九年に解任された。一九三三年末に客死している。

もちろん古儀式派対策とか、農民への工作といった共産党の政策は、マルクス主義というイデオロギー装置を通じて解釈される。その意味で赤色学院内における「歴史戦線」での対立は、ポクロフスキーの言う「政治の反映」という宿命を帯びた。三〇年代初めまでに、農民への和解と「ソビエト活発化」という右派論調から、工業化の迅速な実現へと、「上からの革命」の要請に従って「歴史戦線」での状況は変化していた。

## スターリンの「上からの革命」

一九二九年までにスターリンが党内で主導権を握ると、第一次五カ年計画といった「上からの革命」がいよいよ発動された。この時期のモスクワ市や地方での政策決定について筆者は、英文で出版された *Moscow under Stalinist Rule* 1931-34と、その日本語版『スターリンと都市モスクワ』（岩波書店、一九九四）年でアウトラインを示しておいた。

とくに後者では、繊維工の反乱がモスクワとイワノボ・ボズネセンスクでほぼ同時に生じ、より正確には後者の紛争がモスクワにも貫流するスターリン政治の過程に触れた。もっとも当時の史料状況もあり、古儀式派には直接言及してはいないが、問題のありかは示し得たと考える。これらを踏まえて、本章では、その後イワノボ産業州（一九二九）と名称変更したその古儀式派の拠点で、スターリン体制に対抗した大衆運動に関する歴史史料をもとに、スターリン体制の下で古儀式派的大衆運動がいかに対応したのか、その過程について、以下記述する。

## ソビエト発祥の地の「反ソ」ビラ

一九二九年一月には、スターリン期の行政改革に伴う県制度の廃止によって、イワノボ産業州という名称となった。これによって近隣のコストロマ県までもがイワノボ産業州に包含された。その州都がイワノボ・ボズネセンスクとなったことは、スターリン的な工業計画に、ソビエト発祥の地を組み込むことで、この工業都市が政治的にも重要であることを示すものであった。同市には、ロシア・ソビエト社会主義共和国の首都にすべきだという説が強く唱えられた時期があったほどである。

もっとも、後で述べる一九三二年のモスクワと、とくにイワノボ・ボズネセンスクでの繊維工業での紛争の結果もあろうが、同市は一九三二年一二月にイワノボ市と改称させられることになる。イワノボ・ボズネセンスクを日本語に訳せば、「ヨハネ（イオアン）昇天」となる。そのことは、当時の農村における宗教的な「文化革命」の推進を図り、戦闘的無神論を掲げたスターリン指導部からすれば、いかにも都合が悪かった。ソ連の繊維工業の中心地も、この頃までに綿花のとれるウズベキスタンへと移る。一九四四年にはウラジーミル州がさらに拡大して、現在のイワノボ州の大きさに変わる。

それに伴って地方共産党の再編成が行われた。一九三〇年一月の時点で全ソ連には一五七万二〇〇〇名の共産党員がおり、赤軍内には一〇万二七九四名の共産党員がいた。他方、イワノボ産業州の党員数は六万八四〇七名であった。イワノボの党組織の規模は、モスクワ、レニングラードに次いで、当時第三位に位置していた。このうち工業勤務の労働者は三万一八五二名である。共産党青年組織を意味するコムソモール員も、全国の二四六万六一二七名中、一〇万五六六〇名である（Spravochnik, 1930: 380）。

ちなみに同州の党指導部は一九三一年末までに再編成された。一九三二年一月九日に行われた同州党委員会ビューロー会議メンバーとして、ノソフ新第一書記のほか、クビャク、コネツ等一八名が挙げられており、候補として三名が挙がった。このうち共産党組織の中核である州書記局メンバーは、ノソフ第一書記をはじめ、コネツ、ブッセ等五名からなっていた。その他ソビエト、労組、経営などの担当者が参加したビューロー会議は、ほぼ一〇日ごとに開かれ、当時はノソフが議長、ボロジンが書記役であった。危機を迎えた四月には、ストライキが始まる三日に第七回目の会議を開催、一五日には第八回会議が開かれ、二〇日には党中央委員会からの代表団派遣と書簡の送付を受けて総会が開催（第九回会議）、翌二一日に拡大ビューロー会議（第一〇回会議）が開かれていた（GAIO, f. P-327, op. 4, delo 437, l. 18–27）。

同州の党書記に選ばれたイワン・ペトロビッチ・ノソフ（一八八八―一九三七）は、ニジニ・ノブゴロドの労働者の家に生まれ、一九〇五年の革命に同地で参加したボリシェビキであったので、古儀式派系である可能性は排除できないものの確認はできない。内戦期は故郷の党組織に所属し、その後もボルガ沿岸地域の党組織、とくに一九二九年までペンザ県党委員会の書記であった。一九二九―三一年にはモスクワ州委員会に所属したが、一九三二年になってイワノボに来ているのは、同地での一九三一―三二年の紛争処理要員としてであったといえよう。

ソビエト権力の故郷は、一九三〇年代初頭において、「反ソビエト的ビラ」がもっとも多く配布された地域でもあった。例えば、全ソ連での「工業と労働者」の政治状況を監視していた統合政治保安部の一九三〇年一〇月一日の報告によれば、全国で配布された反ソ・ビラは七件あったが、その中で最大なのはイワノボ産業州で、三件であった（Sovershenno, t. 8. ch. 1: 540, 543）。残りは、モスクワとモスクワ州、ニジニ・ノブゴロド、そしてレニングラードである。一カ月後にも七件あったが、イワノボは二件と最多であった。この地域の傾向には多少の変動はあるものの、イワノボ産業州は労働者も多く、それをめぐる対立も多かった（Sovershenno, t. 8. ch. 2: 875）。ちなみにモスクワでは、「スターリン官僚」に対して「全国の労働者、統一せよ」というビラが九月末にまかれたが、このようなことは珍しいことではなかった。

## 一九三二年春のイワノボでの紛争

スターリン体制下での政治的・経済的状況について、一九三二年春に現出したイワノボ・ボズネセンスクでのストライキから街頭行動に発展した危機に焦点を当てて、解明を試みる。三〇年代のスターリン体制には、当時当局が喧伝したような体制と労働大衆との協調関係とも、それとは反対に当局の抑圧によって完全に支配されたという「全体主義的統制」とも異なって、大衆による苛烈なプロテスト運動や、これをめぐる体制と大衆との複雑な相互関係があった。このような角度からのスターリン体制、なかでも一九三二年のモスクワやイワノボでの工業地域での反乱に関する著者の認識は、一九九一年にマクミラン版で示唆した。その後、ロシアで出た史料を加味した一九九四年の岩波版『スターリンと都市モスクワ』では、以下のように論述した。

「一九三二年春、イワノボ州での脅威的なストが起き、モスクワ指導部はその政策修正をしなければならなかった。この労働者紛争は一九三〇年代はじめのソビエトのメディアや出版物では当時は報じられなかったが、一九八〇年代に英国の公文書館に収められていたモスクワの英国大使館からの報告は次のようなものであった。

「きわめて最近、イワノボ・ボズネセンスクの繊維工場で労働者達が仕事をやめ集会を行い、もっと多くの良い食事を求め、この要求を代表がモスクワにおもむいた、と言う報告がある。軍隊が送られ、仕事が再開された。イワノボ・ボズネセンスク労働者に同情してストライキに立ったモスクワの工場は、ゲペウの部隊によって直ちに鎮圧され、モスクワの各所には将来同様な事件が起きるかも知れないと、自動車の列が待機していた」(下斗米 94: 186)。

実際にスターリン体制が動き始めた一九二九年末から三〇年初めの全面的集団化へのドライブは、労働者にも大きな負担をかけた。農業集団化のための飢餓輸出に等しい集団化の犠牲となったのは、都市部における労働者、あるいは周辺の農村に近い労働者地域、しばしば元農民出身者が集住する労働者の地であった。全面的集団化は、一九三〇年秋から三一年初めにかけて各地で労働大衆に負担を強いるものであったことから、スターリンのこうした「上からの革命」に対する不満が噴出した。とくに重工業を重視するスターリンの方針で繊維工業が削減を求められたことも、「ソビエト権力の故郷」であるイワノボ労働者の権力への態度を決定づけた。

実際、一九三二年四月初旬、パン配給のノルマ低下に端を発したイワノボ州ビーチュガなど四地区で、労働者が参加した紛争は拡大しだした。公式的メディアで報じられることはなかったが、イワノボは再びスターリン当局の監視の対象となった。四月二〇日に全連邦共産党中央委員会（以下、党中央委員会）はこの州の危機に関する「非公開書簡」を送り、「反革命的紛争が、四月五－一六日の間にビーチュガ等の四工場で「ストライキ運動」として起きていること」に注意を払った。新たに同州党書記となったノソフの演説では、「ビーチュガでの運動は五日におきたが、一三日に解消した。テイコバでは八日から一五日まで、そしてレジネボでは一〇－一三日の間、プチェジでは一四－一五日の間に起きた。ビーチュガでは労働者の半分に当たる約一万人が参加、テイコボでは四割に相当する約二〇〇〇名、レジネボでは六割に当たる一〇〇〇名が参加した。（略）ストライキ運動は政治的反乱に発展し、指導的幹部まで選出し、そしてビーチュガでの民警と統合国家政治管理部ビルの破壊にいたり、テイコボではイワノボ労働者のストライキへの呼びかけの目的を持ったイワノボへの行軍を組織した」と、同地方の党会議で発言していた（GAIO, f. P–327, op. 4, delo 514, l. 18–27; Gorod v SSSR 1929–1934, t. 1, kn. 2, M., 2011: 109–115）。

ビーチュガは、イワノボ・ボズネセンスク郊外の工業都市で、一九世紀から古儀式派による繊維産業の中心地であった。一九一七年の二月革命で貿易産業大臣を務めた同地の織維王アレクサンドル・イワノビッチ・コノバロフ（一八七五―一九四九年）の拠点でもあった。二〇世紀初めにロシア史の舞台に躍り出たサッバ・モロゾフやリャブシンスキー一族といった、モスクワなどでの古儀式派産業人・政治家と同様の「商人」で、実際は産業家であったコノバロフは、九時間労働日を導入したり、少年労働を禁じたりして、いわば進歩的産業家であった。彼自身は一〇月革命後に亡命するが、ビーチュガでは革命家も含めて、陰に陽に、このような古儀式派の影響を受けていた。一九三〇年代はじめにもビーチュガなどイワノボの古儀式派系労働者は独自の存在であって、スターリン型工業化に対しても、さまざまな抵抗を試みた。

## 紛争への序曲

現代イワノボ史料館の専門家ヤブロコバによれば、一九三〇年代初頭にストライキの機運が高まった工場は、イワノボ産業州では、セリバノフ、ウラジーミルのモルビトチンスキー、ロストフ、グーセフ、ウラジーミルのスドゴドスキー、ヤロスラフスキーの各地区であった。これらの地域でそうした機運が広がった理由としては、強引な工業化に伴う農業や軽工業への抑圧があった。食糧問題、配給のノルマ低下、賃金の遅配、低い労働対価、劣悪な労働環境、そして国債強制購入等の事情が、スターリン体制への大衆の不満を鬱積させていた。第一次五カ年計画とともに、労働者の間に「不健全な環境」が生じた（L. B. Yablokova, Zabastochnyie nastroeniya: Gorod v

SSSR 1929–1934, t. 1, kn. 2, 2011: 264）。

なかでもイワノボ産業州では、一九三〇年一一月二一日までに労働者数を一万五〇〇〇人削減させるという指示があった。ウズベクなどに繊維工業の中心を移す計画もあった。しかしこの措置は、当然にもイワノボ労働者が歓迎するところではなく、同地の労働者の間で反対運動が生じていた（Sovershenno, t. 8. ch. 1: 610）。とりわけ賃金の遅滞が問題であった。一九三〇年九月二三日付の秘密警察資料では、イワノボ産業州のビーチュガの二つの工場（「赤いプロフィンテルン」とノギン名称工場）では、あわせて一万三〇〇〇名の労働者に対する支払いが一三―一六日分、遅れていた（同 515）。それに対する不満はその後も解消することなく、イワノボ党委員会秘密部のデータが示すところでは、一九三一年春にはすでにビーチュガの「赤いプロフィンテルン」（一九三〇年末で七六〇〇名規模）といった名門工場をはじめ、賃金未払いなどに対する労働紛争が、ストライキなどに発展するケースが頻発していた。

## 体制への労働者の不満

なかでも一九三一年から翌年にかけて、この工場は紛争の焦点ともなった。「イワノボ産業州の企業における大衆的不満についての統合国家政治管理部との文通」と題する文書館史料には、一九三一年の労働者の不満に関する極秘のやりとりが記録されているが、体制に対する不満が多く、率直に表明されていた（GAIO, f. 4, op. 1276, op. 3, delo. 7, l. 8）。当時の公式的新聞等が伝えない共産党内部での情報や政策決定に与えた衝撃が見て取れた。なかでも、一九三一年一月二日付の「「赤いプロフィンテルン」紡績機織工場での否定的要素について」と題する書類では、そのような不満が同工場内に充満していたことを赤裸々に記している。

この工場は全連邦的な社会主義的競争でも知られていたが、一九三〇年の生産計画がそもそも未達成であった。労働組合に対する党指導の拙劣さがその理由であると、当局はひそかに見ていた。この文書の記述によれば、「個別のコムニスト」が政治キャンペーンに参加せず、党費も払うことなく、また大衆の先頭に立つ突撃労働を率先して行ってもいないことが指摘された。理由の一端は「幹部要員の不足、党規律の弛緩」であった。

たとえば党員のアフォーニン某は、「我々は一七年と同様、腹を空かされている」、「突撃的に働かされている」と言っている。もっとも一九一七年はまだ戦時下であったが、一九三一年には戦争でもないのに食糧が不足している、とまで訴えた。別の党員コマロワは「我々はどこに行こうとするのか？　労働者階級の状態は悪化する一方だ」と、イデオロギーと現実とのギャップに不満を表明していた（GAIO, f. 7, F. 327, d. 449, l. 95）。この工場の従業員数は不明だが、約七〇名の「イデオロギー的に問題ある労働者、反ソ的政党員」をどうやら当局はひそかに監視していた。彼らからすれば、そのなかでも元エス・エル党員のヤロフ某のグループは「飲み助で、ずる休み常習者」だった。

この工場では、スターリンによる工業化が、繊維工業など軽工業を無視し抑圧しているという声が多かった。「スターリンはカフカースで工場を建設し、建設が終わるとソ連から分離し、スターリンが大統領になるつもりだ」、スターリン指導部から外された「ルイコフや他のプロレタリアート指導者」は、「正しい方針を行ったために追及されている」といった会話が工場内では行われていた（I.13）。一九二九年に失脚した共産党内の右派政治局員であり、一九三〇年末にモロトフによって人民委員会議議長、つまり首相の席までゆずったルイコフへの同情がここには見て取れた。実際、一九二九年を通じて共産党右派は、繊維工業など軽工業を重視したとして、一九二九年にスターリン派によって影響力を奪われた。ルイコフ、トムスキー、そしてブハーリンらの共産党右派は、繊維工業や労働組合にそれなりに注意を払ってきたが、農業や農民に犠牲を強いてでも重工業を発展させるというスターリンの「上からの革命」によって「右派偏向」とされ、権力中枢から外されていたからである。しかし軽工業の拠点イワノボでは、かつての指導部、とくに古儀式派系のルイコフへの同情は強かったといえる。

したがってこの工場で、「イワノボの工場は悪く指導され、賃金は一層ひどくなっている」、「労働者に対して（白軍の指導者である：引用者）コルチャークやデニキンと同様に、もてあそんでいる」といった不満があったのは偶然ではない。他方で、世論からすればスターリンは白軍指導者と同列の存在であった。労働者のクドリャフツェフ某は、「工場ではストライキが生じているのに新聞は書かない。報道機関も労働者に沈黙している」と語った（I.13）。「いたる所で欺瞞がある、ソビエト権力で良くなっているといわれるが、（最後の皇帝）ニコライの時よりも悪くなっている、以前は何でもあったが、今は何もない」、「レーニンはどう戦うべきかを教えたが、いまは自分自身で戦うべきだ」、「どこにも何もないが、（略）モスクワには十分にある」、「生活は良くならない、トロツキー、ルイコフ、トムスキーらを（宣伝では）汚しているが、彼らは真実を語った。しかし彼らの言うようにはせず、ただ座っているだけだ」（ダビドフ某）とも記録された。

これらの記録を見ても、繊維工労働者の間でトロツキーなど党内反対派、とくに共産党右派に対する同情は明白であったといえよう。これらの工場での世論を報告したイワノボ産業州統合国家保安部のモルチャノフとクレスチャニン主任は、前党員のキサリン某の「不可能な仕事を押しつけていて、これらの仕事はできそうもない。返上すべきだ」といった発言を引用しながら、この工場は生産可能性を追求しきれていないとし、統合国家保安部の担当官をこの工場に送るべきことを訴えた（I.14）。この決定はイワノボの繊維工場のような、「ソビエト」発祥の地の名門工場もまた、スターリン体制下では監視の対象となっていることを何よりも物語っていた。

その後もこの企業をめぐる「醜聞」が起きていたことが、地方文書館資料から分かる。一月末には近隣コストロマ工場からきた労働者との間で「醜聞」が起き、二名が重傷、二名が逮捕されている（I.20）。三月には食糧事情が悪化、このため党員二人が食糧配給のあり方を批判した事件が起きた（I.92）。労働者の間には食糧削減の噂があり、「反ソ分子」が扇動を始めていた。ちなみにこの工場はスターリン時代になっても、八―九歳の児童労働を利用していた。担当の副所長はポスペロフという党員であったが、これを黙認し、工場委員会もこれを看過していた(1.205)。工場の食糧をめぐるこうした状況と、政治的な雰囲気は、この工場に特有の現象どころか、近隣の工場でも同様な事態が生じ、明らかに連動していた。ビーチュガにおける繊維工業のノギン工場でも、「赤いプロフィンテルン」工場と連帯して動く状況ができはじめていた。この工場は、一八一二年にイワノボの古儀式派繊維王イワン・コノバロフが建てた名門工場であった。

ちなみにノギン自身も古儀式派出身で、早くからボリシェビキ党員となった人物であった。典型的なモスクワの古儀式派系の有力党員、一九一七年のモスクワ・ソビエト議長であって、革命前の古儀式派繊維王サッバ・モロゾフの企業で働いた人物でもあり、穏健派共産党員であった。一九一七年一〇月革命後、初代の貿易産業人民委員となったノギンは、二月革命時のコノバロフ貿易産業大臣のあとを継いで、革命直後のソビエト産業管理に当たったといえる。

## 古儀式派とソビエト権力

つまりロシア革命で政治的断絶が生じたにもかかわらず、繊維産業の管理については古儀式派としての一貫性があったことになる。その頃のレーニンは、戦時社会主義の「管制高地」を革命派が握ることこそ社会主義であると認識していた。もっともノギン自身は、レーニン流の四月テーゼでの主張、つまりソビエトが権力を握って社会主義を進めるといった革命論、つまり一〇月革命による暴力的な社会主義の導入については批判的で、議会をベースに全社会主義者の権力を作るという権力論を主張していた。事実、一九一八年初頭、ルイコフ内務人民委員とともに初代ソビエト政権を去り、ルイコフとともに新設の最高国民経済会議で繊維工業を担当した。

その代表格である名門ノギン工場では中央への請願行動が始められ、「カリーニン同志宛てに申請する」ために二名の代表団をモスクワに派遣することを決議した。その請願には、技師の賃金を半分にせよという要求もあった。このノギン工場の決議は、全ソ執行委員会議長カリーニン宛てに、食糧配給問題での説明を求めていた。これによれば、勤労者には二つのクラスがあり、第一生産者階級と、それ以外の補助労働者・技術的人員などで、食糧や工業製品の配給に差別があり、例えば前者はライ麦が一六キロなのに対し、第二階級は八キロでしかなかった。古儀式派系共産党員、ソビエト執行委員会議長としてのカリーニンが、古儀式派のストライキ参加者にとって、最も似つかわしいアピールの対象であることが興味深い。

この請願運動をめぐって、「赤いプロフィンテルン工場」では一四四名の織工が、「このようないじめには終わりを」と主張し、近隣工場（ブハーリン名称、ゼルジンスキー名称）の労働者と結束して仕事を止めようと訴えだしていた（1.93）。「赤いプロフィンテルン」工場では決議がなされた。三月八日には四四分の職場放棄に発展した（1.97）。九日になると三六二名による四・五時間のストへと発展していった。当局はそのうち九九名が農民であるとし、労働者の本格的な怠業による国家への反乱を過小評価することに躍起となった。地区共産党委員会が説明に赴いた。この非公式ストライキの中心人物に「元クラーク」、一九一七年にはメンシェビキで、二七年から共産党員クルグリコフがいたことは、ビーチュガ地区党組織からすれば問題であった(I.82)。党と労働組合が説明しても、現場の女工たちの間では「不満」と「訴え」が高まっていた。

近隣のコストロマでも、「十月の火花」工場において、一九三二年二月に一六歳の党員候補である織工ペトロフ某が一二名の女工とともに三〇分の怠業を行った。これは仕事の評価値を二割強低落させたことへの不満からきた。この件でビーチュガ地区委員会は三月七日に党の除名処分を行った(I.99)。

宗教・古儀式派とソビエト権力との関係という視角から見て興味深いのは、ゴロホベツキーの繊維企業「トルード」で三月一三日に起きた紛争である。この工場における「否定的要因」を分析した統制委員会文書によれば、ここでの労働組合は、剝奪者や元商人、金銭出納係等の「異分子」で占められていたことから紛争が激化した、という。その中には「教会の長老」で、今は「教会評議会」議長である人物が含まれていた。いうまでもなくウラジーミルはきわめて宗教色の強い町で、その繊維工場で紛争が起きたということから教会の影響が強かったことがうかがわれる。彼らの影響で「一家主義」に陥り、一族郎党を誘い込んでいたのが紛争の要因であったと、この文書は指摘する(I.100)。

### 深刻化する状況

春が近づくにつれ、食糧事情の落ち込みは、ますます企業をめぐる状況を悪化させていた。三月二日の州労働組合議長宛の報告「配給削減に伴う労働者の雰囲気」では、イワノボ州のシューヤ市で大工一一名が一日仕事を放棄して「村に戻った」。二一‐四日には同市で二五六名の操車係と郵便局員の職場放棄に発展した。ヤロスラベリの林業工場「パリ・コンミューン」でも同様の紛争が起きた。現ウラジーミル州のグーセフ地区のスベルドロフ・ガラス工場「赤い時代」では、「農村と結びついた」労働者間での雰囲気が「悪く」、三〇名の建設工が配給を旧ノルマに戻すよう要求し、仕事を放棄していた。「穀物がすぐ戻るとは思わない、海外に穀物が輸出されているからだ」と、これらの企業で働く従業員は正確な認識を持っていた。「我々は農村と結びついているので穀物がある」と語ってもいる。

もっとも、この工場では八月にとうとう食糧が底をつき、労働者はパンを求めて農村に出かけていった。これをみた農民たちは、「ソビエト権力でここまで来たのか」と嘲笑していた（I.250）。ユージスク水力発電所でも、一月に二六〇名、二月に二四九名の建設工が、配給ノルマの削減が原因で職場放棄した（I.105）。これを含めて一九三一年第1四半期には五六〇名が解雇され、建設が中断されたことが紛争を招いていた（Yablokova）。

一九三一年四月までにイワノボ州での食糧をめぐる政治状況はさらに悪化していたが、これはむしろスターリンの重工業化と農業集団化のマクロバランスの崩壊がもたらしたものであった。こうした中で、共産党員までもが抗議活動に参加し始めた。四月二八日付のイワノボ州統合政治保安部の報告は、賃金未払いに対して、党員を含めた抗議活動がコフマ地区で生じていたことを伝える。織工のコマロワ某が、食糧問題で不満が収まらないと発言していた。コフマでは七月に砂糖が二日間もないという異常事態が起き、五〇名規模のストライキに発展した（1.29）。五月には先に挙げた「パリ・コンミューン」木工工場での状況がいっそう酷くなっていた。当局が異分子と呼ぶ幹部たちは旧軍や旧商人出身で、「反ソビエト的雰囲気があり」、党を除名された者とともに行動し、雰囲気を悪化させていたという。党員たちも飲酒に浸り、指導もなかった。当局は「異分子一掃」を掲げたが、その効果は疑わしいものであった（1.1）。

五月になると当局は、同州での労働者の「自殺」の増大についても配慮しなければならなかった。この州では五月前半に九名もの自殺者が出たが、その一因はビーチュガでの責任書記が「行き過ぎ」て、九時間労働を強いたからであった。コフマでの女工の自殺の原因は、ノルマを達成できないことにあった。個人農のゴロビノ某は、議長としての責務を果たし得ないという理由で自殺した。コルホーズに入れなかった「中農」も同様であった（1.16）。なかでも化学大学の学生党員が妻と自殺した例は、スターリンによる工業化が、若者の登用を促したというのが神話であることを示している。ブリャート人皮革工の自殺では、当局は他殺説も考慮していた。

## 「ソビエト管理主義者をやっつけろ」

紛争に関わった党員がそれなりに多かったという情報は、スターリン体制下での党員の不安を表していた。イワノボ産業州での「ストライキの雰囲気」を分析した一文から（1.150）、労働者が続々と工場を辞めていく状況がわかる。とくに「機能的労働」を導入したことが、イワノボ州での繊維産業での紛争を深刻化させた。イワノボでは労賃が一五パーセント削減されたからでもあった。このことで一九〇五年以来の党員ドリャーチン、二四年からの党員トシチャコフらも抗議の隊列に加わった。休暇のあとは仕事に戻らなかった。

六月にはキネシマ地区のデミヤン・ベドヌィ工場において、「ソビエト管理主義者をやっつけろ、レーニン主義万歳、コムニストの語っていることはレーニン主義ではない」といったビラがまかれ、当局者を緊張させた。一九三〇年一〇月から三一年六月まで地区委員会レベルや地方新聞社に計一二通の「匿名の反ソ文献」が届いていたという（I.172）。その分析によると、ある工場内でまかれたビラは「労働者は街頭へ、蜂起せよ、蜂起せよ」というものであった。「外資が助けてくれる。この権力を追放せよ」「第一次五カ年計画の一年目は魚もあったのに、今はパンだけだ」といったように、食糧不足への不満が背景にあった。別のものは「労働者を欺いた権力が強制労働を強いている」と不満を表明していた。別の匿名パンフは、「革命は果たして何も食べさせないで、働かせるためだけに行われたのか。すべての食糧は外国に行き、他国のブルジョワを食べさせている。このような欺瞞と暴利はツァーリ政府でもなかったことだ」と訴えていた。これら一二通のビラの書き手について、当局は「エージェント」を使って特定した。ある工場の技師イリイン某であった。一九三一年から工場勤務に就いたが、逮捕され起訴を待っていた。食糧と住宅への不満が原因だった、とも分析された。

一九三一年の秋口になると、不満の度合いはさらに強まった。イワノボの統合国家保安部に対する情報では、工場でビラがまかれ、「ソビエト権力が毎日毎日勤労者を抑圧している」状況を示していた（I.256）。当時、イワノボにまだ加盟していたヤロスラベリでは、五名のコムソモール同盟員が、レーニンの肖像を破っていた。同年秋には同州の危機、州党委員会の誤りを、『プラウダ紙』が取り上げるところとなった（I.195）。

なかでもコフマの亜麻工場の労働者たちはすでに蓄積された不満もあって、九月には砂糖の配給問題でストライキに打って出た。またネレフタ（現コストロマ州）のボルガ左岸の「赤いプロフィンテルン」工場でも、ガソリン不足が高じてストライキとなった。この工場は一九世紀半ばからボルガ河畔に作られた糖蜜工場と化学工場から発達した名門工場であった（現在はヤルパトカ〔糖蜜〕コンビナート）。

ソ連繊維工業の拠点を中央アジアのウズベキスタンに移す方針と関係があったのか、ウズベク人とロシア人の対立も生じた。シューヤの工場における工場養成学校の教練の中で、ロシア人との間に対立が生まれ、「ウズベク人は不良分子、愚か者、反ソビエト感情」であると、組合議長に報告が行った。逆にウズベク人労働者は落書きで、「ソビエト権力は良くない、それはだめだ、戦うべきだ。なぜならソビエト権力はロシア人だけを見ているが、ウズベク人を見ることは欲しないからだ」と非難していた。ウズベク人労働者は、衣料や靴がないからと故郷に戻るものもあった。ソビエト権力はロシアでできたとスターリンが一九一七年の第六回党大会で述べたことがあるが、ウズベク人から見ても、ロシア中心主義は抜けていなかった。

　もっとも、すべての紛争が政治的性格を持っていたとは必ずしもいえない。一九三一年一月、コロリョフ織物工場における「反ソ的」分子が、工場の整理・統合に反対して二五名程度で決起した。これについて州労働組合議長セマーギンへの報告は、「企業の解体」に対抗したものだと評価したが、「ソビエト権力は労働者を欺いている。他の工場も同様で全労働者は工場の門前に捨てられている」と労働者は不満を述べた（1.18）。またコリチュギンスキー工場では約一割（六二五名）が冗員で、八〇名を臨時労働者として解雇、一二〇名が規律違反で解雇、工場労働者の養成所に三〇名を送っていた。

　工場整理で労働者が解雇されるようになると、労働者の不満は政治化する。現在はフルマノフと呼ばれるセレダ（一九一八―四一年までの呼称、現ヤロスラベリ州）では、二〇〇〇名規模のヤコブレフ工場の閉鎖と労働者の解雇、退職金支払いをめぐって、緊迫した状況が二月一八日に現出した。集会には五〇〇名もの労働者が集まり、「コムニストは我々を飢餓にいたらせた」として、「寒いし、腹が減っている」と述べ、さらに「ツァーリの状況の方が良かった、工場委員会は何もしない」と非難した。翌日、四〇分にわたる集会では、「モスクワに代表を送るべきだ」（1.6）と声が上がった。「工場が閉鎖されたのは戦争が近いからだ」、「新聞は外国の失業者のみ書いている」と、報じられないソ連の失業問題への不満も語られた。さすがに企業長もモスクワに電報を打ち、撤回するよう五日間粘ったが、結局解任は免れなかった。そうでなくともこの地では教会関連のクリスマス・復活祭に対する当局の妨害が、労働者の間で不満を呼んでいた（Sovershenno, t. 8. c. 1, 332）。

### 一年で二一六件のストライキ

三月になると、春の端境期であることも手伝って、シューヤのような古い町の伝統的工場でも食糧不足が生じだした。「労働者の雰囲気は悪化している」。この地のテジンスカヤ工場では三月四日に一三四名の労働者が抗議集会を行ったが、女性労働者が「子供も我々も飢えている」、「以前は食糧をめぐって権力に訴えることはなかった」と叫んだ（1.182）。ここの季節工は、三月からの食糧の配給がひとり一キロから五〇〇グラムに減らされた。匿名の手紙が配布されたが、「なぜあなた方は労働者を飢えさせているのか、いつお金を得られるのか、いつ仕事が確保できるのか」といった不満が表明されていた。ちなみに六月一二日には同じ工場で一五〇名規模の非公式集会が、党も工場委員会も知らぬ間に開催された。その後も、一四日の「地方での宗教行事」にあわせた国債反対の集会が開かれ、党書記がやってきて解散させられている（1.156）。「宗教行事」というところが、同地の古層的意識を示して示唆的である。三月になると、工場の配車係一三八名が午後から職場放棄し、翌日にはその多くが職場復帰したものの仕事はしなかった。翌日は郵便係が職場放棄、四日には石工一〇名が職場を放棄した。

三月には、本来は食糧事情が良好なはずの州都イワノボでも、いっそう状況が悪化した。建築現場での食糧問題をきっかけに二六名の大工が職場放棄した。マーガリン工場でも状況はよくなかった。地元民からは、「仕事はきつく、配給は足りない。働くことは不可能だ」という声が上がった（1.86）。この州の三地区で、季節工の不満が表面化していた。大工たちは職場放棄し、農村に帰っていった。

発電の燃料ともなる泥炭のトラストでの食糧問題も、大きな紛争のもとであった。テイコボの泥炭採掘に動員された繊維工二〇〇名が食糧配給への不満から仕事を放棄した例が報告されたが、このような例が複数報告された。このためイワノボ市内の繊維工場が操業停止に追い込まれるという連鎖反応が生じた（Yablokova）。

こうした事態を受けて党中央委員会は、一九三一年四月に同州に関する指令をだした。州委員会も決定を採択した。しかし一九三二年四月、ノソフ第一書記によれば、この決定はほとんど履行されなかったという（Gorod: 111）。

ソ連期において一〇月はいつも記念日的な雰囲気があるのだが、この年のイワノボはそれどころではなくなり始めた。キネシマでは「お祝いは指導部だけ、労働者は飢えている」、「何のお祝いか、我々のではない」という不満が広がった（GAIO, f. 4, op. 22/6, op. 3, delo 7, l. 291–292）。共産党員までもがストライキの中心に立っていた。「一〇月革命で配給がないのか」といった声が広がった。ビーチュガでは一一月にストが二件生じた。シューヤ地区では四通の匿名の「反党・反ソ」投書がなされ、「お前らは労働者を農奴化したのであって、農奴解放したのではない」と書かれていた。

一九三一年一一月には再度名門ノギン工場で党員が主導し、一二〇名が参加した賃金要求運動があった。「赤いプロフィンテルン」紡績機織工場（三五〇名）では、八〇名が労働者委員会にやってきた。一〇月革命記念日にも、「お祝いはリーダーだけだ、労働者は飢えている」、「何のお祝いか、我々のではない」、「何も買うものがない」といった批判が相次いだ。その直後の一一月九日にはシューヤ地区だけで、州統制委員会幹部会宛に「四通の反党、反ソの匿名投書」が投函された（I.292）。

結局、一九三一年にイワノボ産業州では、翌年四月の州委員会ビューローの拡大会議でイワノフという党員が指摘したところでは、一一六件のストライキが起きていた。九一件の紛争では一万六〇〇〇人が関与していた（**GAIO, f. 7, op. 327, delo 449, 4.**）。一九三二年になって党と政府の当局は、一部の消費財の値上げを行った。このことの影響を見ていた州党組織指導員部の一九三二年一月三〇―三一日付の「総括」では、値上げにともなって「トロツキスト的行動が見られた」として、セレダ地区のパブロフ某が、「西ヨーロッパの労働者の支援なくして社会主義建設は無理だ」といい、一九二五年からの党員ボロブエフ某も、「一九二六年には何でもあったのに、成功を言っているが何もない、石鹸もない」という「反党的発言」を行っていた。

## 一九三二年春の紛争

一九三二年になると、イワノボ州で示威行動が勃発し、やがて一万人以上の労働者による街頭での抗議活動に発展した。パンの配給量の削減に抗議した労働者たちは、同年四月にビーチュガ地区党委員会と統合国家保安部の建物を一時的に占拠、地方権力機関と衝突するなど、「平和的」とはいえない状態となった。公式データでも死者一名を出している（Rossman: 176）。州指導部は四月一四日、工業の中心地での「反ソビエト分子の一掃」に乗り出した。多くの労働者が「統合国家保安部」の関与により追放された。

四月には、秩序維持のために党中央委員会からカガノビッチ書記とポスティシェフ書記とがイワノボ・ボズネセンスク市へ派遣された。このことで党中央委員会は四月二〇日に同州指導部へ非公開の特別書簡を送り、「エス・エル、メンシェビキといった反革命政党の残党、そしてボリシェビキ党の隊列から追放された反革命トロツキストや労働者反対派の旧成員といった連中が根付き、党とソビエトに対する行動を起こした」と特徴づけた（同）。この紛争に際してコムニストの間では警戒心と党的強化が生じるどころか、テイコボでは一二名の党員を含めた三一名の関係者が、「ストライキ運動での指導的立場を含めて参加し」、ノギン工場では四七名の党員が参加していた、と指摘された（Gorod: 111）。

この事件について下斗米の旧著『スターリンと都市ソビエト』では、ノソフ・イワノボ州第一書記が一九三五年になっても「三年前に労働者の気分は全く良くなかった」と回想していることを紹介した。その後、一九三七年二月にも党中央委員会総会での討論でエジョフが繊維産業における「汚染」例として、イワノボ州でのビーチュガ事件を取り上げ、これを党内右派が組織し、メンシェビキが利用した、とも指摘している(下斗米94: 46)。もちろん当時、ソ連では政治的反対派であるメンシェビキが公的に存在するわけもなく、大衆運動が反体制的色彩を帯びたことへの恐怖を表現したものであった。公的報道機関ではイワノボの紛争は報じられなかった、と一九九一年の英語版では指摘したが、それでも『プラウダ』紙は一九三二年四月二九日付の記事で、イワノボの労働者の「かなりの部分で寄生的気分」があると、深刻な事情があることを示唆していた。

かつて筆者は、イワノボ・ボズネセンスクで起きた紛争をこのように記述した。この時はまだソ連末期で、参照できる史料も限られていた。それでもイワノボ紛争が、一九三二年という危機的な時代に与えた深刻な影響を示唆するのに十分であった(下斗米94: 185)。三〇年以上前の筆者のこの記述を二〇一七年の時点で読み直すと、いくつか重要な論点が浮かび上がる。

## 二つの重要論点

第一に、党中央委員会が四月後半にイワノボに派遣したカガノビッチとポスティシェフ代表団の性格である。当時、スターリン書記長に次ぐ共産党書記局の実力者で、事実上のトップとして紛争処理にあたったカガノビッチ書記は、イワノボ紛争に直接関係していた。一九三二年段階のスターリン指導部内でのラーザリ・カガノビッチ書記の政治的重要性は、この年一一月に北カフカースの飢饉への強圧策、機械トラクター・ステーションへの政治部導入や国内旅券制復活への転換となったクバン事件との関連で、すでに指摘している(下斗米「クバン事件覚書き」『成蹊法学』一九八一年八月)。カガノビッチ書記は、一九三三年一月には数百万の農民が餓死線上にあった農業担当の党中央委員会農業部長ともなった。

だが同様に重要なのは、カガノビッチに次いで事実上、共産党書記局のナンバー2にして組織指導員部長でもあったパーベル・ポスティシェフ書記が古儀式派系であると同時に、イワノボ・ボズネセンスク市出身であったことである。ウィキペディア・ロシア版の記述によれば、彼はこの市の織工の家に生まれ、一九〇四年から社会民主労働党員、〇六年には労組活動を兼ねたイワノボ市委員会活動に従事した(二〇一七年七月三日閲読)。その後逮捕されたが、革命後、極東イルクーツクでソビエト活動に従事した。ちなみに朝鮮労働党を真に組織した許《きよ》ガイはこの時のポスティシェフの配下にあった。一九二〇年代にはポスティシェフ書記はウクライナの党活動に派遣されている。このためウクライナ系の党組織活動家と思われがちだが、実際はイワノボのれっきとした古儀式派系の党員であった。

古儀式派との関係について、二〇一五年一月一九日付『アルギュメンティ・ネジェリ』紙に寄稿した歴史家のピジコフは、ポスティシェフが古儀式派の出であり、両親も本人も最初に働き始めた工場は、イワノボ・ボズネセンスク市内の古儀式派繊維工場主、ガレーリンが経営する工場であったと指摘している。ヤコフ・イワノビッチ・ガレーリン(一八二〇—一八九〇)は、シューヤの古儀式派ガレーリン一族の生まれで、一八七八―八六年までイワノボ・ボズネセンスク市長を務め、歴史家として同市の歴史を書いたことでも知られている。つまりポスティシェフは、共産党組織の中でもモロトフと同様、古儀式派系の有力者であったが、同時に古儀式派的世界の出身でもあった。モロトフやブブノフが政府を去った党書記局での古儀式派系人脈の最高位であることは注目に値する。こうして故郷のイワノボも含めて危機にあった一九三二年の政治過程を通じてポスティシェフは、農業などでの全国レベルの政治的な危機における対策の中心にいた。故郷イワノボでも労働者地区での飢餓に対応せざるをえなかった。

ちなみにポスティシェフは、一九三三年にウクライナ共産党に派遣され、一九三九年に粛清された。その間彼はスターリン時代の一九三五年にクリスマスを事実上、復活させる「新年記」を『プラウダ』紙に発表したことでも知られるが、その際ヨールカ祭を復活させたことから、教会の「伝統」との関係が見て取れる（Argumenty Nedeli, 19 Jan., 2015）。彼のルーツがイワノボであることの重要性は指摘しておきたい。実際、市内には現在もポスティシェフ通りがある。

しかし古儀式派という古層としての重要性から見て重要な第二点は、彼らが送った特別書簡が指摘する、ストライキを起こした反対派活動、当局から見て「反革命的な巣」のなかに、「反革命的トロツキスト」とならんで、「労働者反対派」が含まれていたことである。その中核が古儀式派的な世界であることはすでに第4章で指摘した。つまり、この意味でも一九三二年のイワノボ紛争は、古儀式派が絡んだと思われる典型的な紛争であったのである。ちなみに同地が生んだ古儀式派系共産党エリートのなかにアンドレイ・ブブノフがいるが、彼は一九二〇年にはレーニン主流派に批判的な民主集中派であったものの、この派は一九二一年には労働者反対派と行動を共にしていた。したがって、赤軍出身で当時は教育人民委員となっていたブブノフの立場も危うくなり始めた可能性はある。ちなみに一九三四年の第一七回党大会で主としてブブノフは、社会主義文化の役割の重要性に注意を向けていた（**17 s'ezd VKP(b), 110–111**）。

## ノソフ書記の報告

この点についてはソ連崩壊後、近年になってイワノボで情報公開され閲読できた史料「一九三二年四月一四－一五日にビーチュガ市での亜麻紡績工場でおきた労働者の反抗事件に関する五月四日付イワノボ産業州統制委員会幹部会決定」がある（二〇一七年三月一六日）（**GAIO, f. L–327, op. 4, delo 437, l. 124–27**）。その後、五月八－九日に、州委員会ビューロー総会付録でもある、四月二一日の州委員会拡大総会と州統制委員会拡大総会決定が確認された。

これに関して全連邦共産党中央委員会が四月二〇日に非公開書簡で指示をだしていることは前に指摘したが、この手紙の内容は公開されていない。しかし同月二〇日、イワノボ州党委員会ビューロー会議が開催され、ノソフ第一書記がビーチュガ、テイコボ、レジネボ、プチェジといった工場でのストライキ以降の危機と関係したこの中央委員会書簡の内容を踏まえて方針を提示した（**Gorod: 109–115**）。一〇〇名の共産党員が、各地での危機に対応して紛争地の工場に送られた。

翌二一日も拡大州党ビューロー会議は開催された。州委員会から、ノソフ書記など一九名、同候補が三一名、そして州統制委員会一五名など多数の参加者があったことは、危機の深刻さを示していた。

報告に立ったノソフ州共産党第一書記は、同地で生じた紛争について、反革命組織であるエス・エルやメンシェビキなど社会主義系反対党派だけでなく、かつて共産党内の反革命分子として党から追放されたトロツキストや労働者反対派の旧党員、旧商人やクラークらの積極的な関与によってそれは生じた、と指摘した。ビーチュガ、テイコボ、レジネボ、プチェジといった工場で、党や労働組合、協同組合、そしてコムソモールなどの活動の「歪曲」とも関係して、それは生じたという。消費財の値段が上がるなかで、労働者の要求にもかかわらず、パンの配給量が削減され、それによって党とソビエト権力への反抗が惹起されたのである。要するに食糧不足に対し、地元の党、政府、労組、そしてコムソモールなどが自己調達などによって対応しようとせず、官僚的敵対でもって対応したのは「日和見主義」である、と指摘する。ノソフ書記のこうした報告に関して二六名の討論者が登壇、結語をノソフが語った（GAIO, f. L–327, op. 4, delo 437, l. 93–97）。討論では反革命的な反対派を弾劾する調子があったが、なかには「コムニストが本質的に労働者を知らない」（ザイガリョフ）、「統合国家政治保安部」も誤っていた（イワノフ）といった、自己批判的な論調もあった（l. 52）。『プラウダ』紙が四月二九日付で論文を出し、イワノボでの状況をやや間接的な表現で示した。これらの情報から浮かび上がるビーチュガなど四つの工場での危機の諸相を個別に見てみよう。

## ビーチュガの「反革命攻勢」とプチェジスク工場

一九三二年のイワボノでの紛争の中心地ビーチュガの亜麻紡績工場では、最初の騒動が四月一四―一五日に持ち上がっていた（1.24-27）。ここでは労働者たちはすでに数カ月間も砂糖を得ていなかった。その上、賃金を一〇〇パーセント没収するといった「左翼主義的行き過ぎ」もみられた。公共給食制度もうまく機能していなかった。肉入りスープは割高な市場価格で、突撃労働者にも優遇措置はなかった。子供用の食事も出なかった。近郊の野菜などは腐っていた。説明もなしに一九三二年の第2四半期の補給は悪化していた。

こうした状況が「エス・エル、メンシェビキ、トロツキスト的反革命分子」によって利用され、四月一四日にはビーチュガ工場の「遅れた労働者」の怠業で、四二・五パーセントしか働かず、一五日には五時間にわたって工場は完全に止まり、残りの時間も四五・五パーセントの労働者しか働かなかった（1.119）。穀物のノルマ低下などに対して多くの一般党員は沈黙しており、党委員会書記クレーミン、工場委員会議長マルコフ某も同様であった。幹部たちの飲酒なども日常的であった。したがって一四日の危機に陥るまでの進行を、ソビエト、労組、コムソモールの活動家は気づかなかった。市ソビエトの六七名の成員も、総会にはせいぜい一七名しか出席していなかった。

二〇日の中央委員会の書簡を踏まえて、二一日に出された拡大総会での処分では、①ビーチュガ地区委員会書記ボルクーエフを除名、②地区ソビエト委員会議長も除名、③地区検事クルチコフの除名、④地区補給部のコノバロフの除名、⑤「赤いプロフィンテルン」工場委員会議長ルミャンツェフの除名と法的処分を問うなど、一三名が処分を受けた（I.137）。

イワノボ市内のプチェジスク工場については、一九二〇年からの党員である地区委員会書記マクラシンが譴責処分となり、地区統制委員会の議長も同様の処分を受け、総会メンバーから除名されることになった。飲酒が問題視された市委員会の議長コレソフ某も除名となり、地区消費組合議長は解任され、地区青年共産党書記も飲酒などで解任等の厳しい処分を受けた。刑事責任を問われる例も見られた。州の労働組合幹部は解任の末、二年間は指導的役割に就くことを禁じられた。コムソモールの役員は飲酒のかどもあり、解任のうえ譴責処分、工場党書記も組合幹部と同じ扱いであった。給食の責任者も解任され、刑事責任を問われた。州のコルホーズ経済関係者も、必要な手段を取ることが求められた。四月一四―一五日の危機の日に仕事を放棄した党員、コムソモール員には党内での処分が待っていた。

## 「テイコボ」紛争

労働者のストライキが生じていたテイコボ地区でも厳しい判断が求められた。ここでは四月に五〇〇名の労働者が「イワノボへの行軍」と称して示威行動を組織した。それは「パンを求める」ことを目的としていた（Yablokova）。党中央委員会の補給問題への決定違反であるというのが、州統制委員会の認識であった。補給や給食制度の問題が浮かび上がったが、これらの問題を「階級敵」が利用して「遅れた労働者のかなりの層」を挑発し、「公然たる反ソビエト的分子の決起」となった。このことはイワノボへの「飢えの行軍」、地区国家政治保安部への行軍、そしてスト指導者が農村での「クラーク的富裕層」の支持を得ようとした試みとなった。党細胞にはストライキ準備のシグナルがあったし、一九三二年一二月には党員のコルニロフ某という職長補（ポドマステリエ）によるストライキ運動が発生していた。これ自体は頓座したとされるが、それでも労働者代表団が近隣工場へ派遣された。賃率合意問題での労働者の雰囲気を変えるという目的であったにもかかわらず、地区委員会ビューローなど当局は州への報告もしなかったし、大衆からも遊離し、階級的警戒心を失い、こうしてシグナルを見失うことで、「赤い十月」や「ネルリ」工場でのストライキを防止できなかった、と党中央委員会の書簡は指摘する。

同地の事件では、かつて旧商人で当時は番人をしていたフジャコフ某という人物がストライキを指導した（I,155）。一九二五年ストの時にも指導者として活躍したという。このストライキというのは、筆者が一九八二年の著作で指摘した、労働組合活発化政策のきっかけとなった、春の紛争のことを指している（下斗米 82）。この書で論及した四つの工場の一つがこのテイコボの工場であった。フジャコフ某はどうやら地元では知られた人物であったようで、しかも「商人」という言い方から、古儀式派系であった可能性がある。テイコボでは工場委員会の半数がストライキに参加したというから、広い支持を得ていた人物といえる。

このことにより地区党委員会ビューローを解体し、一九二四年からの党員スメターニン書記を解任し、厳重警告を与えた。また地区統制委員会も解体、担当者は解任、厳重警告処分を受けている。地区党委員会の組織部長は、労働者の間での反党的な振る舞いで、「企業内での反ソビエト的事実への和解的態度」があったと批判され、二年間責任職に就くことが禁じられた（1.49–55）。「赤い十月」工場委員会議長（労組）チェルノフ某も、スト防止の動員ができなかったとして、解任警告の上、二年間指導的地位に就くことが禁じられた。同工場長バザキナ某も指導上の「反党的表明」を理由に、同様の処分を受けている。労働者への補給担当の地区消費組合指導者も解任され、司法処分を受けることになった。地区執行委員会議長も解職となった。興味深いのは、地区の統合政治保安部が、その活動の消極性でもって労働者による決起が引き起こされたことに注意が向けられたことである。党員やコムソモール員が紛争に参加したことも重視されている（1.124–27）。

その他、レジネフスキー地区委員会では、地区委員会書記オシニャトフが解任され、二年間にわたり責任職に就くことが禁じられ、ヌチェジスキー地区でも地区党書記マクラシンの譴責処分などが、州委員会総会で決まった（1.139）。この四地区委員会は解散され、代わりに臨時党協議会で新執行部を選出することになった（1.150）。

しかし結論的に言えば、その後もテイコボの食糧事情は一向に改善される様子がなかったことは、一九三二年夏の終わりになっても、「ものすごい行列」ができたという、地方レベルの文書での指摘からも分かる。このために「五カ年計画を四年三カ月で」といった国債キャンペーンにはボイコットや反対が相次いだ。ちなみにこの国債購入キャンペーンに際して、ガリッチ工場で購入に応じなかった労働者が、譴責処分を意味する「ブラック・リスト」（黒表）に載せられた（Yablokova）。しかしこれは逆効果であって、名門ノギン工場では怒った労働者が集会を開き、「また国債だ、また労働者をいじめている。一一六キロの小麦をよこせ、最初に食わせろ、その上なら予約購入しよう」といった切実な批判が出た。イワノボ市内のゼルジンスキー工場の委員会でも、このキャンペーンは非常に評判が悪く、工場委員会関係者から市ソビエト代議員まで、予約購入する者はいなかった。

## 党中央委員会の反撃

党中央委員会によって指摘された、四つの工場の党委員会は、食糧の配給量が低下することへの説明キャンペーンをしてこなかった。ビーチュガでは、二カ月にわたって労働者のかなりの部分が小麦の配給を受けておらず、また子供へのパンの配給量は一〇〇グラムと決まっていたのに六〇グラムしかなかった。共同組合には異質な分子が入り込み、労働者に対する賃金支払いは「多くの場所で」未払いとなった。

こうしたなかでビーチュガ地区党委員会書記のボルクーエフ某は、ストライキから蜂起にいたる、最も責任があるときに自ら病人だと宣言して指導性を失い、ソビエト議長はルイビンスクに遊びに出かけ、テイコボ地区委員会書記のスメターニンは、労働者が異議を唱えたときに、党員たちを前に「どうして説明できるか」と開き直り、説明に向かうことを拒んだという（Gorod: 111）。

このこともあって党中央統制委員会幹部会は、ビーチュガ、テイコボ、レジネボの地区党委員会を解散し、臨時の党委員会協議会を四月一七日から一九日にかけて次々と開催することを決めた。このため、州委員会のコーツェン、州党統制委員会のカリャーギンらの働き手を各地区の党協議会に派遣している。

紛争のあったビーチュガの各工場（「赤いプロフィンテルン」、ノギン名称工場、そしてシャゴフスカヤ、テイコボ・コンビナート、ネルリスク、レジネボの各工場）での下級党委員会の再選挙を行うことになり、責任党員が派遣された。これらの地区のコムソモール指導者も解任され、指導部を再選挙することになった。

これら消費・補給共同組合では、公共食堂などでの関連責任者への党的・司法的責任を問うと決めた。ビーチュガの消費組合はとくに解体すること、事件に関与した党員には党籍資格を問うことも決めた。

なかでも四月二一日には、ビーチュガのストライキに関して、州党委員会ビューローに加えて州党委員会総会メンバー、党統制委員会メンバーが加わった拡大会議が開かれたことは、党中央のてこ入れで反撃体制が作られたことを意味した。この重要会議については速記録が残っているが、それによれば、州書記のひとりコネツ同志が、四月に起きたストライキから「反革命」への転換について報告をした（GAIO, p. 31, op. 4, d. 15, l. 198）。彼によれば、テジスク工場の委員会では五〇〇名の党員のうち二九名が「就労拒否」、つまりストライキに参加していた。バレンツォフ党員候補は、労働者と一緒に「すべてコムニストは我利我利亡者だ」と発言、シャゴロフ工場では細胞書記までもがストライキの擁護をしていた。コムソモールでも、同地区の三〇〇〇名のうち一〇九名が「就労拒否」であったと言われる。報告によれば、「農村と結びついた、工場に来たばかりの労働者間で」反ソ的気分があった。この経済的危機の中、「反ソ分子」が関与して「単なるストライキ」が政治的状況になったと、セマーギン同州労組議長は指摘した。

州委員会のノソフ第一書記は、一九三一年四月五日に全ソ党中央委員会から州委員会への指示があったにもかかわらずこれが守られなかったことが、改めて党中央委員会から州委員会への書簡となったとして、党、労組、ソビエト、協同組合のすべてが教訓をくみ取るべきだ、「政治的教訓」を受け取るべきだ、そして新しい州委員会の周りに結集すべきだと指摘した（l.29）。ザイグラエフという党員も、ビーチュガ、テイコボの事件は「反革命勢力の拡大の問題」であるとし、「反革命と介入の時期が近づいている」と警戒心をあらわにした（l.31）。当時この州に属していたヤロスラベリ市の党委員会書記は五月二二日に解任されていた（l.33）。

しかし同時に党の会議では反省も見られた。託児所や児童施設が機能していれば問題はなかった（I.38）、ビーチュガやテイコボ事件に関しては「官僚主義と沈滞」がある（ヤロスラベリ市委員会モロゾフ）、食糧の配給量を五五〇グラムから三〇〇―三五〇グラムに減らしたからだといった、批判的コメントも見られた。州党委員会が階級敵への警戒心を欠いた、「大衆から遊離した」、「コムニストが前衛でなかった」といった、自己批判的なコメントもあった。なかには「本質的にコムニストは労働者を知らない」といった厳しい党員の声もあった（I.45）。「我々のところでは牢獄でももっと食べさせている」（コストロマのレーニン工場）というものもあった。

こうして党中央から督促されたかたちでイワノボ州委員会の組織指導員部など関係部局は、上から下までの党大衆活動などでの組織の点検と党員の配置の点検が求められた。とくに補給、共同組合事業での党員の「形式的、官僚的、そして時に犯罪的関係」に注意が向けられたのは驚くにはあたらない。

繊維業労働組合では多くの工場委員会メンバーがストに参加し、労組が異分子によって満たされ、大衆の日常について関心や警戒心がなかったとして、「階級的ボリシェビキ的大衆的労組の根本的再編成」が必要とされた。つまりは労組積極分子の教育・啓蒙活動強化が、労働者の文化日常的条件（補給、住宅、文化施設）の改善とならんで命じられた（GAIO, P–327, op. 4, d. 515, l. 143–145）。要するに州委員会には「最大級の政治的誤謬の矯正、党組織のボリシェビキ的強化」が命じられた。その段階での最大の脅威は、右翼反対派的日和見主義であるとされた。

五月になって同州委員会は、市委員会以下の下部党組織に「秘密書簡」をおくり、四月五―一五日の間に起きたノギン工場、「赤いプロフィンテルン工場」、「シャトフスク工場」などでのストライキ、統合国家保安部や民警の誤りに改めて警戒心が求められた。なかでもテイコボでは一定のストライキ積極分子がイワノボ市まで行軍してきたことに注意が求められた（GAIO, f.-327, op. 4, d. 516, l. 60–81）。食糧配給が半分に減らされ、乏しい賃金から部屋代を差し引かれたため、不満がたまっていた。企業と労働組合間で締結される団体協約の形骸化も問題であった。もっとも、こういった問題は構造的なものであって、ただちに政治キャンペーンで解消できる性格のものではなかった。逆に三月にストを構えたらパンがすべて支給されたカラバンスキーの労働者のように、要求は切実でもあったし、抑圧するだけでは解決できなかった。

## 各地に伝播した一九三二年の紛争

以上、イワノボ産業州の紛争に即して、「ストライキ的雰囲気」の結末を紹介したが、モスクワの繊維工場でもストライキが起きかけた（下斗米 94）。この点については一九九四年の著作でも取り上げたが、改めて指摘しておこう。一九三二年秋に摘発された共産党右派として、一九二八年にモスクワの地区委員会から追放されていたリューチンによるスターリン批判の呼びかけ、いわゆるリューチン綱領（六月執筆）のなかでも、「労働者のストライキが、凶暴なテロ、逮捕、解雇、そして摘発にもかかわらず、ここかしこに生じている」と指摘された（下斗米 94: 187）。リューチンはスターリンが書記長として不適任であるというレーニンの遺言を非合法パンフレットで訴えたのである。

ソビエト発祥の地での一九三二年の紛争は、孤立した現象ではなかった。いな、イワノボの労働者が不満を持っていることは、赤軍などを通じてソ連各地に伝播した。実際、ベラルーシの人口五万の工場都市ボリソフでも、一九三二年四月七―八日には食糧事情の悪化を背景とする「反ソ分子による決起」が起きた。ある建設部門では一二三名のうち八〇名が怠業した。この状況が、同共和国での赤軍の雰囲気に伝播することを労農赤軍政治保安部は懸念していた（Golod: 143-149）。

ベラルーシにおける飢饉と、イワノボの春の事件とは、実は密接なつながりがあった。というのも赤軍政治管理部が、ベラルーシの軍管区から届いた政治報告「ボリソフでの事件と関係した雰囲気について」において、兵舎に届いた家族からの手紙の中で、イワノボのビーチュガにおける飢饉と飢餓行進の状況が伝えられていたからであった。ベラルーシ軍管区の第八砲兵師団には三〇名のビーチュガ出身の兵士がおり、その妻からの手紙を通じて、緊迫した食糧状況とこれに起因する政治的緊張が、赤軍内部にも伝わっていた。

一九三二年四月一九日の「ボリソフでの事件に関係した雰囲気についてのベラルーシ政治管理部報告」では、パンの食料調達の配給量削減と関係した、いわゆるイワノボ州でのストライキに関連してビーチュガでの工場（複数）から手紙が来ていることが伝えられた。それによると、「生活は特に悪い、今ストライキが起きて、工場はすべてストップしている。」（ノギン工場のソコロフ某）、「パンが一一キロしか配給されないので工場はストップしている」（四月一三日付、第八砲兵師団クーシキン某の妻の手紙）、また同じ第八砲兵師団のクリュバノフ某の妻（赤いプロフィンテルン工場勤務）からは、「ビーチュガではどこでも腐ったパンのかけらすら、買うことはできない。近隣の工場から何百人もの人がやってきて「食べるものをよこせ」と叫んだが、返ってきたのは「これはまだ飢饉ではない、飢饉とは子供を食うときになって初めていえるものだ」という返事だった」という手紙が来ていた。同軍管区政治保安部はこの手紙に対応して共産党員、コムソモール員の会議を開き、相応の対策を取ったとあるが、その内容は不明である（l.149）。

### 紛争後のイワノボ

最後に、一九三二年春の紛争後のイワノボの状況について触れておこう。一〇月にイワノボ市党統制委員会に送られた一〇月九日付の州執行委員会報告「工場養成学校（ＦＺＵ）の状況について」は、労働組合の弱さ、農民層の学校への流入に伴って「反ソビエト的気分、敗北的雰囲気、そして施策に対するグループ的反抗が一部の地域ではストライキにいたっている」として、同州のキネシマ、ガブリーロフ・ヤム、テイコボその他で起きていることに論及した。飲酒、フーリガン、自堕落な雰囲気から自殺行為まで起きていた。これらも政治教育の欠如のせいにされた（GAIO, p. 31, op. 4, d. 15, l. 198）。このような雰囲気は農村でも見出され、セミョノフスキー農村ソビエトでは、「崇拝」の対象たる僧侶やその関係者、供出責任を持つ富農たち、元商人たちが

「反ソビエト」的行動をとっている、とされた。集団化に加わるな、まもなく戦争となる、とい
うのである。別の農村ソビエトでも寺男が農民に対し、「正教に寛容になるべきだ、まもなく何
かが起きて、我々は自由になる」と語った（11.209）。かつて士官だった農村の教師が「今の教科
書は何もない、昔のほうが、内容が豊かだった」と語っていた。
　一九二八年一〇月からの第一次五カ年計画は、一九三二年末に四年三カ月でもって終わったこ
とになっていた。しかしスターリンも認めたようにこの計画は未達成であった。一年遅れの一九
三四年一月になって開かれた第一七回全連邦党大会は、それまでの五年余の変化を初めて総括す
る場であった。この大会では、スターリンの革命を「勝利者の大会」として位置づけ、ジノビエ
フ、ブハーリンら反対派を含めて発言が許された。
　この中で、ノソフ・イワノボ州党書記が発言し、州の政治的・経済的変動がいかに大きかった
か述べている。それによると、一九二八年に州経済の全生産高の八割を占めた繊維工業は、一九
三三年には五四パーセントに低落していた（17 s'ezd VKP(b): 165）。とくに党中央委員会が一九三
二年に与えた指示が大きな影響を与えたことを指摘したが、それはイワノボ州に、反革命的なメ
ンシェビキとエス・エル、そして「ボリシェビキ的隊列から追放された反革命的トロツキスト、
「労働者反対派」の旧メンバーらが、党と政府とに対する決起のための「巣」をつくった」とい
う認識である。イワン・ペトロビッチ・ノソフはこの党大会で選ばれた党中央委員七一名の一人
でもあった。

## スターリンへの疑義と粛清

一九三二年のイワノボ産業州での労働者の反乱と紛争は、ソ連邦、とくに形成期のスターリン体制のイデオロギー的根拠に対する重大な挑戦となった。軍需産業重視のために、農業や繊維工業などは軽視せざるを得ないとしても、第一次五カ年計画は事実上頓挫した。ウクライナや北カフカースといった農業地帯では数百万の生命に関わる重大な飢饉が始まっていたし、農業ともつながりのある古儀式派が多いイワノボ・ボズネセンスクの労働者の反乱は、ソビエト権力発祥の地の反乱として、スターリン権力に深刻なジレンマをもたらしていた。

なによりも一九三四年一月末になってようやく第一七回党大会が開催されるほど、総括にも時間がかかった。「勝利者の大会」と呼ばれたその党大会では、スターリン書記長の指導に対する深刻な疑義が生じていた。一九二八年からの「上からの革命」を支えた北カフカースのシェボルダエフ、中央黒土州のバレイキスなど、有力な地方の党第一書記ら八―一〇名が、スターリン書記長や農業担当だったカガノビッチ書記に半ば公然と疑義を唱え、代わりにキーロフ・レニングラード第一書記を据えようとしたことは、モロトフやミコヤンを含めたソ連末期からの有力者の回想録でも確認されている（下斗米 17: 116）。筆者もシェボルダエフの子息への数度のインタビューなどで、バレイキスから秘密のメモをシェボルダエフが受け取ったことを関係者から知ったとの証言を得ている。キーロフは書記長就任の話を断ったが、この大会で彼は、スターリンと同格という扱いでのモスクワへの移動が決まった。
そのキーロフは、モスクワに勤務する直前の一九三四年一二月に、スモリヌィで反対派的党員ニコラエフに射殺され、それが三次にわたるモスクワ裁判等の大粛清（テロル）にいたる過程をここで展開する余裕はない。それでもイワノボの政治史に関わる論点だけ、ここでは触れておきたい。

第一は、スターリンを追い込んだ農業危機に際し、一九三二年末に導入された政治部は、赤軍と有力地方党第一書記のブロックを作り上げた可能性がある。したがって、スターリン権力が、カガノビッチが担当したモスクワ市第一書記はともかく、北カフカースのシェボルダエフやイワノボ産業州のノソフといった有力地方党組織の分割という形で彼らの基盤を掘り崩すという方法をとったことは、党官僚制からの有力地方党第一書記らへの牽制となった。

そして第二に、この大会で選ばれた七一名の中央委員の七割と同様、イワノボ州書記ノソフ自身も粛清の憂き目にあうとは、そのときは誰も思わなかったであろう。一九三六年に同州がイワノボ州に改称された時、同州書記として、また粛清を担当するトロイカのメンバーとして残ったが、一九三七年一一月に処刑された。

キーロフ事件のあおりを受けて一九三五年五月一三日付で党中央委員会は「当の党組織内でボリシェビキ的秩序をもたらす」ため、党文書の交換を通じた党内の点検と「異分子」の粛清が行われた。その結果、六〇〇〇名のイワノボの党員が除名された。州執行委員会で働いていた一三名が「右派・トロツキスト」と判断された。それでも一九三七年まで、地方党官僚の最上層部には及ばなかった。

ここでもクレムリンの意を体してイワノボ州の大粛清のために一九三七年八月に派遣されたのは、一九三二年春の時と同様にラーザリ・モイセービッチ・カガノビッチ党中央委員会書記であった。アイゼン・タイチョという歴史家が書いた論文「イワノボへの出張」では、このカガノビッチの「出張」が、いかなる意図の下でなされたかが示されている（http://maxpark.com/community/14/content/552082, 二〇一七年八月八日閲読）。第一の目的は、ソ連第三の「プロレタリア」都市での党や政府、そして治安機関エリートの粛清であった。もっとも、一九三六－三八年の地方党関係史料はまだ公開されておらず、その解明は困難である。

カガノビッチ訪問後の九カ月間でさらに八五〇名の党員が減少している。つまり粛清された。一九三七年四月の第四回県執行委員会総会では、議長のアゲーエフ、そして党第一書記のノソフが、「敵の破壊活動」について触れた。ノソフは、モスクワでスターリンとモロトフから「全右派・トロツキスト」を「容赦なく一掃」するよう指示を受けた。しかしノソフら州指導部は、イワノボ州には他と異なって、「人民の敵」、トロツキストはいない、と考えた。むしろ、内務人民委員のヤゴダが一九三六年九月に解任されて以降は、彼らに責任を転嫁したと言われる。

一九三七年七月末、エジョフが指揮する内務人民委員部は、粛清の割り当てを指示した。イワノボ州については四カ月で二七五〇名を粛清し、このうち七五〇名を銃殺刑にすべしと指定している。その実行はノソフ第一書記、州人民委員部（ラジホフスキー）、州検察（カラシク）のトロイカに任された。

## ノソフの粛清

トロイカとは三頭立て馬車を意味するが、当時は粛清を実施するための党、内務人民委員部、それに検察の小委員会のことである。ところが実はノソフ粛清のシナリオは、すでに半年も前から内務人民委員部で準備されていた。イワノボ州に派遣された内務人民委員部のラジビロフスキー某の証言によれば、長官のエジョフが六カ月前に、ノソフに対して直々に、「モスクワの右派との結びつき（前軽工業人民委員リュビーモフとのつながり）を暴露すること」を指示していたのである。リュビーモフはフルンゼの盟友でもあったことは先に触れた。イワノボにはソビエト権力はないから、内務人民委員部がそれを復興させるのである、と指示されていた（Doklad: 205）。すでに一九三七年三月の『プラウダ』紙に、ノソフ書記に対する批判的な記事が掲載されていた。

一九三七年八月二日、党の統制官僚シキリャトフとともに隣のヤロスラベリ州を訪れたカガノビッチ書記は、「真面目で献身的」なはずの同州委員会書記ネフェドフが、テロを計画していたと暴露した。本人はただちに逮捕、銃殺された。その後七日に特別列車でイワノボ市に移動したカガノビッチ代表団は、モスクワからの三五名の護衛に加え、地元民警の動員があったが、地元の党と政府には何の事前連絡もなく、駅頭への出迎えはなかった。

カガノビッチが手にした報告書には、ノソフら州党指導部の罪状として、①ソビエト権力を対象とする右派の陰謀への加担、②農業および工業への意図的な妨害行為、③他国の諜報活動を利するスパイ活動のほか、つぎの項目があったことは注目に値する。「一九三二年にソビエト権力を打倒しようとした試み」。つまり一九三二年の「騒乱」の責任が、当時の抑圧実行者にも転嫁されたのである。

八月八日、州党委員会総会が開かれ、カガノビッチは、地元では誰も知らないモスクワ市クラスノプレセンスク地区書記のシモチキンを新書記に、モスクワ州の地区書記のマルチューク某を州執行委員会議長にといった、新しい人事構想を用意していた。カガノビッチ、シキリャトフによるノソフ指導部への批判の大半が、「敵対的活動」に対するものであったことは想像できよう。会議は静まりかえった、とミハイル・シュライダーという批判的参加者は回想する（http://maxpark.com/community/14/content/5520824）。こうして、イワノボ州の大ボスは、たちまちにして「完全にただの人」になった。いな「ただの人」ならまだ良かった。この間、カガノビッチは日に数度スターリンに電話し、粛清の進行について報告していた。なかでも州党委員会でのカガノビッチ書記の八日の演説は八〇ページになるもので、読み終えるのに数時間を要した。この報告で、ノソフは「理性を失い」、「右派=トロツキスト・センター」の指導幹部となったというのが解任の理由であり、党中央の預かりとなるが、モスクワでまもなく銃殺された（一九三七年一一月）。

この報告でカガノビッチは、一九三二年にビーチュガで起きた労働者による反対運動の件で前指導部に「主要な責任がある」と、とくに叱責した。こうして総会は、第一書記ノソフ、第三書記エパネチニコフ、市委員会書記ワシリエフ、青年同盟第一書記アドミラリスカヤ、そして州執行委員会議長S・アゲーエフといった州委員会総会メンバーの半数を抑圧したのである。一九三六年には、同州青年同盟中央委員会九三名のうち七二名が逮捕された。一九三七年八月一日から翌年二月一日にかけて、ソビエト機関でも指導幹部五七六名が交代させられ、そのうち地区ソビエト議長三一名、市ソビエト一八名、農村ソビエト二六〇名が他に変わった。

カガノビッチは出発の日、イワノボ駅頭で全党の積極分子に見送られたが、この間、食事などのサービスをしたものにチップを提供したという。モスクワに戻ると重工業人民委員となった。

この地の古儀式派系党員であったパーベル・ポスティシェフ書記は、党中央委書記と兼務で一九三三年一月にウクライナ共産党第二書記として派遣されていた。一九三八年二月二六日に解任され、三九年二月二九日に処刑された。中央委員にして教育人民委員であったアンドレイ・ブブノフは、一九三八年七月二六日、スターリンのもとにその報告書が提出されたヤン・ルズターク、中央黒土州のバレイキスといったスターリン系高官一三八名とともに裁可され、八月一日に射殺された。彼らはいずれも第一七回党大会に選出された中央委員でありながら不当に抑圧されたとして、一九五六年三月に名誉回復することになる（Doklad: 257）。

## 一九四一年秋のイワノボ紛争

第二次世界大戦の第二幕は、ヒトラーのバルバロッサ計画による六月二二日の開戦により始まった。ソ連では「大祖国戦争」と呼ばれるようになった。二六五〇万とも言われる犠牲者を伴って勝利したソ連、その後継国家たるロシア連邦において、この戦争は体制と大衆を結びつける数少ない神話でもあった。フルシチョフ期になると、スターリンの指導に懐疑的な回想録も出版されたが、この時期にはソ連体制と赤軍との「一体性」も強まった。西側の研究でも、体制と大衆の絆が神話化されることはないとしても、強調され続けた。独ソ戦開戦時に、赤軍の故地イワノボで勃発した深刻な大衆反乱はまったく知られなかったが、その後のスターリンによる正教会政策等に影響を与えるほど大きな事態であった。

独ソ戦における緒戦の敗北は、ソビエト体制に深刻な危機をもたらした。この間、赤軍は白ロシアやレニングラード、西部戦線で、直後の約二週間だけで死者四二万人、捕虜三二万人をだした。三週間の間にリトアニア、ラトビア、白ロシアが占領され、ドイツ軍は集団化や飢饉の傷跡が残るウクライナ、南ロシアなどに破竹の勢いで侵入した。ロシアの学者ソコロフは、一九四一年だけで三八〇万人もの兵士がドイツの捕虜になったと推定する。結局、計六二〇万人もの兵士が捕虜となっている。劣等民族とされた赤軍捕虜兵の多くは食糧も与えられずに餓死した。スターリン体制下での軍の粛清、対独警戒心の欠如と準備不足、責任回避が、緒戦での大敗の原因であった。

九月になると、状況はさらに悪化していた。首都モスクワにすら、ナチス・ドイツの足音が迫ってきた。敗北の予感とパニックが襲い始めた。こうした中で、一九〇五年革命の拠点にしてソビエト発祥の地であるイワノボの労働者が再び抗議の声を上げ、ストライキに打って出たことは、ソ連の研究者はもとより、西側でもほとんど知られていなかった。ソ連崩壊後の史料公開後も、愛国的雰囲気だけは、とくにプーチン時代に継承されたものの、『一九四一－一九四五年の史料に見るイワノボ』（二〇〇五年）といった貴重な戦争期の史料集でも触れられていない。しかしそれでも事実は事実である。なぜイワノボ繊維工といった「先進的」な労働者が、ヒトラーの軍隊が迫る時期に、ほかならぬスターリン体制に背を向けて反乱を起こしたのか。

イワノボ州での独ソ戦への緊急対応は、一九四一年六月二二日の動員で開始された。パリツェフ州党委員会書記は、呼びかけの文書において、市委員会、地区委員会などに対し、二三日に秘密積極分子集会を緊急に演劇劇場で開催することを指示している（GAIO, f. p-327, 19, 12, 106, l. 13）。その場で司会を務めた州軍事委員会のズエフ同志は、党員一万一二九一名を含む一六四二名の同志を戦時動員したと報告した。こうして二五日までに同州では一般人一万一八九九名が動員により戦場に赴いた。

しかし「銃後」の状況は、決して安定してはいなかったことが、イワノボ州の党史料、とくに州委員会特別セクトルの報告から浮かび上がる。この報告書（九月一一日—一二月三一日）は、赤軍敗退下のモスクワ郊外で混乱にいたる状況を示している。パリツェフ州委員会第一書記が、「最重要企業での不満分子の粛清」に論及していることからすると、その発端は企業内の不安定性、なかでも永遠の反乱者であった古儀式派などの反乱にあったとみえる（I.42）。鉄道でも状況はよくなかったようである。キネシマ企業など軍需工場でも「不満分子」と対峙すべき民警がいないなどの問題点が指摘された。

労働者の不満は深刻であった。戦時期の労働時間として、一九四一年六月二六日の最高会議幹部会の指令によって、一一–一三時間の超過労働が課されることになり（一九四五年六月三〇日まで）、イワノボでは事実上一〇時間労働制となったが、これが不満のもとになり、この件に関し、労働組合中央委員会への集団的な批判的書簡が増加した（**Otechestvennaya Istoriya**〔以下 OI〕, No.2, 2004: 2）。八月夏から秋にかけてイワノボ州の繊維企業での深刻な動揺が、労働者の職場放棄などを招き始めた。

ここでもビーチュガの三繊維企業（ノギン名称、シャゴフ名称、「赤いプロフィンテルン」）が先進的な批判の拠点となった。さらにはロドニコフの「コミンテルン・コンビナート」、シューヤのテジスク工場、サビンスキー地区のフルンゼ名称工場、フルマン地区の第二工場と「赤いマヤク」、そしてイワノボ市内のゼルジンスキー名称工場で、このような不満が生じ始めた（OI: 42）。

熟練工が戦時動員されたことにより、未熟練工がノルマを達成することが困難になり始めた。このこともあって賃金は三–五割低落した。紛争の原因として、州委員会は食糧事情の悪化も指摘した。州委員会特別セクトルに保存されている史料でも、繊維工業での食糧事情は「満足できるもの」ではないとされた（GAIO, F–P327, 7, 106. 1. 9）。

配給制度においても、穀物や砂糖などの供給が滞りはじめる。これに伴い、市場価格が高騰しだした。企業内で給食を利用する者は一〇倍となったが、食事の総量は変わらなかったことから不満が爆発した。「赤いマヤーク」工場では四〇人分のブリニ（薄焼きパン）に六〇〇人が殺到し、仕事放棄にいたった（1.43）。状況は、「反ソビエト」的と当局が表現するほど緊迫したものになった。イワノボの工場内では、ヒトラーとソビエト体制とを比較する議論まで公然と飛びだした。「二カ月戦ったのに食べるものがない」といった具合であった。

実は首都モスクワも一〇月には陥落寸前であった。こうしたなか、政府、党、全大使館などの首都機能をクイビシェフ（現サマラ）に移すことが一〇月一五日に決まった。重要な軍需工場は、中央アジア、シベリアに移送されることとなったが、ほとんどパニック状態であった。それでもカガノビッチ書記によれば、一五万両、六〇〇〇列車でもって最初の三カ月で一三六〇とも、半年で二五三九企業ともいわれる大企業が後背地に送られた。

重要企業の東方移送が、ソ連国内で危機を引き起こしたということは、ほとんど知られていない。なかでもこの企業の疎開が危機を引き起こした。

## 党史料から再現する労働者反乱

イワノボ州の共産党史料館は、いまはイワノボ国家史料館の一部として、独自の党史料を保管している。この戦時期の党史料が最近解禁になったが、一九四一年一〇月一八―九日に起きた労働者反乱の生々しい姿を見て取ることができる。

一つ目は「一九四一年一〇月一八―一九日に混紡コンビナートで生じた事件の発端と展開」と題された報告覚書である。同月三〇日の日付が入っているが、これによると先の「反ソ的事件」の顚末は以下のとおりである。

実際の危機が始まったのは、実は一五日、政府の移送決定が伝えられた時からであった。この日の朝、党と政府の秘密指令にしたがって混紡工場長の同志チャストゥーヒン某は、コンビナートの幹部や関係者を秘密裏に集め、企業設備の五〇パーセントを取り外し、移送する準備を進めるよう指示した。翌日にも同様のメンバーによる第二回会議が開かれ、そこには秘密動員部のクズネツォフ某や党委員会の二人も呼ばれていた。このとき、一〇〇台の織機台や関連施設の輸送が指示された。これらが秘密指示として厳守されたのは、一六日の一三―一四時の間に電話で指示されたからであろう。

一〇月一七日朝からは、この指示が全日にわたって実行されることになった。実は一七日はコンビナートの休業日でもあった。イワノボ州委員会の史料としては、州党委員会特別部から党中央アンドレーエフ中央委員会党書記宛で出された、一九四一年一〇月一九―二〇日の「繊維工場で起きた一部繊維工の反乱」に関する報告書が残っている（GAIO, F-P327, op. 7, D. 106, l. 84）。アンドレーエフは党政治局員で、統制部門の経歴が長かった。彼への報告書にも、ほぼ同様の認識が示された。とくに注意が向けられたのは、メランダ・コンビナートでの反乱である。報告は、「敵対分子」や「ドイツ・ファシズムのエージェント」が紛争をそそのかしたことを強調したが、他方で労働者たちは、ラプシン書記に対し「グラフク（管理総局）は町を出て、我々が取り残される」、「繊維部局、州委員会は家族とともに行き、我々は残るが仕事もなくなる、休みの日に言うこともなく出て行く」と、不満を爆発させたことにも言及していた。

一八日の朝六時になって出勤した労働者は、設備が片付けられているのを発見した。とくに織工たちが、「機台は取り外され、我々は仕事なしだ」と騒ぎ始めた。ここに混紡工場長のチャストゥーヒンと党委員会書記ラプシンらがやってきて話し始めたところに、全ホールの労働者がやってきた。賃金はその間も支払われること、そして子供たちの疎開についても説明があった。しかし説明のたびに労働者たちは「企業は疎開し、我々は取り残される」と口々に叫び始めた。「繊維工業人民委員、内務人民委員、州委員会は子連れで、そして我々は取り残される」、「我々の指導者は、チャストゥーヒンとともに自分の家族を送り、我々は送られることなく、仕事なしになる」と叫び始めた。

このため、午後二時には市と地区の書記を招集して臨時の集会が開催され、そこには州委員会の繊維工業責任者、市委員会書記なども参加した。当局が疎開の計画を明らかにしたが、子供の疎開、企業からの解職、移送期間中の給与支払いなどについて質問がでた。しかしホールから

「設備の解体は許さない」とある女工が叫び始めた。梱包した施設を解体し始めた。

一〇月一九日朝になると、同コンビナートの状況はさらに緊迫し始めた。所長がまずいことに、「コンビナートは労働者もろとも爆破する」と言ったことが火に油を注いだ（1.85）。織工場のほか紡績工場や糸巻き工場でも、梱包された機械の解体が始まったが、当局は打つ手がなかった。この間、「一一月からパンの配給は一〇〇グラムとなる」、「機械は運び出すまい」といった風評が飛び交った。銀行員はすでに出発したので、労働者には金は支払われないという声もあった。一五〇名の労働者が紡績工場長の解任を求めた。共産党員の多くや責任者も打つ手なしだった。一四時になると一〇〇〇人の労働者が集まり、一群の挑発者につき従って街頭に繰り出し、工場正門のあたりで集会を始めた。このため州委員会書記は、機械の取り外しと運び出しの中止を宣言した。しかし挑発者は「あなたたちは我々を爆破しようとしている」、「パンをどこに運ぼうとしているのか」といった発言を続けた。夜になってコンビナートは完全停止に陥って、夜になっても働いていたのは五〇〇名のみだった。二〇日になってようやくコンビナートは再開したが、完全とは言えなかった。コンビナート労働者はこうしてパニックに陥った。

二〇日の朝七時－七時半には、織工とは別の労働者も加わり始めた。「労働戦線には行かない」と、一〇時間も働いていないことを認めた（1.90）。「あと一〇〇グラムパンをよこせ」とか「織物を無料でよこせ」といった声もあった。一一時には首謀者（アクセンタエフ某、ロジオノフ）らが他の職場の作業を止め、労働者も合流した。「仕事を止めて集会に行こう」といった声が聞かれた。もっとも三時になると、「挑発者」への反撃も始まった。

この報告でユニークなのは、抗議活動に関与した十数名の人物の特徴が把握されていたことである。例えば一九〇三年生まれのバレノバ某は、一九三五年に五年間の自由剥奪刑を受けていたが、「闇の中絶病院」を開いていたという。このことは女工たちの間で切実な問題があったことを暗示する(1.93)。またソシナ・コペイキナ某は、抑圧された「社会的有害分子」の妻であった。ヤクシナ・プロタソバ某は、抑圧された聖職者の娘で、コムソモールを除名された経歴があった。その他、コルホーズを出た人物とか、スパイ容疑のハンガリー国籍者とか、住所不定の挑発者とか、息子が抑圧された不良とか、「正常」でない理由が付された人物が扇動したと印象づけられた。全一九名のうち一六名が女性労働者だった(*Otechestvennaya Istoriya*, No.2: 2004: 5)。その後、コンビナートなどでは多くの施策が講じられ、党の各級委員会には集会参加者への説明キャンペーンが開始されたと、一〇月二九日付で指摘されている。

以上、代表的な「メランダ」コンビナートで起きた紛争を紹介したが、一〇月一九日前後には「赤いタルカ」といったイワノボ市の名門工場でも同様の「紛争」が起きていた。州党委員会の分析では、紛争は休みの二〇日に主として起きていた(1.94)。挑発者たちは、指導者による工場の爆破命令を都合よく解釈して労働者の反発に利用した、という。労働者の中に「ドイツ・ファシズムと反対者」などの異分子のほか、「かなりの犯罪者、社会的危険者、挑発者」が含まれていたものの、他方で「一定の若い労働者」たちもこの紛争に関与していたことを認めざるを得なかった。

興味深いのはゼルジンスキー工場でのストライキ首謀者、ダビドバ某という女工が「一九二五年の労働強化活動に際しストライキを扇動した者」として、わざわざ注記されていることである。ちなみに一九二五年に同工場で起きたストライキについては、筆者が一九八二年の著作『ソビエト政治と労働組合』のなかでイワノボでの繊維工の紛争の典型例として取り上げている。一九四一年の大ドミトロフスキー工場での紛争でも、首謀者のボロトバ某は「一九三二年のテイコボ・ストライキに参加していた」。テイコボ紛争については前節で取り上げていた。

こうして一九二五年、一九三二年、そして一九四一年と続くイワノボ女工の反乱に、ストライキに関係した者がある種のネットワークを持っていたことが図らずも明るみにでた。と同時に共産党と当局とが、女工の扇動者、参加者のプロフィールに着目し、活動を監視していたことが示されたことになる（1.97）。女工の非公式ストの指導者たちが古儀式派と何かの関係があったのかは不明だが、聖職者に対しては監視を強めていた。ゼルジンスキー工場の積極分子であったイサエバ某は「反共産主義に勝利を」とも語っていた（1.98）。

これに対して当局が組織した反撃集会には、四〇〇〇名の予定に対して七〇〇〇名しか参加しなかった。工場爆破の噂が、こうした状況をもたらしたと、イワノボ州書記のパリツェフも認めている（1.99）。

この前後に党の決議が出されている。一九四一年一〇月二二日付のイワノボ州党委員会ビューロー決議「イワノボ市の繊維工場における一部労働者の反ソビエト的決起について」である。この長文の決議は、市内の三繊維工場（ゼルジンスキー名称混紡コンビナート、「赤いタルカ」工場、マラショバ名称工場）において「ドイツ・ファシズムと敵対分子」が企業に潜入、これら「スパイや代理人」による地下活動と挑発・破壊活動が「一部労働者の反ソビエト的行動」として一九日に生じたとしている（GAIO, F-P327, op. 7, d. 105, l. 97–103）。党やコムソモール、労働組合、そして経済管理者は、「企業内での破壊的敵対的行動」に適宜対応せず、「パニック分子、挑発分子、ヒステリー分子」に対し対抗しなかった、と決議は指摘している。

もっとも、反対運動を起こした女工たちの場合、ハンガリー系を除くと、「スパイ」「ナチス」といった特徴づけを証明するような言動は示されていない。せいぜい、聖職者の娘だとか不良分子といった、一般的な特徴だけであることにむしろ特徴があろう。

さらに市委員会の決議は、労働者に責任を問うよりも、工場長たち、あるいは企業内の党、労組、そして企業関係者に責任を帰している。なかでも混紡工場長の同志チャストゥーヒン某は労働者から遊離し、企業を爆破すると挑発的に脅したとして解任され、厳重な警告が与えられた。党委員会書記のラプシン某も解任された。同様にゼルジンスキー工場の書記も、工場爆破の挑発のかどで解任され、所長は技師長に格下げとなった。

これに対し「赤いタルカ」の工場長と党書記は、仕事での問題点を除去しなければ処分を行うという警告を受けただけで済んでいるのは、一九〇五年革命の名門工場だからだろうか。イワノボ市党書記のタラチノフ、綿工業労組中央委員会書記ツベトコワ某にも警告が与えられた。州の内務人民委員部関係者も、その対象となっている。代わりに党委員会関係者を強化することなどが決定された。市委員会には、企業人事への関心を深め、地区委員や第一次組織の強化、経営への指導強化をするよう指示がだされた。市の党組織は、いつになく多くの繊維企業で紛争が起きたことで、挑発的分子の挑発行動と戦い、それを種子の段階で排除すべきことを求めていた（I. 22–26）。

目の前に迫った敵軍に対する軍事動員に対しても、実はイワノボでは批判的な声があった。ある地区委員会では四〇〇〇人規模の戦時動員をかけたところ、きちんとした説明がなされていなかったこともあり、ある亜麻工場では一六歳の若者から高齢者、多産の母親まで戦場に動員された一方、幹部は誰も動員されず、批判の声が上がった。ロガチェフ工場では、一〇月二〇日に五五〇名の労働者が仕事を放棄し、その一部がコンビナートの別の労働者との連帯を叫んで街頭に出た。その中には「勤労戦線には行かない」、「ソビエト体制をやっつけろ、ヒトラーおじさん万歳」といったものまであった。二一日にも街頭行動の試みがあった（OI, No.2: 2004: 46）。これら一九四一年一〇月一九日からの一連の動きは、州委員会を経由して党中央委員会書記のマレンコフ、スハノフらに伝えられた。マレンコフは戦時期の最高決定機関である国家防衛委員会の一員でもあった。

早速、懲罰機関が動き出した。反乱を起こした一九名の積極分子、一〇名の挑発的で反革命的な噂を流した者、二二人の国防産業の労働者がそれぞれ逮捕されたと、メルクーロフソ連内務人民委員への報告書は伝えていた。この件で逮捕された多くの者は、ロシア刑法五八条八項の反ソテロ行為といった刑で起訴された。イワノボの歴史家トチェノフが得たその後の情報では、このうち四名が死刑となった（そのうち一人は懲役一〇年に減刑された）（OI: 46）。一五〇名以上が懲役九―一〇年の刑に処された。反ソ活動を監視する目的で一二七名の情報員が繊維労働者から徴募された。

## イワノボの「永遠の反乱者」

イワノボ労働者は、言ってみれば永遠の反乱者でもあった。苦しい状況では、いち早く行動を起こすという点で、常に「先進的」でもあった。一九九一年一〇月一八日、イワノボ労働者の反乱の件が再審され、政治的抑圧の犠牲にあった彼らの名誉は、ようやく回復された。

ヒットラーの軍隊の攻勢を前にしたイワノボでの一九四一年秋の労働紛争は、一体何をもたらしたのであろうか。一つ考えられるのは、日露戦争末期と同様の、スターリンばりの宗教寛容令であり、食糧の確保であったと思われる。一九四三年に正教会は再開された。一九四一―四五年の戦時に関するイワノボでの史料館史料集や書簡集などが、戦勝七〇周年の記念出版として刊行されている。『戦争と対面して』は、約二〇〇通の戦時書簡や回想を収めたものであるが、その大半は家族に宛てて出された、食糧は足りているといった類の戦場からの書簡と、イワノボから戦場への書簡である（Naedine:Ivanovo v dokumentakh）。

## 「第三インターナショナル」から「第三のローマ」へ

もう一つは、コミンテルン（第三インターナショナル）解散と一九四三年九月のロシア正教会解禁との決定である。前者では、戦後もしばらくの間、宗教的「寛容」を、つまり布教にいたらない範囲での宗教活動を認めた。九月四日、スターリンとモロトフはクレムリンでモスクワのセルギー府主教らと会見、その三日後セルギーは総主教に任ぜられた。赤軍が反撃してヨーロッパに迫ろうとする時、世界の正教徒たちは「第三のローマ」が過去のものとなってはいないと見て取ったと、『スターリン伝』（二〇一七年）の著者スビャトスラフ・ルイバスは指摘する（Rybas: 694）。あたかも一九〇五年五月の寛容勅令が、日露戦争でのコサック兵士への差別に対する古儀式派のたっての抗議の産物であったのと同様に。ロシアでは教会が「部分的合法化」された（577）。こうした教会の公認化のピークは一九四四―四五年であったようである（580）。もっとも一九四八年八月末、このような潮流を推進したであろうジダーノフ書記の死と、ロシア民族主義を糾弾したレニングラード事件により、宗教に対する「寛容」度は次第に低下していくことになった（Volynets: 575）。

一九四六年八月に国家保安大臣V・アバクーモフは、閣僚会議付属の「ロシア正教会・宗教崇拝関連評議会」に、一〇〇〇もの教会や団体による「合法化」の要請が来ていることを明らかにした。その半分は古儀式派、モロカン、ドゥホボール系であった。一九四八年初め、ロシアでは三二一七の教会と祈禱所、三四一一の宗派の共同体が、合法化の枠を広げようとしている、とスターリンに報告した（Kurlyandskii: 561）。同報告によれば、コルホーズで勤務期間中に宗教的な儀礼が行われたのは「キーロフ（旧ビャトカ）、ゴーリキー（旧ニジニ・ノブゴロド）、ウラジーミル（一部旧イワノボ州）、そしてサラトフ」であったが、いずれも古儀式派が強い地域であった。党書記までが葬式に司祭を呼んでいる例が批判された（566）。党員の息子が授洗を受けたり、イワノボ州のコムソモール関係者が古儀式派集会に参加しているとして非難された。「愛国」の名による寛容から、「イデオロギー的引き締め」へ、スターリンの戦後体制のコマは再度回った。

# 終章

# イワノボへの道

モスクワから北東に三〇〇キロほど行くと、ボルガ河に近接する都市イワノボがある。一九世紀後半にその名称はイワノボ・ボズネセンスクとなり、経済的には繊維産業の中心地としてロシアのマンチェスターとも呼ばれた。政治的には、日露戦争直後に民主化を求めるソビエトという運動体が初めて誕生した都市としても有名であった。

つまりはソビエト権力、ソ連邦発祥の地というわけである。そのこともあってソ連期には、ロシア・ソビエト社会主義共和国の首都に擬せられたこともあったという。もっとも現在は繊維産業の世界的な再編成のあおりを受け、ロシアお得意のエネルギーや軍需産業といったものもこの地では発展せず、衰退の感は否めない。

## イワノボの捕虜収容所と南原繁

その郊外、約二八キロのチェルンツィ村の元鉄道組合の「休息の家」に、第四八捕虜収容所がつくられたのは一九四三年六月であった。ちょうどスターリングラードでドイツ軍が敗北し、「大祖国戦争」と呼ばれた第二次世界大戦の結末が見え始めた頃である。この収容所には、日ソ国交回復により日本将兵が送還され、廃止される一九五六年一二月までの一三年間で四〇〇名以上のドイツと日本の高級将校らが戦犯として収容されていたという。その中には、スターリングラード戦のフルードリッヒ・パウルス元帥のほか、関東軍総司令官山田乙三《おとぞう》大将など約五〇名の日本人将校が収容されていた。

このイワノボの捕虜収容所を訪れた日本人として、東大総長だった南原繁や日ソ交渉にあたった河野一郎がいることはあまり知られていない。南原繁がソ連・中国を含むすべての国との全面講和を主張し、時の吉田茂総理が主張する欧米との単独講和に異を唱えたことは有名な史実だ。

その彼が総長退任後の一九五五年五月にソ連を訪問し、モロトフ外相と会見後、イワノボの収容所を訪問していた。帰国後に南原は、「イワァノヴォ（南原の表記）への道」と題する訪問記を『婦人公論』八月号に寄せた。さらには『ソ連と中国』という本を出版、改めて中ソ両国との平和条約締結による和解を主張した。

この間の事情は山口周三による南原の評伝『南原繁の生涯――信仰・思想・業績』に詳しい。これによると、全面講和論者の南原が一九五五年にソ連訪問を行ったのは日本学術視察団（茅誠司団長）の一員としてであったという。折しも鳩山政権がソ連との国交回復を目指し、ロンドンで日ソ平和条約交渉を始めた直後であった。

視察団がモスクワに入ったのは五月一一日、翌日さっそくモスクワ大学創立二〇〇周年記念式典に招かれ、南原は祝辞を述べている。「国家と宗教」など政治哲学を専門とする南原が科学アカデミーの哲学関係者と会見した時、南原は「若い頃から尊敬してやまない」人物として「トルストイやドストエフスキー」を挙げた。無神論を国是とするソ連で発禁となっていたこれらの作家・キリスト教哲学者を挙げながら、レーニンやスターリンのような政治家の考えとトルストイやドストエフスキーのような文学者・哲学者の考えとがどのように「調和し、総合するか」という高度な問題まで南原は提起していた。

この時、南原の相手役を務めたのはソ連科学アカデミーの哲学者フョードル・コンスタンチーノフであった。彼は一九三〇年代に赤色教授学院に所属し、スターリン体制の下で反宗教宣伝を推し進めた「戦闘的無神論」の宣伝担当だった。「哲学戦線」で活躍した共産党中央委員会の哲学者として、とうてい南原の問いに答えられるはずもない。主張すべきことは主張するという、独立の精神の持ち主、南原の面目躍如の感がある（『わがあゆみし道』51）。その後スターリングラードを視察し、五月三一日にモロトフ外務大臣と会見した後、南原は自ら申し入れた近郊の収容所施設を訪問するため、イワノボ州を訪れたのである（同：362）。

南原が会見したビャチェスラフ・モロトフ外相は、ロシア革命にも参加した政治家で、レーニンやスターリンの側近を務め、一九三〇年からは一〇年ほど人民委員会議議長、つまりは首相であった。一九三〇年代前半の「上からの革命」と飢饉、後半のスターリンによる粛清にも関与、一九三九年には外相を兼任し、「大祖国戦争」と呼ばれた第二次世界大戦の立役者でもあった。もっとも、冷戦期にはスターリンとの関係が悪化し、一九四九年からは外相の座を降りた。ユダヤ系の夫人活動家ジェムチュジナはスターリンの怒りを買い、一九五三年にスターリンが亡くなるまで女性政治犯収容所に入られていた。モロトフは、スターリン死後に外相に返り咲くが、台頭するフルシチョフの平和共存路線には抵抗する（下斗米17）。

## 日ソ交渉と日本人抑留者

南原の訪ソのタイミングは、日ソ関係においても重要な転機であった。保守派のモロトフが「資本主義国」であるとして関係が悪化していたユーゴスラビアへ、改革派のフルシチョフが和解の旅に出る頃である。帰国後、一九五五年七月に開かれた党中央委員会総会でフルシチョフ第一書記はモロトフと論争し、保守的なモロトフは敗北することになるのだが、そのモロトフとの会見の印象について南原はとくに触れていない。

フルシチョフはこの余勢を駆って、日本政府全権の松本俊一との間でロンドンで行われていた日本との平和条約交渉を加速するため、戦時中の駐日大使で、朝鮮戦争時の国連大使でもあったマリク大使にある秘策を伝えていた。ロシアの政治学者セルゲイ・チュグロフらによれば、当時のソ連共産党幹部会（政治局）は、最後の譲歩案として二島（歯舞・色丹）の引き渡しを日本側に伝える権限を全権マリクに与えていた。実際マリクはそのカードを早めに切り、ロンドンから帰国後の八月初旬に、二島返還を暗示することになる。

グロムイコ次官の依頼で内務省が調査した記録によれば、一九五五年の段階でソ連に戦犯として拘禁されていた日本人は一〇三〇名、その他、サハリン州などに残留日本人が七一三名ほどいたという。南原のイワノボ収容所訪問に同行したのは東北大の武藤教授、朝日新聞の清川記者らであった。それまでにこの地を訪問したのは日赤の島津社長、それに議員団の例があるだけで、南原らのそれは三回目となった。

今でこそ夜行列車で快適に行けるが、当時は行程も容易ではなかった。南原一行はモスクワを出るとまもなく、ロシアの宿痾でもある悪路に阻まれ、「シベリアの野を行くような錯覚」を覚えたと南原は書く。イワノボでは特別車両に乗り換え、郊外のチェルンツィ村に到着している。ここで南原は、山田、後宮《うしろく》大将など三六名の将兵と会った。

全面講和論者として日ソ交渉を主張していた南原がイワノボで日本の抑留者と会見したのは、ちょうどロンドンで日ソ平和条約交渉が開始された六月一日であった。「いずれ、条約の締結とともに帰国できるであろう」と演説、南原は鳩山政権が始めた交渉に抑留者が注意を払うことを求めている。南原は、彼らが戦犯となっていることに関し、戦争責任は抑留者だけでなく同胞の国民全体が負うべきもので、心から同情を禁じ得ないと述懐している。これに応えて山田乙三が代表してお礼の挨拶を行っている。ちなみに山口の評伝に序文を寄せた三谷太一郎東大名誉教授は、戦犯とされた軍人たちへのこの言葉は、南原の「国民共同体」の政治哲学に基づくと指摘している（山口6）。

当時、スターリン死後のソ連人の収容所だけでなく、民主化や釈放、そして食糧事情に抗議する動きが高まっていた。こうした中で日本人収容所では、ハバロフスク事件のような「抵抗」、「蹶起」運動をめぐる日本人同士の対立も見られたという（富田・長勢：776）。

南原は、鳩山政権になっても日ソ交渉の進捗がみられないこと、それでも抑留者の健康状況は悪くないこと、そして、同じ収容所にいるドイツ人には慰問者が一人もいないことを、この旅行記に書き記している。戦火の跡がまだ残るイワノボの状況には驚いたようで、モスクワやレニングラードだけがソ連ではなく、「電気もないような僻地の農村」で、「テントを張って渡り歩いているジプシー」などの存在に目を配ることも忘れなかった。と同時に、「戦争が済んで十年、いまだに戦争状態終結せず、かかる捕虜や抑留者の問題の解決を見ないことは、史上いまだかつてない」と、中ソを含む平和共存の実現を訴えた。

### 河野一郎のイワノボ訪問

鳩山一郎政権が着手した日ソ国交回復と平和条約交渉が継続する中で、河野一郎農相もまたイワノボを訪問している。このことは、若宮啓文の『ドキュメント　北方領土問題の内幕』（二〇一六年）にも触れられている。若宮によれば、河野がイワノボに赴いたのは南原の訪問から一年後の一九五六年五月のことで、ブルガーニン首相との日ソ漁業交渉のさなかであった。

実は河野のソ連訪問は、平和条約交渉の裏交渉でもあった。一九五六年になって鳩山政権の対ソ交渉は、日本政界の反鳩山派が領土問題での「二島決着」を不満としたため、ロンドンでの交渉は行き詰まっていた。日本の外務省がこの年の三月に、日本がサンフランシスコ条約で放棄した千島列島に、四つの島からなる「北方領土」は含まれないとの新定義を行ったからでもある。

これに続く河野の漁業交渉は、従来から多くの推測から批判までを引き起こしてきた。若宮は先の著書でその謎を解いている。それによると、漁業での条約の発効は、河野の提案により平和条約交渉再開とセットになっていた。こうして日本国内の対ソ強硬派の反対により行き詰まっていた平和条約および国交回復交渉が再開の運びとなった。このことにより、二月から行き詰っていたロンドンでの交渉も再び動き出すことになる（若宮：191）。

ちなみに河野の記述に従って若宮はブルガーニンの「素顔」について、フルシチョフとの対比でこう書いている。「暴れ馬的な迫力と愛嬌」のフルシチョフに比較してこちらの首相は「地道に党官僚の道をあゆんだ正統派」であると（同：168）。本書との関連では、ブルガーニンが、イワノボとならぶ古儀式派の本拠、ニジニ・ノブゴロドの出身で、この地の古儀式派のまとめ役だった製粉・水運の「商人」にして市長だったニコライ・ブグロフの関係者だったことはすでに指摘した。同地では、ブルガーニンは彼の息子であるという説がいまだに根強いという（第2章）。

この時の交渉相手であったブルガーニン首相に願い出て、河野がイワノボの収容所に赴いたのは一一日、南原の訪問から約一年後であった。のちに衆議院議長になる伊藤宗一郎が新聞記者として同行、その記録を書いている（若宮：196）。若宮によれば、河野がチェルンツィ村の収容所を訪問したとき、五〇名ほどの日本軍将校が戦犯としてまだ残っていたという。一九五五年に南原がこの地で見かけたドイツ軍将校たちは、ソ連とアデナウアー政権との交渉が進み、一足先に収容所から解放され、帰国していた。河野が訪問した際も、捕虜を代表して山田乙三が演説、捕虜の立場が平和条約交渉を阻害することがあってはならないと述べて、河野らを感激させた。河野のこの訪問が奏功したのか、日ソ平和条約交渉が行われている六月にいち早く帰国を許された（若宮：200）。

「敗軍の将は兵を語らず」という信念なのか、山田は回想録の類を残さなかったと言われているが、ウラジオストクから投函された山田の礼状が、今もイワノボ州図書館に残されている。五月一七日にイワノボを出発し、翌日国際列車でシベリアを経て二七日にウラジオストクに着くまでの一万キロの旅情も綴られた礼状など、日本からロシア語で書かれた葉書である。この葉書で山田は、西、野原、尾上の三名にそれぞれメッセージを残しているが、その尾上とは、のちにソ連外交史家として神戸大教授から神戸女子大学長となる尾上正男のことであろう。

山田と入れ替わりにこの収容所に六月半ばに入所したのは、近衛文隆など一八名の抑留者であった。もっとも近衛は、鳩山、河野らが訪ソして日ソ共同宣言に署名した直後（一〇月一九日）に亡くなった（富田・長勢：810）。近衛のイワノボでの最期について、ソ連側ではジャーナリストのアルハンゲリスキーが『プリンス近衛殺人事件』というセミ・ドキュメンタリー作品を書き、ミュージカルなどにもなったことでも有名だ。

### 無神論国家の有神論

南原の対ソ観に戻ろう。無教会派のキリスト教徒でもあった南原は、無神論国家ソ連での宗教事情に関心を持っていた。当時、誰も南原に伝えることはなかったが、このイワノボはロシア正教会の異端とされたラスコリニキ（分裂主義者、古儀式派）の一つの拠点であった。南原が会見したモロトフもこの潮流から革命家となった人物であることが、最近になって明らかになった（下斗米17）。一九五〇年代は外務次官として振る舞っていたグロムイコが、正教などの信仰・布教の自由へとソ連末期に舵を切り、これがゴルバチョフ期に本格化するというのが、その後の宗教自由化への展開であるが、そのグロムイコもまた、一族が追放された古儀式派の末裔であった。それだけではない。彼の上司モロトフ外務大臣も、ブルガーニン首相も、いずれも古儀式派の係累であった。

南原が「イワァノヴォへの道」で見かけたであろうこの地の教会は、スターリンよりも宗教に厳しかったフルシチョフの政策もあって放置され、トラクターの置き場になっていた。それでも「国家と宗教」を専門とした南原は鋭かった。それから一〇年後に、宗教に対し比較的寛容なブレジネフ政権ができ、ドストエフスキーなどが解禁されたことの政治的・宗教的意義にいち早く気づいた専門家であったからである。

南原は一九七〇年の講演で、「最近二‐三年、不思議なことがソ連に起こりました」と、ドストエフスキー復権の政治史的・宗教的意義を説いていた。『カラマーゾフの兄弟』が解禁され、一九六九年にソ連で映画が公開（監督はイワン・プイリエフ）されたことの意義を語ったのである（『わが歩みし道　南原繁』）。

南原はこの映画の主題が「神があるかないか」であると喝破、そのような有神論を示唆する映画が「俳優もみな公務員」である国、つまり無神論のはずのソ連でできたことの意義を語っていた。それだけでなく、監督レフ・クリジャーノフの映画『罪と罰』(1970)も見た南原は、この作品の公開は「マルクス主義と唯物論」だけでは国民を満足させられなくなった証拠であり、「精神の問題、内面の問題、神の問題、人生の問題」がソ連でも出てこざるを得ない、と鋭く見通していた(同262)。卓見であった。

その後南原が、一五世紀のイコン画家であったアンドレイ・ルブリョフを描いた、イワノボ生まれの映画監督アンドレイ・タルコフスキーの同名の作品(一九七一年公開)を見たかどうかは不明である。タルコフスキーの父親はウクライナ系だが、この映画は一九六六年には完成していたものの、検閲に引っかかってしまい、この時期になって初めて公開された。

## 「ヨハネ昇天」

これまで論じてきたように、イワノボは「ソビエト」の故郷でもあるが、イワンはヨハネ(イオアン)のロシア語表記であり、この地の旧称であるイワノボ・ボズネセンスクは「ヨハネ昇天」という意味である。南原が訪れたイワノボはこのように宗教的な土地でもあったが、彼がその地で訴えた日ロ間の平和条約についてはいまだに交渉が続いている。南原が国民的といった課題は未完のままである。

二〇一七年春に筆者はイワノボを再訪した。タルカ川も訪れた。ロシア革命一〇〇年の今年、

イワノボ・ボズネセンスク（ヨハネ昇天市）

国家と宗教の問題を彼の地で改めて考えてみたかったからだ。実はこの地で一九二五年に起きた繊維工労働者たちのストライキの顛末を四〇年前に博士論文で書いて以来、この地を訪問する機会をうかがっていたが、二〇〇八年にようやく願いが叶って初めて同地を訪れた。

イワノボ・ボズネセンスクという町は、一九〇五年革命時に初めて「ソビエト」が生まれた土地でもあった。そのような「先進的で革命的」な土地で、なにゆえ労働者たちはソ連期に反乱を起こしたのか。「聖像画」を抱えて共産党体制と対峙したこのイワノボの労働者は「農村と結びついており」、「遅れた」意識があるからだと、当時のソ連当局やメディアは見ていた。しかし、あまりしっくりこなかった（下斗米 82）。

その後、一九九〇年に英国のハイゲートで行われた国際学会でも、イワノボの労働者たちが一九三二年に、つまりスターリン体制下で街頭に出て反乱を起こし、地方党組織と国家保安部の建物まで占拠した事件を取り上げた。この報告をしたとき、英国人研究者がその紛争の宗教的背景を聞いてきたものの、うまく答えられなかったことを記憶している。それどころか彼らは一九四一年一〇月、ヒトラーの軍が迫りくる中でもストライキを打っていた（下斗米17）。こうみると、イワノボの労働者は、永遠の反対者とすら思えてくるが、その背景には何があるのか。

ロシアでは現在、「国家と宗教」の関係に独特な変化が起きている。プーチン・ロシアの脱世俗化とでもいえる動きだ。なかでも、二〇一六年二月にキューバで行われたローマ教皇フランシスコとロシア正教会モスクワ総主教キリル一世との初の会見は歴史的とも言われた。一〇世紀前に分裂した正教会とカトリックが和解へといたる象徴的な出来事だった。昨年のノーベル平和賞でコロンビアの大統領が受賞したのは、半世紀にわたる左翼ゲリラとの内戦終結に貢献したからであるが、これもプーチン政権の宗教政策の変化、ロシア正教会の動きなくしてはあり得ない。

二〇一四年以降のウクライナをめぐる紛争やミンスク合意も、両国の宗教的背景が関係している。ウクライナ西部はカトリックの影響が強く、同地の正教の人事権もローマ教皇が持つ。つまり、ユニエイト系だ。これに対し東部ウクライナはロシア正教の影響が強い。しかも古儀式派系司祭派の「商人」リャブシンスキーが開いた炭鉱では古儀式派の影響があった。フルシチョフが解任しようとして結局ブレジネフ期まで生き延びた赤軍出のクリメント・ボロシーロフ最高会議幹部会議長はこの地の古儀式派出であった。

## プーチン大統領と古儀式派トップの会見

こうしたなか、二〇一六年三月一六日にプーチン大統領が、異端派とされた古儀式派のトップの一人、モスクワ府主教コルニーリーと会見したことは、ロシア史を知るものにとって衝撃的だった。というのも一七世紀半ばにロシア正教会が分裂した時、異端のラスコリニキ（分裂主義者）として追放され、弾圧され続けた潮流のトップが、三五一年ぶりに最高権力者と正式に会見したことになるからだ。ロシア正教会は国家と宗教との「交響」（シンフォニー）を説くが、国家指導者と異端派指導者とのこうした会見は、四世紀ぶりの転換を象徴する。中村喜和名誉教授のような古儀式派研究者も、「このような世が来るとは想像もしなかった」と述べている。この潮流の始祖アバクームの像が、生誕四〇〇周年の二〇二〇年にモスクワで建立される予定という。プーチンは古儀式派との対話に熱心で、二〇一七年五月末にもロゴジスコエのロシア正教古儀式派教会を訪れている。

といっても、多くの読者にはわかりにくいかもしれない。ロシアにはヨーロッパのような宗教改革も、国家と宗教の分離もなかったとよく言われる。これは不正確であって、ちょうど西欧でウェストファリア条約が締結され、主権国家体制が生まれた一七世紀半ばに、ロシア正教会内部で儀式をめぐる大論争が展開され、それが一六六六年の教会分裂（ラスコル）に発展した。総主教ニーコンの「近代化」政策に異議を唱えたアバクーム長司祭を中心とする勢力は、ロシア帝国、そしてその後のソ連邦により弾圧されてきた。

当時、人口の三分の一以上を占めたこの派の支持者は、ロシア帝国の下で宗教敵となり、教会を持つことも禁じられた。以降、ロシア史で間欠的に起きる民衆反乱にはこの派が関係すると言われた。この教会分裂の意義について一九世紀の思想家A・ゲルツェンは、「宗教分裂を知らないものはロシア史を語れない」と述べ、また現代ロシアの評論家A・メリニコフは、「古儀式派の歴史はロシアの反乱の歴史でもある」と指摘している。

## 「ソビエト」と宗教的異端派

それではこの古儀式派の問題は、二〇世紀ロシアの歴史、とくに今年一〇〇周年を迎えるロシア革命とソ連史にどう関係したのか。ソビエト体制の成立から展開、そして崩壊に与えた影響とは何か。無神論国家とされたソ連で、宗教に無関心であったソビエト研究者の多くが、遅まきながらこの問題に関心を示し始めている。もっとも、ロシア帝国とソ連邦の双方から、四世紀にわたる弾圧にあったこともあり、過去の歴史を復元し再解釈するのは容易ではない。しかしそのような集団が住み着いたモスクワ周辺、ボルガ河の沿岸あたりに何かヒントはないか。もしかすると、一九〇五年の日露戦争後の民主化革命に際して突然生まれた「ソビエト」は、そうした宗教的異端の歴史と関係があるのではないか。イワノボ再訪の目的は、このようなソビエトのルーツ探しにもあった。

イワノボは一九二〇年代末まではイワノボ・ボズネセンスク（市の呼称は一九三二年末まで）という名称で、しいて訳せば「ヨハネ昇天」という。ソビエト権力の発祥の地であるが、「ヨハネ昇天」という旧称は、こうした「革命的」な発想とはいささかそぐわない。イワノボは経済史的には繊維工業の中心で、トゥガン＝バラノフスキーの名著『ロシアの工場』にも論及される、一七世紀以降のロシア繊維工業発祥の地である。元々は古いロシアの貴族、シェレメチェフ侯爵の領地であった（シェレメチェフなる名は、今では空港名として広く知られる）。母なるボルガに近接するこの地の豊かさに目をつけたオランダ人が一七世紀に開発したともいわれる。その後、一八五三年にイワノボ村と、やや開けたボズネセンスクとが合併した。一九世紀末までに繊維工業の中心地となるが、独自の県、そして州となるのは実はロシア革命後である。

この地に繊維工業を立ち上げたのは、「古儀式派」と呼ばれたロシア正教の異端派であった。ラスコリニキ（分裂主義者）という名称から、その後古儀式派というやや中立的な名称となったものの、帝国の弾圧に耐え、ロシア北部の峻厳な自然環境に抗し、厳格な儀式にこだわり、当時コンスタンチノープルやギリシャ正教会が進めていたカトリック的な要素との和解に反対した。彼らは労働を重んじ、持ち前の勤勉さで多くの富を蓄えてきた。ロシア正教版プロテスタントといえばわかりやすいが、多くがモスクワやボルガ沿岸を中心に農奴から身を起こし、一九世紀初めまでにモスクワからボルガ周辺地域にかけて、繊維工業を立ち上げた。イワノボなど都市部の工業は、近隣の農民経済が支える形で発達したと、バラノフスキーらも記述している。

古儀式派の企業家は、ニコライ一世の宗教弾圧に対しては迂回して対応する現実主義を持ち合わせていた。この地の古儀式派には、帝国の宗務院に登録し、ニーコン派の正教会と和解した「エジノベリエ（帰一派）」という潮流もあった。

イワノボの典型的な古儀式派資本家としては、二〇世紀初めに巨大な繊維王となったブリーリン（今でも立派な博物館がある）や、二月革命時のリベラル派商工大臣となったコノバロフ（イワノボ郊外ビーチュガの古儀式派繊維王）らがいる。ちなみにコノバロフの息子は、革命後に亡命した英国のバーミンガム大でロシア論を講じ、その後ソ連論における英国バーミンガム学派の基礎を作ることになる。著者もかつてここでロシア研究をしたことがあるが、その因縁は最近になって知った。

二月革命後の自由主義的政治家の多くが古儀式系、もしくは霊的キリスト教系の産業人でもあった。モスクワの古儀式派の巨頭にして、一九〇五年の革命で「十月党」を立ち上げ、二月革命後は陸海軍大臣となったグチコフ、労働大臣スコベレフ、あるいはモスクワの美術館で有名なトレチャコフのように、彼らは第一次世界大戦時にはすでに戦時工業委員会を掌握していた。二月革命時に、これらの資本家が「反国家的」（ストルボフ教授）な情念を持って関与したと考えられる。このように正教会の歴史的分裂は、帝政の瓦解を加速させた。二月革命で政教が分離してしまうと、もはや正教会が市民の結集軸となることはなかった。

## 革命家を輩出した古儀式派

興味深いのは、古儀式派がボリシェビキ党革命派に多くの人材を提供したことだ。イワノボで確かめたかったのは、実はソビエトとは、教会を持つことを禁じられたこの派が形成したネットワークだったのではないかということだった。

イワノボでの一九〇五年革命時のボリシェビキといえば、その後、労農赤軍を組織する際の中核となるミハイル・フルンゼとならんで、彼と組んだアンドレイ・ブブノフが知られている。一九二〇年代半ばには、ソ連政治の中心となった共産党書記となり、赤軍総政治管理部長を兼務した。三〇年代にスターリンの粛清に遭うまで、教育人民委員、つまり文部大臣を務めた。一九三〇年代に中央委員会書記を務めたパーベル・ポスティシェフも、イワノボの古儀式派系であった。

このブブノフは一見すると、スターリンに忠実な党官僚エリートに見えるが、党内異端派でもあった。一九二一年には、レーニンに批判的な民主集中派の革命家でもあった。そのブブノフの博物館があるというので、イワノボ市内のブブノフ博物館を訪ねた。ブブノフ博物館では、当人が古儀式派であり、同地の繊維企業主だった祖父の流れを汲んでいることが確認できた。現在、ロシアの歴史家たちが、ボリシェビキ党員で古儀式派系であった人脈の掘り起こしを進めているが、実際、祖父がビャトカの古儀式派経営者だったモロトフ、労働者反対派のアレクサンドル・シリャプニコフ、あるいはニジニ・ノブゴロドのロシア人首相ニコライ・ブルガーニンなど数多い。

古儀式派系の革命家で繊維工業に関わりのあった党員の中には、のちにレーニンの後継として首相となるアレクセイ・ルイコフやモスクワ・ソビエト議長のノギン、イワノボのブブノフらのように、革命後に繊維工業の国家管理を担うことになったケースもある。革命前から繊維工業を熟知していたからであるが、彼らは合議制や労働組合の管理を主張、レーニンやトロツキーが主張する労働者への単独管理だとか軍隊的組合管理には反対した。

現在、ブブノフ博物館を訪れると、ロシアにおける宗教、繊維産業、革命、そして政治の大きな接点をかいまみることができる。一九世紀のこの地の工場主ブブノフ家は商人（産業家）であって、館内には古儀式派のイコン（聖像）が飾られ、一九世紀の機織り作業の痕跡も見て取れた。将来の革命家が、ロシア帝国を宗教敵と思いつつ育った環境を想像する。この地に派遣されたボリシェビキ党員で、古儀式派ではなかったものの彼らの信条を最もよく理解した赤軍創設の立役者フルンゼが一九〇五年の革命時に隠れた場所も、ブブノフの祖父の家であった。

付言するとイワノボは、赤軍の中核部隊を支えた存在でもあった。ブブノフは二〇年代には赤軍政治教育部長、三〇年代には教育人民委員であった。イワノボ郊外（正確にはキネシマであるが）が生んだ軍人としては、アレクサンドル・ワシレフスキー元帥がいる。この地の正教帰一派（エジノベリエ）の聖歌隊長の息子であったことから、古儀式派との関連が想起できよう。この人物は一九四四年から対日戦準備に駆りだされ、極東方面軍総司令官に任ぜられた。山田乙三総司令官など関東軍との戦闘が始まったのは、一九四五年八月九日であった。イワノボが、日本の抑留者、とくに戦犯とされた高級幹部が最後まで収容された場所となったのは運命のいたずらか。スターリン後にソビエトの国家元首となる国防人民委員のボロシーロフも、東ウクライナの古儀式派出身であることはすでに触れた。

南原が属した無教会派と系譜は異なるとはいえ、多くは正規の教会を持たなかったロシア正教古儀式派の組織観には似た発想があるのだろうか。ちなみにブブノフの前任の教育人民委員であったアナトーリー・ルナチャルスキーは、革命前にはプロレタリア作家ゴーリキーとともに、レーニン的な無神論に反対し、プロレタリアの神が必要だという「建神論」を主張、イタリアのカプリに古儀式派の若者を呼んで、有神論の立場から社会民主主義の教育を行った。ちなみに赤の広場にあるレーニン廟はこの建神論者の主導で作られ、今でもクレムリンの前には無神論者の廟が存在する。

## 南原と古儀式派革命家の接点

前項で触れた南原とイワノボの古儀式派系革命家をつなぐもう一つの結節点がある。それはブブノフがロシア革命後の労働組合政策に関与したあと、教育界に進んだことである。ロシア革命後、内務省の若手官僚であった南原は、日本の労働組合の育成に取り組もうとしたが、当局の方針と相容れず、東大に去ったことは有名である。ロシア革命後、この地の活動家であったブブノフは、企業長の選挙制や民主性を拡大すべきだと主張し、レーニン、とくにトロツキーが革命独裁の名の下で労働組合の自主性を奪おうとしたことに抵抗している。これが、一九二一年の労働組合論争である。ブブノフやルイコフ、ノギン、あるいは労働者反対派のシリャプニコフといった古儀式派系党員は、いずれも革命前は古儀式派経営者に近い立場で、経営や組合活動に関与していた。企業内管理を民主的に進めたい彼らは、とくにトロツキーやレーニンと党内で対立し、やがてそれは一九二一年の危機のさなか、共産党を三つに分裂させる論争へと発展した。

ソビエト連邦とイワノボの因縁の極めつけが、ソ連崩壊を促すきっかけとなった一九二二年の同地でのシューヤ紛争である。シューヤはクレムリン（城塞）を有した古い町だが、一九二二年の飢饉に直面していた政府は、その対応をめぐって、イコン等の教会遺産を収奪して売却し、それによって救済基金を作るべきだとするレーニン、トロツキー、スターリンら強硬派と、むしろ国際的な飢餓救済のためには、ソビエト国家から独立したものの弾圧の対象となっているロシア正教会と和解すべきだとする古儀式派系穏健派党員のカリーニン、ルイコフら柔軟派に分裂した。結局、レーニン、トロツキーらが勝利し、シューヤの教会財産を奪おうとしたことから、この年の三月に農民信徒が抵抗、その過程で多くの聖職者が犠牲となった。レーニンは、聖職者への発砲を許可した。

歴史の見直しが進む一九九〇年に、シューヤ紛争でのレーニンの指示文書が情報公開され、レーニンとスターリンは別であるという伝説は崩れ落ちた。こうして、ソ連崩壊への流れは止まらなくなった。ソビエト権力の発生と崩壊の双方に関係することになったイワノボという都市の歴史を通じて、宗教などの新たな角度からロシアを見直すべき段階に来たようだ。

# 後書き

二〇一七年三月半ば、まだ雪の残るイワノボのタルカ川のほとりに立って、一一二年前にこの地で起きたことに思いをはせた。

多くは古儀式派の工場主がたてた新興大工場の間にある広場のような川辺で、復活祭があけるころ宗教寛容令が出され、この地で最初の「ソビエト」会議が野天で開かれた。労働者の最初の要求には、八時間労働制の実現のほか、雇用期間は復活祭から復活祭までとするといった「宗教的な」要求もあった（352）。この大会への参加者の記念写真は、なぜかのどかな雰囲気を漂わせていた（105）。知事も企業主もその進行を見守っていたことが、二〇年後の記念論集『イワノボ・ボズネセンスク地区の一九〇五年』からわかる。共通の宗教性を背景とする関係がほの見える。

それにしても、世界最初のソビエトはなぜ、「ヨハネ昇天」（イワノボ・ボズネセンスク）という都市で生じたのか。レーニンは一九二〇年の第九回大会に際して、ロシア革命を支えたのは「モスクワ、ペトログラード」とならんで「イワノボ・ボズネセンスク」の労働者であると言った。しかしその人々は、最も「ソビエト権力」に挑戦した存在でもあった。本書でも示したように、一九二二年、一九二五年、一九三二年、一九四一年のそれぞれで抗議活動を展開したが、いずれもそれはソビエト政治史上、決定的な年でもあった。

ソビエトとは何か、ソビエト権力とどう関わったのか。

一九一七年一〇月、モスクワでの武装蜂起に際し苦闘するソビエト派に対し、援軍に駆けつけたのが、シューヤ・ソビエト議長になったばかりのミハイル・フルンゼ率いるイワノボのシューヤ・ソビエトの二〇〇〇名の兵士たちだった。その心象風景を最もよく表したのが、一九一八年一月に書かれたブロークの革命詩「一二」ではなかったか。

かくて往く、歩武堂々と——

　あとからは——飢えた野良犬、

行手には——血染めの旗をささげて、

　吹雪にかくれて姿は見えず、

　飛びくる弾《たま》（たま）に傷をも負わず、

吹雪の上をば足どり優しく、

真珠《あこや》の玉なす雪を散らしつつ、

　白い薔薇《そうび》の冠をいただき——

行手には——イエス・キリスト（神西清訳）。

このブロークによるイエスの記述は、正教会で書くIisusではなくIsusという表記となっている。ブロークはこの表記を意図的に使ったと指摘するのは、古儀式派研究者の塚田力である。ブロークはこのころ建神派ルナチャルスキーの教育人民委員部に協力している。イワノボ、シューヤの革命兵士たちの多くも古儀式派だった。

ソビエトとは、その発祥の地たるイワノボ・ボズネセンスクでの古儀式派世界に端を発しているのである。

革命的普遍主義者にして無神論者のレーニンは、数十巻になるレーニン全集（五回も改版された）ですら、古儀式派という言葉を一切使っていない。『プラウダ』紙には七四年間にわたって「分裂主義者」は出てきても「古儀式派」はほとんど出てこない。ソ連研究者の誰ひとりとしてこの重要な視点に触れ得なかったとしても、やむを得なかったかもしれない。

しかし彼の周辺は、とくにロシア人の「同志」（これも本来は補佐とか副議長という古儀式派用語であるが、チュルク系の「仲間」が語源かもしれない）は、秘書でソビエト政権最初の官房長官ボンチ＝ブルエビッチや、ソビエト議長のカリーニン、党書記のモロトフ、首相後継者となるルイコフ、モスクワ・ソビエト議長で繊維工業担当のノギンなど、一家言ある古儀式派系、もしくはこれに理解を示す教育人民委員ルナチャルスキーなどで固められていた。

ボリシェビキ派が形成される第二回党大会で、すでにボンチ＝ブルエビッチが執筆した古儀式派や宗派に対するテーゼによって、彼らに対する工作の開始を、レーニン、プレハノフらを含めて社会民主労働党は正式に決めていたのである。だが、それまでソ連研究者は誰一人としてこの点に注意を払わなかった（下斗米13）。

いずれにせよロシア革命は、イワノボの歴史抜きには理解できない。一九世紀はじめには小村であったのが、土着の古儀式派農奴の蓄財とナポレオンのモスクワ大火による古儀式派「商人」の移住によって、ロシアのマンチェスターとして一躍、産業革命の担い手となる。二〇世紀初頭、とくに日露戦争後にはモスクワの「同志」とともに上層部は政治改革に身を投じ、「大衆」はソビエトでもって労働者代表を選び、民主化を図る。

その意味では、一九一七年二月から一〇月までの革命は、その大規模な焼き直しと混乱でしかない。何をもって「革命」と考えるかは歴史家に委ねられるが、その意味では一〇月は「憲法制定会議」までの未完のクーデターでもあり、その後は「戦時共産主義」への移行である。

その過程で一九一八年にようやくイワノボは、近隣のキネシマ県、コストロマ県、そしてウラジーミル県の郡部を統合した「イワノボ・ボズネセンスク県」となる。赤軍のリーダーになったミハイル・フルンゼと、彼をかくまった古儀式派系の革命家ブブノフらの影響である。

しかしソビエト革命の中心が「ヨハネ昇天市」では、スターリンの世界戦略にとって、イデオロギー的にも都合が悪かったのか、一九二九年に「イワノボ産業州」に改称、一九三二年末には「イワノボ・ボズネセンスク」市までもが「イワノボ市」となって、今日にいたる。

戦後は繊維産業の地盤低下で目立たなくなるし、もはや駅頭に「最初のソビエトの都市」という標語はない。ペレストロイカの過程で、一九二二年におけるシューヤでの教会弾圧に関するレーニンの発言が明るみに出て、「レーニンに戻れ」というペレストロイカは失速、ソビエト連邦は崩壊へと向かうことになった。革命的にして宗教的なシューヤの戦士が作ったクレムリンの赤旗は、シューヤへの教会弾圧により、七四年で終焉を迎えた。いまイワノボではイワノボ・ボズネセンスクを復活させる運動はあるが、呼称変更にも費用がかかるという。

二〇世紀のロシア革命は、しかしその光を世界に発した。外国人のジャーナリストや研究者がさまざまな関心を寄せた。カール・ラデックやジョン・リードらは、「観察的参与」を通じてメッセージを世界へと拡散させた。あるいはペトログラード・ソビエト副議長だったトロツキーを通じて広められた。

二〇世紀はロシア革命の世紀となった。哲学者ラッセルの見た一九二一年、作家アンドレ・ジードを戸惑わせた飢饉の一九三二年、第二次世界大戦、冷戦、一九五六年、一九六八年、デタント、そしてペレストロイカ、何よりも一九九一年の崩壊。これらをめぐる賛否が、事件が起きるたびに生じた。しかしロシアはあくまでロシアである。レーニンにより追放されたハーバード大学の亡命ロシア人学者P・ソロキンとも親交のあったドイツの社会学者エマニュエル・サルキシヤンは、一九五五年に書いた『ロシアとメシアニズム』のなかで、ロシア革命の根幹にあるのはロシア人の心性、とくに正教での古儀式派的なメシアニズムだと説いた（Emanuel Sarkisyants,

*Rossiya; messianism*, 1955 (2007rep.)。本書はそのような歴史の本来の姿を復元する試みとして執筆された。

この著作の一部はすでに発表されたものを一部手直ししたものがあることをお断りする。そのむね注記しておいた。第五章は一九七三年に書かれた未刊の修士論文を骨子に、最近の古儀式派論の観点を書き加え、『法学志林』に昨年掲載した。第六章は、小長谷有紀編『社会主義的近代化の経験』に寄せた小論に加筆した。また前著『ロシアとソ連――歴史に消された者たち――古儀式派が変えた超大国の歴史』とくに第6章に加除したところがある。終章前半は「UP」二〇一七年九号に一部掲載された。また二〇一三年に出版された『ロシアとソ連――歴史に消された者たち』(河出書房新社)は本書と一対でお読みいただけると幸いである。

なお、本書執筆に際し、古儀式派研究会の皆さん、筑摩書房の石島裕之さん、東大出版会の竹中英俊さんにもお世話になった。イワノボの歴史家ビャチ=スラフ・ストルボフ氏にも感謝を申し上げたい(二〇一七年八月八日)。

下斗米 伸夫

# 人名解説

**ユーリー・アンドロポフ**（一九一四―八四）、スタブローポリ地方生まれ。コムソモールの活動から外交活動、一九五四年ハンガリー大使、五七年党中央で社会主義国の党担当、六七―八二年ＫＧＢ議長、八二年党書記から、一一月党書記長になるも、四〇〇日で死去。

**ラーザリ・カガノビッチ**（一八九三―一九九一）、ユダヤ系革命家。ニジニ・ノブゴロドの党活動から、党中央書記、ウクライナ党書記となる。一九三〇―五七年政治局員、同年幹部会（政治局）を解かれ、六一年除名。

**ミハイル・カリーニン**（一八七五―一九四六）、トゥベーリ出身、両親が古儀式派の革命家。古参ボリシェビキ。一九一九年から晩年まで全ロ執行委員会議長、二二年から全連邦も兼ねる。四六年まで最高会議執行委員会議長など。

**セルゲイ・キーロフ**（一八八六―一九三四）、ロシア人。モロトフとはボルガ沿岸のビャトカで同郷。北カフカースで革命活動、一〇月革命には関与せず。一九二六年からレニングラードで第一書記、三〇年政治局員、三四年一二月一日、テロで暗殺される。

**アンドレイ・グロムイコ**（一九〇九―八九）、ソ連の政治家、外交官。祖先はモスクワからベラルーシのベトカに逃れた古儀式派。一九三八年から参事官、ソ連大使。一九四七年に外務次官、七三年から政治局員、八二年のアンドロポフ政権で宗教緩和を主張。ゴルバチョフを書記長に推薦。八八年まで最高ソビエト幹部会議長。

**ミハイル・ゴルバチョフ**（一九三一―　）、スタブローポリ地方生まれ。モスクワ大法学部卒業後、故郷で党活動、一九七八年モスクワで農業担当書記、八〇年政治局員、八五年三月書記長、八九年最高会議議長、九〇年三月初代ソ連大統領、翌九一年一二月にソ連崩壊。

**アンドレイ・ジダーノフ**（一八九六―一九四八）、ニジニ・ノブゴロドの党務を経て、一九三四年からレニングラード党第一書記兼党中央委員会書記。

**アレクサンドル・シリャプニコフ**（一八八五―一九三七）、金属工。両親が古儀式派。一九〇三年にボリシェビキ、一九一五年からペトログラード中央ビューローを組織、二月革命ではペトログラード・ソビエトにボリシェビキ党代表として関与、初代人民委員政府の労働人民委員となるが、全社会主義政府を要求、二一年の組合論争では「労働者反対派」の指導者。三七年粛清。

**ヨシフ・スターリン**（一八七八―一九五三）、グルジア生まれ。一九一七年民族問題人民委員、政治局員、二二年共産党書記長、二八年から最高指導者となる。四一年から首相、国家防衛会議議長、五三年三月没。

**ミハイル・トムスキー**（一八八〇―一九三六）、古参党員でソ連労働組合の指導者。一九二〇年代には唯一の労働者出身の政治局員、労働組合指導者。スターリンの工業化に右派政治局員として反対。三六年に自殺したが、レーニン廟の壁横にひそかに埋葬される。

**レフ・トロツキー**（一八七九―一九四〇）、ユダヤ人でメンシェビキ系活動家。一九一七年ボリシェビキ党加盟、ニューヨークから本国の革命に参加、一〇月革命後、外務人民委員、一八年陸海軍人民委員、一九―二六年政治局員、二七年党除名、二九年ソ連から追放、四〇年メキシコでスターリンの刺客に暗殺される。

**ニコライ・ブハーリン**（一八八八―一九三八）、一九〇六年に社会民主労働党に入党、逮捕。一一年から在外理論活動、一六年米亡命を経て、日本経由で一七年に帰国、モスクワ委員会『プラウダ』紙編集、一八年にはブレスト条約に反対する党内左派イデオローグ、二三年から反トロツキーの立場、二四年政治局員として党内右派イデオローグ、二九年解任。三四年『イズベスチヤ』紙編集長、三八年に大粛清で死刑。

**ゲオルギー・プレハノフ**（一八五六―一九一八）、ナロードニキ活動家から最初のロシア・マルクス主義団体「労働解放団」を組織。一九〇〇年『イスクラ』紙創刊、一七年一〇月、レーニンの革命に反対。

**アレクサンドル・ポトレソフ**（一八六九―一九三四）、メンシェビキ派指導者、社会民主労働党機関紙『イスクラ』の編集者。党名はスタロベール（古信仰）。一八九八年に古儀式派の多いビャトカに流刑、合法マルクス主義出版『新しい言葉』に関与、第一次大戦中以降は親欧米系社会主義者として一〇月革命に反対し、一九二五年出国。

**ニキータ・フルシチョフ**（一八九四—一九七一）、クルスク生まれのロシア人。一九二九年からモスクワで党活動、ウクライナ、モスクワでの党・政府活動を経て、五三年第一書記、五八年から首相を兼ねる。六四年失脚、年金生活者となる。

**レオニード・ブレジネフ**（一九〇六—八二）、ウクライナ生まれ。ウラルの党活動を経て、冶金大学から戦後ウクライナ、カザフの党活動を経て、一九五七年から党幹部会委員（政治局員）、六四年第一書記（六六年書記長の呼称へ）。七七年、最高会議幹部会議長。

**ビクトル・ノギン**（一八七八—一九二四）、古儀式派系革命家。父はモロゾフ一族の繊維企業で働く。「イスクラ」派ボリシェビキ、一九一七年モスクワ・ソビエト議長、一〇月革命で貿易産業人民委員となるもレーニンに反対して辞任、その後、繊維産業シンジケート議長。

**ビャチェスラフ・モロトフ**（一八九〇—一九八六）、ボルガのビャトカ生まれ。祖父も母親も同地の古儀式派。一九〇六年から革命活動、『プラウダ紙』を経て、一七年革命参加、二一年党筆頭書記、二九年政治局員、三〇年人民委員会議議長（首相）、三九年外相兼務。五七年幹部会（政治局）から解かれ、六一年党を除名、八四年復党。

**ウラジーミル・ボンチ＝ブルエビッチ**（一八七三―一九五五）、レーニンの初期からの秘書。一八九六―一〇五年まで海外で活躍、古儀式派研究の権威としてレーニンの宗教工作と研究に従事、ソビエト政府の初代官房長として、一七年一〇月から二〇年一一月まで働く。ロシア正教異端派の研究書『ロシアにおける宗教社会運動の歴史と研修資料』全一三巻など。レーニンの初代政府を支えるだけでなく、赤い将軍として知られた兄ミハイルとともにモスクワ遷都を推進。レーニン廟建設も推進。戦後は科学アカデミーで宗教史研究所長。

**アンドレイ・ブブノフ**（一八八三―一九三八）、イワノボ・ボズネセンスクの古儀式派系に生まれた革命家。フルンゼと行動を共にする。一九一七年政治局員、一八年左派コムニスト、二〇年民主集中派、その後中央委員会宣伝部長、二四年から赤軍政治教育管理部長兼務、二九年ロシア教育人民委員、三八年に粛清。

**ニコライ・ブルガーニン**（一八九五―一九七五）、ニジニ・ノブゴロド生まれの古儀式派企業家N・ブグロフの関係者。一九三一年からモスクワ・ソビエト執行委議長。三七年からロシア・ソビエト人民委員会議議長、四四年から国防人民委員代理、五五年から五八年までソ連首相。失脚。

**ミハイル・ポクロフスキー**（一八六八―一九三二）、ソ連初期のマルクス主義的な歴史家で、教育人民委員代理。モスクワ大学でクリュチェフスキーに学びつつ、社会民主主義に参加、一九〇五年革命時にはボリシェビキ等に入るが、ルナチャルスキーら建神論に近かった。教育人民委員代理のかたわら執筆した『簡略ロシア史』は、ロシア史をマルクス主義の角度から初めて記述、農民反乱など古儀式派の役割を高く評価、「商業資本」の内生的な担い手とみた。レーニンから絶賛されたが、スターリン時代に批判された。

**ミハイル・フルンゼ**（一八八五―一九二五）、ビシュケク生まれ、古儀式派系ではないが第一次革命にボリシェビキとして関与、一九〇五年五月にイワノボ・ボズネセンスクのスト指導で頭角を現す。一七年ミンスクから、イワノボ・シューヤのソビエト議長として同地の繊維工、兵士の信頼を得、一八年にはイワノボ・ボズネセンスク県ソビエト議長、同年、赤軍指導でトロツキーの下、そのライバルとなる。ネップの赤軍指導にあたるも二五年手術中に死去。

**ゲオルギー・マレンコフ**（一九〇二―八八）、古儀式系政治家。一九三〇年代モスクワでフルシチョフとともに党務、五三―五五年ソ連首相。ピジコフは古儀式派系とみる。

**ガブリール・ミャスニコフ**（一八八九―一九四五）、カザン県生まれ、ウラルの革命家。古儀式派の礼拝堂派、一九〇五年から党員。革命後全ロ執行委員会とペルミ党委員会を率いる。五月にはミハイル大公を射殺。二一年には労働者反対派で君主主義者にも表現の自由があると主張。その後フランスに亡命するも、四五年モロトフに帰国申請、帰国後粛清。

**フョードル・ラスコリニコフ**（一八九二―一九三九）、一九一〇年学生時入党、一七年、クロンシュタット・ソビエト議長、一八年、海軍人民委員代理、「コムニストなきソビエト」運動というクロンシュタット反乱時、バルト海艦隊司令官。その後外交畑、三九年スターリン批判の手紙を公表。

**アレクセイ・ルイコフ**（一八八一―一九三八）、ボルガのビャトカ県クカルカ村でモロトフの隣家に生まれ、直後にサラトフに移る。古参ボリシェビキ。両親は古儀式派。「イスクラ」派を経て、ボリシェビキだが二月革命時は社会民主労働党の再統一を主張、一〇月革命時は内務人民委員になるも、全社会主義政権を主張し辞任。一九一八年から最高国民経済会議議長、二二年から政治局員。二四年からレーニン後継の人民委員会議議長（―三〇年）。三八年処刑。

**アナトリー・ルナチャルスキー**（一八七五―一九三三年）、革命家で評論家。ボリシェビキ、一九〇九年前後には『革命と宗教』などで建神論を唱え、無神論のレーニンと対立、古儀式派系革命家の信頼を得る。一七年にロシア最初の教育人民委員、二四年にはレーニン廟を促進。しかし二九年から無神論を批判し人民委員を辞任、海外任務に就くがフランスで死去。

**ウラジーミル・レーニン**（一八七〇―一九二四）、ロシアの革命家、ソ連の政治家。シンビルスクの視学官の家に生まれる。カザン大学で革命運動に参加、弁護士となり社会民主主義のサークルを指導、とくに一九〇二年『何をなすべきか』で、職業革命家からなる革命党創設を主張。無神論者。一九一七年のロシア革命では四月テーゼでソビエト権力と社会主義樹立を主張、一〇月革命後ロシア共産党を創設、また人民委員会議議長（首相）として国家権力を組織するが、二二年に病気で倒れ、二四年に亡くなる。

**ソロモン・ロゾフスキー**（一八七八―一九五二）、メンシェビキ系労組活動家。一九二一年からプロフィンテルン書記。三九―四六年外務人民委員代理。五二年処刑。

# 参考文献一覧

ここでの文献は直接引用したものに限った。古儀式派一般などについては、下斗米13を、イワノボ史については下斗米82、モスクワ史についてはShimotomai 91, 下斗米94、ソ連史については下斗米2000、下斗米13、下斗米16, 下斗米17、等も参考にしてほしい。


池田嘉郎『ロシア革命——破局の8か月』岩波新書、二〇一七年
江口朴郎『ロシア革命の研究』中央公論社、一九六八年
木村毅『ドゥホボール教徒の話——武器を放棄した戦士たち』恒文社、一九七九年
小長谷有紀・後藤正憲編著『社会主義的近代化の経験——幸せの実現と疎外』明石書店、二〇一一年
ウェーバー、マックス（肥前栄一・鈴木健夫・小島修一・佐藤芳行訳）『ロシア革命論Ⅱ』名古屋大学出版会、一九九八年
下斗米伸夫『ソビエト連邦史』講談社学術文庫、二〇一七年
——『労働組合論争』東京大学大学院法学政治学研究科修士論文、一九七三年
——『ソビエト政治と労働組合—ネップ期政治史序説』東京大学出版会、一九八二年
——『ロシア世界』筑摩書房、一九九九年
——『ロシアとソ連——歴史に消された者たち——古儀式派が変えた超大国の歴史』河出書房新社、二〇一三年
庄野新『社会主義の挑戦——ソビエトの経験から』マルジュ社、一九九九年
中村喜和『武器を焼け——ロシアの平和主義者たちの軌跡』、山川出版社、二〇〇二年
ブラウン、アーチー（下斗米他訳）『共産党主義の興亡』中央公論新社。二〇一二年（Archie Brown, *The*

*Rise and Fall of Communism*, Ecco, 2009)
南原繁『ソ連と中国』中央公論社、一九五五年
南原繁編集刊行委員会編『わが歩みし道　南原繁——ふるさとに語る』東京大学出版会、二〇〇四年
廣岡正久『キリスト教の歴史3』山川出版社、二〇一三年
メリグーノフ、セルゲイ（梶川伸一訳）『ソヴェト＝ロシアにおける赤色テロル（一九一八〜二三年）——レーニン時代の弾圧システム』社会評論社、二〇一〇年
若宮啓文『ドキュメント　北方領土問題の内幕——クレムリン・東京・ワシントン』筑摩書房、二〇一六年
富田武・長勢了治『シベリア抑留関係資料集成』みすず書房、二〇一七年
山口周三『南原繁の生涯——信仰・思想・業績』教文館、二〇一二年
和田春樹『スターリン批判一九五三〜五六年——一人の独裁者の死が、いかに二〇世紀世界を揺り動かしたか』作品社、二〇一六年

## 英文文献

John Barber, *Soviet Historians in crisis 1928–1932*, Macmillan, 1981
N.Bukharin and Preobrazhensky, *The ABC of Communism, ed. by E. H. Carr*, Penguin, 1969
E. H. Carr, *Bolshevik Revolution 1917–1923*, vol.2, Penguin Books, 1966,（南塚他訳『ボリシェビキ革命』みすず書房、一九九九年）
R. Daniels, *The Conscience of Revolution*,（国際社会主義運動研究会『ロシア共産党党内論争史』現代思潮社、一九六九年）
M.Dewar, *Labour Policy in the USSR 1917–1928*, London, 1956
I Deutcher, *Soviet Trade Unions*, 1950
A.Kollontai, *Workers Opposition in Russia*, *Industrial Workers of the World*, n. d.
F.I.Kaplan, *Bolshevik Ideology and the Ethics of the Soviet Lobor, 1917–1920*, The Formative Years, 1968

C. Merridale, *Red Fortress the Secret Heart of Russian History*, 2013（キャサリーン・メリデール、松島芳彦訳『クレムリン』上下、白水社、二〇一六年）
Jeffery J. Rossman, *Workers Resistance under Stalin, Class and revolution on the shop floor*, Harvard, 2005.
L. Shapiro, *The Origin of the Communist Autocracy*, London, 1965
N. Shimotomai, *Bolsheviks, Soviets and Old Believers*, in Japanese Slavic and East European Studies, Vol. 35, 2014
J. Sorenson, *The Rife and Death of Soviet Trade Unionism 1917–1928*, New York, 1969
Nina Tumarkin, *Lenin Lives!, the Lenin Cult in Soviet Russia*, Cambridge. 1997

### 露文文献

Vladimir Arkhangelskii, *Frunze*, M, 1970
Bonch–Bruevich, V. D. *Izbrannye sochineniya*, t. 1, M. 1959
——— *Vospominaniya*, M., 1968
*Bor'va za ustanoblenie i uprochenie Sovetskoi vlast, Khronika sobytii, 26 Okt. 1917–10 Janb. 1918, M., Akademii nauk, 1962*
V. P. Buldakov, *Krasnaya Smuta, priroda i posledstbiya revolyutsionnnogo nasiliya*, Rosspen, 2010
*Chetvertiyi vserossiiskii s'ezd professionalnikh soiuzov*, ch. 1, 1921
F. Chuev, *Molotov, Poluderzhavnyi vlastichelein*, M., 2002
*Devyatyi S'ezd RKP(b)*, stenograficheskii otchet, M., 1960
*Desyatyi S'ezd RKP(b)*, stenograficheskii otchet, M., 1963
Doklad N. S. Khrushcheva o kulte lichnosti Stalina na XX sezde KPSS, dokumenty, M., 2002
*F. Dzerzhinskii, predsedatel VChK–OGPU 1917–1926*, M., 2007
Aleksandr Etkind, *Khrist–sekty, literature i revolutsia*, M., 2013

G. I. Gerasimov, *Idealinaya istoriya Rossii, ser XIX–nach XX vv*, M., 2013

*Gorod v SSSR 1929–1934*, t. 1, kn. 2, M., 2011

*Ivanovo v dokumentakh 1941–1945, Sbornik arkhivnykh dokumentov, Ivanovo*, 2005

N. M. Druzhinin, *Izbrannye Trudy, vospominaniya, kysli, opyt istorika*, M., 1990

O. I. Gorelov, *Tsgtsvang Mikhaila Tomskogo*, M., 2000

I. I. Katorgin, *Istoricheskii opyt KPSS po isushshevleniyu novoi ekonomicheskoi politiki, 1921–25*, M., 1971

Klibanov, A. I. *Religioznoe sektantstvo i sovremennost*, Moskva, 1969

——— *Religioznoe sektantstvo b proshlom i nasitoyasshem*, Moskva, 1973

L. Kritsman, *Geroicheskii period velikoi russkoi revolyutsii*, 1926

*KPSS v rezolyutsiyakh, resheniyakh s'ezdov, konferentsii i plenumov TsK*, tom 1, 1972. Moskva

*Kronshtat 1921*, M., Fond Demokratia, *1997*

V. I. Lenin, *Polnoe sobranie sochinenii, 5–izd.*, t1–50, 1970–.

——— *Sochineniya*, 3–izd., t. 1–30, M. –L., 1930–

Lopukhin, Yu. M. *Bolezn, smert, i bal, zamirovanie V. I. Lenina: pravda i mify*. Moscow, 1997

Lunacharskii, A. V. *Ob ateizme i religii*. Moscow. 1972

*Materialy k istorii i izucheniyu Russkago sektantstva i raskola*, 1908

P. D. Mal'kov, *Zapiski komendannta Kremlya*, M., 1987

A. Mikoyan, *Tak bylo*, razmyshleniya o minuvshiem, M., 1999

P. N. Milyukov, *Vospominaniya*, t. 1, M., 1990

L. Mletin, *Frunze*, M, 2014 *Naedenie s voinoi, sbornik frontobykh pisem n dnevnikobykh zapisei 1941–45*, Ivanovo, 2015

N. M. Nikol'skii, *Isroriya russkoi terkvi*, M., 1983（N・M・ニコリスキー、宮本延治訳『ロシア教会史』恒文社、一九九〇年）

B. Nikonov, *Morotov*, M, 2017
*Obshchestbo i vlast, Rossiskaya provintsiya 1917–1980–e gody (po–materialam nizhegorodskikh arkhibov)*, t. 1, Moskva–Nizhnii Novgorod–Parizh, 2002.
K. A. Pazhtonov, *Polozhenie rabocyego klassa v Rossii*, M., 1906
Aleksandr Pyzhkov, *Korni stalinskogo bolishevisima*, M., 2015
N. Sukhanov, *Zapiski o rebolyutsii*, kn. 1., Peterburg, 1919
*Politicheskii klass*, No. 2009, No. 7.
M. Tugan Baranovskii, *Russikaya fabrika v proshlom i nastoyashem, Moskwa, 1922*
*Obshchstbennoe dvizhenie v Rossii v nachale 20–go veka*, St. Pteterburg, 1909, t. 1
P. I. Melnikov (Andrei *Pecherskii)*, *Sobranie sochinenii v vosem'tomakh*, Izd. Pravda, 1976–78,
Boris Minaev, *Yeltsin*, M., 2014.
Gabril Myasnikov, *Filosofia Ubiistva, ili pochemu i kak ya ubiil Mikhail Romanova*, 2012, M.,
*Odinnadtsatyi S'ezd RKP* (b), M., 1961
*O Roli professinonalinikh soiuzov v proizbodstve*, 1920 (tol'ko dlya chlenov partii) *Partiya i soiuzy, k diskusii o roli i zadachakh profsoiuzakh, sbornik statiei i matrlialov*, pod redaktsei A.Zinovieva, Peterburg, 1921
*Pervyi vserossiiskii sezd professionalnikh soiuzov*, P., 1918
M. Pokrovskii, *Russkaya istoriya v samom szhatom ocherke*, c. 1–2, M. 1934（岡田宗司、石堂清倫訳『ロシア史1』、勁草書房、一九七五年は前半訳）
*Protokoly soveshaniya rasshirennoi redaktsii "Proletariya"Iuni, 1909*, M., 1934
*Staroobryadchestvo, Illyustrirobvannaya Entsiklopediya*, 2005
V. V. Svyatlovskii, *Istoriya profrssionalinogo dvizheniya v Rossii*, 2–izd., Leningrad, 1925,
S. Taranets, *Staroobryadchestvo v sotsialinomi prostranstve Rossiskoi imperii kontsa 19–nachala 20 veka*, paper goven to the Fifth Japanese society for the researche of the Staroobryadstovo on 28th May

2016
L. Trotskii, *Moya zhizni, opyt avtografii*, vol. 2, Berlin, 1930（L・トロツキー『わが生涯』現代思潮社、一九六一年）
Raskov, D. E, *Ekonomicheskie instituty staroobryadchestva*, St. Peterburg., 2012
A. Shlyapnikov, *On the Eve of 1917 Remnisciences from the Revolutionary Underground*, London and New York, 1982
*Spravochnik partiinogo rabotnika*, vyp. 2, 1922
*1905 god v Ivanovo Voznesennsukom raione*, Ivanovo–voznesenske, 1925.
L. D. Trotskii, *Na puti k sotsializmu, khozayistbennoe stroitelstbo Sovietskoi respubliki*, Moskva, 2015
A. Vol'nets, *Znda nov*, M., 2013
*Vserossiiskii komitet pomoshchi golodayusichim*, M., 2014
*Vtoroi Vserossiiskii s'ezd professionalinikhu soiuzov, 16–25 yanbarya 1919 goda*, stenographicheskii otchet, M., 1921
M. I. Vladimirov, a. E. Ivanov, B. M. Kanevskii, *M. V. Frunze, voennaya i politicheskaya deyatelinost*, 1985
G. Zinoviev, *Sochneniya*, t. 6, M.-L., 1929
*Zhizn kupetskaya, zabytye stranitsy istorii rosiiskogo predprinimatelstva 19–nachala 2veka*, Nizhnii Novgorod, NOVO, 2008
S. Zenkovskii, *Russkoe staroobryadchestvo*, M., 1995
M. S. Zorkii, *Rabochaya Oppositsia*, M., 1926

**下斗米伸夫**（しもとまい・のぶお）

一九四八年生まれ。東京大学法学部卒業、同大学法学博士。現在、法政大学法学部国際政治学科教授。ロシア政治を専攻。著書に『ソビエト政治と労働組合』『ソ連現代政治』（以上、東京大学出版会）、『ゴルバチョフの時代』（岩波新書）、『ソ連＝党が所有した国家』（講談社）、『アジア冷戦史』（中公新書）、『ロシアとソ連』（河出書房新社）、『プーチンはアジアをめざす』（NHK出版新書）、『ソビエト連邦史 1917-1991』（講談社学術文庫）、『宗教・地政学から読むロシア「第三のローマ」をめざすプーチン』（日本経済新聞出版社）ほか多数。

筑摩選書 0151

**神《かみ》と革命《かくめい》** ロシア革命《かくめい》の知《し》られざる真実《しんじつ》

二〇一七年一〇月一五日　初版第一刷発行

著　者　下斗米《しもとまい》伸夫《のぶお》

発行者　山野浩一

発行所　株式会社筑摩書房
東京都台東区蔵前二-五-三　郵便番号　一一一-八七五五
振替　〇〇一六〇-八-四一二三

装幀者　神田昇和

印刷 製本　中央精版印刷株式会社



乱丁・落丁本の場合は左記宛にご送付ください。

送料小社負担でお取り替えいたします。

ご注文、お問い合わせも左記へお願いいたします。

筑摩書房サービスセンター
さいたま市北区櫛引町二-六〇四　〒三三一-八五〇七　電話　〇四八-六五一-〇〇五三

 ISBN978-4-480-01657-7 C0322

筑摩選書 0054

世界正義論

井上達夫

超大国による「正義」の濫用、世界的な規模で広がりゆく貧富の格差……。こうした中にあって「グローバルな正義」の可能性を原理的に追究する政治哲学の書。

筑摩選書 0071

一神教の起源
旧約聖書の「神」はどこから来たのか

山我哲雄

ヤハウェのみを神とし、他の神を否定する唯一神観。この観念が、古代イスラエルにおいていかにして生じたのかを、信仰上の「革命」として鮮やかに描き出す。

筑摩選書 0129

中華帝国のジレンマ
礼的思想と法的秩序

冨谷　至

中国人はなぜ無法で無礼に見えるのか。彼らにとって法や礼儀とは何なのか。古代から近代にいたる過程で中華思想が抱えた葛藤を読み解き、中国人の心性の謎に迫る。

筑摩選書 0133

憲法9条とわれらが日本
未来世代へ手渡す

大澤真幸 編

憲法九条を徹底して考え、戦後日本を鋭く問う。社会学者の編著者が、強靭な思索者たる井上達夫、加藤典洋、中島岳志の諸氏とともに、「これから」を提言する！

筑摩選書 0135

ドキュメント　北方領土問題の内幕
クレムリン・東京・ワシントン

若宮啓文

外交は武器なき戦いである。米ソの暗闘と国内での権力闘争を背景に、日本の国連加盟と抑留者の帰国を実現した日ソ交渉の全貌を、新資料を駆使して描く。

筑摩選書 0140

ソ連という実験
国家が管理する民主主義は可能か

松戸清裕

一党制でありながら、政権は民意を無視して政治を行うことはできなかった。国民との対話や社会との協働を模索しながらも失敗を繰り返したソ連の姿を描く。